만나요약설교 7

만나요약설교 7

김명규 목사 지음

머리말

　세상에는 사상가들도 많고 철학자들이나 예술가들도 많아서 제각기 자기의 길로 가면서 인생들에게 무엇인가 교훈을 남기고 있습니다. 그릇된 사상이나 생각들은 인류의 적이고 해악을 끼치는 것이 사실인바 그런 류의 사람들도 많이 있는 것이 현실입니다. 공산주의 사상이 그것이요, 독재자들의 행로가 그것이라고 생각합니다. 또한 종교라는 탈을 쓰고 있지만 진리가 아닌 그릇된 길로 가서 유포시키므로 인해서 사람들을 올바르게 인도하기는 커녕 오히려 죽이는 일을 하는 일파들도 세상에는 많이 있습니다.
　물론 다양화된 시대에 편협한 생각이요, 독선적 이라고 할지는 모르겠으나 사실적으로 볼 때에 과거 역사가 이런 현실을 증명해 왔다고 봅니다.
　목사가 되어서 만고의 진리 되는 성경을 가지고 설교한지가 꽤 오래되었다고 회고해 봅니다.
　부교역자 생활 5-6년을 거쳐서, 개척하여 목회한지가 31주년이 넘었으니 세월이 제법 지나간 것 같습니다. 청춘은 가벼렸고 머리숱이 많아서 일명 압살롬 머리라고 하던 머리카락은 황량한 벌판이 되어가고 그나마 흰 머리카락이라도 많이만 있으면 좋겠다는 생각을 가져 보기도 합니다.
　철없는 설교자로써 젊은 시절에 설교할 때보다도 지금이 더 어려운 느낌은 비단 나만의 생각 일까 생각해 봅니다. 수십만 권의 책들도 동전크기의 칩 속에 모두 들어가서 한 번 자판을 클릭하게 될 때마다 쏟아져 나오는 정보의 홍수화 시대에서 영혼 깊이 만족을 준다는 것은 비단 지식전달만은 아닌 것이 설교이기에 더욱 영력을 잃지 않으려고 '성령충만'을 구하게 되고, 능력을 구해보는 설교자 중에 하나라고 감히 말하고 싶은 것입니다. 이는 '하나님 나라는 말에 있지 아니하고 오직 능력에 있음이라' (For the kingdom of God is not a matter of talk but of power(고전 4:20))하였기 때문입니다. 그래서 말로가 아니라 설교는 능력이요, 듣는 사람들과 장소에 따라서 달라지는 현장감이 중요하기 때문입니다. 그럼에도 불구하고 어느 때부터인가 설교를 모으고 편집하기 시작하였고 모은 설교를 출판하다 보니 벌써 7권 째를 출간하게 되었습니다.

부족한 사람이 주님이 맡겨주신 양떼들에게 은혜를 끼치고 영적으로 살게 했던 미약하나마 주옥같이 여기는 설교이기에 동질적인 동역자들과 성도들에게 조금이라도 보탬이 되고 유익이 된다고 생각하기에 감히 이런 일을 또 하게 되었습니다.

지식이 홍수처럼 쓰나미화 되어 밀려오고 거기에 허우적거리는 컴퓨터 시대에 살지만 오직 생명을 살리는 길은 신구약 하나님말씀 밖에 없기 때문입니다. 하나님의 살아있는 말씀을 들을 때에 믿음이 생기고(롬 10:17), 영혼이 살아나며(겔 37:1-14; 요 5:25) 영원한 생명의 길로 나아가기 때문입니다.

바야흐로 시대는 종말적 사건들이 계속 일어나고 있으며 따라서 주께서 다시 재림하시겠다고 하는 때가 점점 임박해 오는 때에 한 사람의 목회자로써 오늘도 두렵고 떨림으로(빌 2:12) 설교하며 목회하는 것은 반드시 주님 앞에 서는 때가 다가오고 있기 때문인바 그때에 충성되고 지혜 있는 종이 되고 싶기 때문입니다(마 24:45-51).

만나 요약설교 제 7권 째를 낼 수 있게 축복해 주신 하나님께 모든 영광을 돌려드리고 목회지인 교회 성도들과 나를 아는 모든 지인들 그리고 사랑하는 아내 유미자사모와 33년째 같이 살아가는 97세 노인이신 장모 이월식권사님과 요즈음 와서 건강이 좋지 않으신 아버지 김형창집사님 그리고 어머니 김복춘사님과 형제들과 기쁨을 나누고 싶습니다. 목회 현장에서 함께 돕는 부교역자들에게 기쁨을 전하고 대한예수교장로회 대신총회 43-44회기에 총회장으로 봉직할 때 임원으로 수고하신 분들과 만나요약 7권 째를 출판해주신 예루살렘 출판사 사장님에게 감사를 표합니다.

2011년 7월
백노가 거닐고 물고기가 뛰어노는 안양천변에서
少石 **김명규** 목사

추 천 사

김명규 목사님의 설교, 제7집이 발간됨을 진심으로 축하드립니다.

지금 시대는 정보와 지식의 홍수시대라서 하나님의 말씀까지도 거부당하는 경우가 많은 것을 봅니다. 바울은 영적 아들 디모데에게 권면하기를 악한 사람들과 속이는 자들은 더욱 악하여져서 속이기도 하고 속기도 하나니 그러나 너는 배우고 확신한 일에 거하라(딤후3:13-14절)고 말합니다.

이 세상을 살아가는 성도에게 가장 필요한 것이 흔들리지 않는 믿음의 확신성입니다. 이 확신이 어디에서 옵니까? 우리는 그것을 진리의 말씀인 성경에서 찾아야 합니다. 그러므로 그 성경을 가장 올바르게 해석하고 듣기 쉽도록 전달하는 설교는 성도들에게 생명줄과 다름이 없습니다.

고사성어에 쾌도난마(快刀亂麻)라는 말이 있습니다. 엉킨 삼을 잘 드는 칼로 자르듯이, 복잡하게 얽힌 사물이랑 비꼬인 문제들을 솜씨 있고 바르게 처리한다는 뜻 입니다. 한평생을 오직 복음과 선교에 헌신하시는 김명규 목사님의 설교야말로 사막에 흐르는 생수요 광야의 만나 같은 쾌도난마라 할 것입니다.

많은 분들에게 더 많이 읽혀지기를 바라면서 계속적으로 능력의 말씀이 선포되어 한국의 강산은 물론이거니와 세계 열방에 퍼지기를 소원하면서 감사를 드리면서 추천하는 바입니다.

총회 43회 서기, 현 필리핀 세부미션랜드 대표
김토마스 선교사

영적욕구를 채우는 말씀을 권합니다.

　사람은 욕구가 채워질 때 만족과 행복을 느낍니다. 사람의 욕구는 3가지가 있습니다. 첫째로는 1차원의 욕구입니다. 이 욕구는 인간의 가장 기본적인 욕구로서 식욕, 성욕, 물욕, 또는 안전하고자 하는 욕구 등입니다. 둘째로는 2차원의 욕구입니다. 이는 정신적 욕구로서 지식욕, 명예욕 등의 고상한 욕구입니다. 그리고 셋째로는 3차원의 욕구입니다. 앞의 욕구들이 육신에 관한 욕구라면 이 욕구는 영적욕구로서 가장 고상한 욕구입니다. 사람이 육신의 욕구가 채워질 때도 만족과 행복에 젖습니다. 그러나 그것은 인생의 참 만족과 참 행복은 아닙니다. 그러나 반면에 이 영적욕구가 채워질 때는 인생의 참 만족과 참 행복을 누릴 수 있게 됩니다. 그리고 더 나아가 영원한 생명을 얻게 됩니다.

　사마리아 여인은 인생의 참 만족과 참 행복을 얻기 위해 남편을 여럿 바꾸어가면서 살았습니다. 그러나 그에게는 여전히 텅 빈 가슴, 허전한 마음을 채울 수 없어 늘 목말라하였습니다. 그러던 어느 날 우물가에서 만난 주님으로부터 주님의 말씀을 듣고 배에서 영원히 흘러나오는 생수를 마시는 은혜를 입었습니다. 그 후 사마리아 여인은 인생의 참 만족은 육신의 욕구를 채우는 것이 아니라 영혼의 욕구를 채워야 한다는 진리를 깨달았습니다.

　그렇습니다. 영적욕구를 채울 수 있는 것은 오로지 하나님의 말씀뿐입니다. 이 하나님의 말씀을 매 주일마다 알기 쉽고 소화하기 쉽도록 잘 풀어 선포하여 성도들의 영적욕구를 채워 주시던 말씀을 한 꼭지 두 꼭지씩 모아 책으로 엮었습니다. 필자는 이 책을 읽으며 깊은 감동과 감격으로 영적욕구가 충족되어지는 은혜를 체험하였습니다. 성도들도 이 책을 읽으며 동일한 은혜를 체험하기를 기대하면서 이 책을 권합니다.

　　　　"주여 영생의 말씀이 계시매 우리가 뉘게로 가오리까?"(요6:68)

　　　　　　　　　　　　　　　　　대신총회 제44회 서기
　　　　　　　　　　　　　　　　　최 효 식 목사

오늘날 우리 사회는 경건의 능력을 잃어버린 지 오래입니다. 한국교회의 현실은 여러 가지 점에서 영적으로 허약한 현실에 있습니다. 이대로 간다면 머지않아 경건이라는 말은 사전 속에서나 존재하는 박제어가 되고 말 것 입니다. 이렇게 된 데는 우리 기독교 지도자들의 책임이 크다고 할 수 있습니다. 이것으로 인해 기복신앙과 무디어진 영성으로 교회의 건전한 부흥은 정체되고 그리스도인들의 개인적인 신앙 상태는 나약하기 짝이 없습니다. 이러한 때에 김명규 목사님께서 지난 수십 년 동안 목회자로서 신학교수로 사역하시면서 깨달은 말씀들을 정리하여 책으로 출판하시게 되었습니다. 김명규 목사님은 그리스도의 가슴을 가지고 영혼구원만을 위해서 사시는 목회자요, 신학자요, 행정가요, 선교사입니다.

독자들은 이 책을 읽으시면서 영적인 도전과 감동을 받게 될 것입니다. 시대 적절한 메시지와 각 장 마다 녹아 있는 저자의 영적 통찰력의 엑기스는 더욱 그러하게 만들어 주실 것입니다.

아무쪼록 한국의 모든 그리스도인들이 이 책을 통해 날마다 하나님과 깊은 교제를 나눔으로서 영적으로 더욱 성숙하고 열매가 풍성한 신앙생활을 누리게 될 필독서라고 믿어 의심치 않으며 선배님의 겸손함에 감격하여 감히 추천하는 바입니다.

안양대학교 교목실장
이 정 서 목사

목 차

◆ 가정생활
축복과 행복이 넘치는 부모공경 (시112:1-6) ······················ 14
붉은 피의 비밀이 있는 가정 (출12:21-28) ······················ 18

◆ 결단
여호사밧의 결심 (대하20:1-13) ······················ 22
지옥에 간 부자의 소원 (눅16:27-31) ······················ 26
광명과 흑암, 어느 쪽인가? (출14:15-20) ······················ 30
올바른 선택의 은혜 (잠22:1-5) ······················ 34
이제는 예수님 때문에 믿어야 합니다 (요4:39-42) ······················ 37

◆ 고난
풍랑 속에서 구원 받은 사람들 (행27:27-32) ······················ 41
위기 때에 고백하는 믿음 (행27:20-26) ······················ 45
위기에서 건져주시는 주님 (딤후4:9-18) ······················ 49
위기를 극복하는 신앙 (요6:16-21) ······················ 53
올바른 신앙생활 (약1:2-8) ······················ 57
고난이 은혜와 축복이 되었습니다 (창41:48-52) ······················ 61

◆ 교회
장막 터를 넓혀가자 (사54:1-3) ······················ 65
가정과 교회의 동일원리 (엡5:22-33) ······················ 69
교회 안에서 마음을 넓혀야 할 이유 (고후6:11-13) ······················ 73
예수그리스도의 교회 (행2:42-47) ······················ 77
열린문을 주신 교회 (계3:7-13) ······················ 81
교회의 사명은 기도와 말씀 전파 (골4:2-6) ······················ 85

◆ 구원
삭개오에게 들린 예수님의 음성 (눅19:1-10) ········· 88
구원 조건 (롬10:9-13) ········· 92

◆ 국가
택한 백성이 살길 (왕상8:33-36) ········· 96

◆ 기도
기도하는 사람들에게(1) (렘33:1-5) ········· 100
기도하는 사람들에게(2) (렘33:6-9) ········· 104
기도하는 사람들에게(3) (렘33:9-11) ········· 107
하나님을 신뢰한 하박국의 기도 (합3:1-2) ········· 110
구하는 자에게 주시는 약속 (요16:23-24) ········· 114
기도하는 사람이 알아야 할 기초 (마7:7-12) ········· 118

◆ 믿음
태양에게 명령한 믿음의 사람 (수10:12-14) ········· 121
믿음의 사람이 가지는 성공 전략 (잠2:1-8) ········· 125
믿음이 성공하는 비결 (빌4:13) ········· 128
광야와 사막 같은 세상에서 (사 40:3-8) ········· 132

◆ 부활
부활의 증인들 (눅24:44-49) ········· 136
부활하신 예수님께 대한 고백 (요20:24-29) ········· 140

◆ 사명
한국교회여! 불이 꺼지지 않게 하라 (레6:12-13) ········· 144
닫힌 옥문이 열린 기적 (행 12:5-12) ········· 148
사랑하는 이가 부르는 소리 (아5:2-8) ········· 152

◆ 상급
면류관의 주인공들 (딤후4:6-8) ········· 156

◆ 성령

성령이여 임하소서 (행1:4-8) ··· 159
성령이 임하시면 (행1:8) ··· 163
성령의 임재 (행2:1-4) ·· 166

◆ 소망

주님을 찾는 갈급함의 온도 (시42:1-6) ······················· 170

◆ 승리

성도의 칠전팔기의 신앙 (잠24:16) ······························ 174
끝까지 흥하는 사람이 되라 (대하 26:5) ···················· 177

◆ 신앙의 사람

이 산지를 내게 주소서 하는 믿음 (수14:6-15) ············ 180
예수님이 보신 세례요한 (요3:22-30) ·························· 184
이런 사람이 됩시다 (히11:38-40) ································ 188
모세의 손 (출17:8-19) ··· 192
요셉의 죽음 앞에서 생각할 일 (창50:15-26) ·············· 196

◆ 영적 전쟁

교회여 영적전쟁에서 승리하라 (눅10:17-20) ············· 200
영적싸움 (엡6:10-17) ·· 204

◆ 예배

하나님께서 약속하신 축복의 통로 (출20:22-26) ········ 208

◆ 예수님

나의 피난처인 여호와 (시11:1-7) ································ 212
겟세마네의 예수그리스도 (마26:40-46) ····················· 215
예수님 안에서 주시는 자유 (갈5:1) ···························· 219

◆ 은혜

은혜로 인도하시는 하나님 (출15:11-13) ·················· 223
하나님께서 베푸시는 은혜 (사30:18-19) ·················· 227
도와주시는 하나님 (사 41:8-10) ·························· 231

◆ 재림

재림 앞에서 깨어있으라 (눅 21 : 29-36) ················· 235
깨어있으라 주님 맞을 준비하라 (마24:42-44) ············· 238

◆ 절기 감사

맥추절과 감사신앙 (시136:1-9) ··························· 241
소산물을 광주리에 담고 드리는 감사 (신26:1-11) ········· 245

◆ 종말

인생이 반드시 알아야 할 일 (히 9:27) ···················· 249
흰 옷 입은 자들 (계7:13-17) ······························ 253

◆ 참된 신앙

결실하는 신앙의 밭 (마13:23) ···························· 257
하나님을 가까이 하라 (약4:8-10) ························· 261
몸으로 비유된 그리스도인 (고전6:12-20) ·················· 264
바르게 믿는 생활 (단1:11-16) ···························· 268
산을 향하여 눈을 들리라 (시121:1-8) ···················· 272
성도의 혀의 중요성 (약3:6-12) ···························· 276
참 지혜롭게 사는 사람 (약4:13-17) ······················· 280
예수 믿는 일을 즐겁게 하라 (히13:20-21) ················ 284

◆ 천국

천국에 기록된 사람들 (말3:16-18) ························ 288
예수님이 말씀하신 천국 (마13:44 50) ····················· 292

◆ 축복

다윗이 받은 축복의 고백 (시144:12-15) ·················· 296
올라가라 그리고 얻으라 (신1:19-33) ···················· 300
내 영혼이 잘되면 (요삼 1-4) ··························· 303
베드로가 체험한 은혜와 축복 (눅5:1-11) ················ 306
거룩한 백성이 되리라 (출19:1-6) ······················· 310

◆ 충성

그의 몸 된 교회를 위하여 (골1:24-29) ·················· 314
우리 집이 교회가 되게 한 사람들 (고전 16:15-20) ······· 317
재림 때 칭찬인가, 책망인가? (마24:45-51) ·············· 321
인생의 겨울이 오기 전에 할 일 (딤후4:19-21) ··········· 324

◆ 평안

주님을 보고 안심하라 (마9:1-8) ························ 328
평안히 가라 하십니다 (눅8:43-48) ······················ 332

가정생활
축복과 행복이 넘치는 부모공경
(시112:1-6)

매년마다 5월이 오면 교회력에 두드러지게 지켜나가는 두 날이 있는데 하나는 어린이주일이요 또 하나는 어버이주일입니다. 또 한번의 어버이주일을 맞이 하면서 우리는 부모님에 대한 효를 다시 한 번 생각하는 주일입니다.

옛날에 비해서 모두가 바쁘고 분주하게 살아가다보면 잊어버리고 사는 일이 바로 부모공경입니다. 자녀 된 도리로서 마땅히 부모님을 공경할 때에 그것이 복이 됩니다. 그래서 10계명 중에 사람에 대한 계명으로서 5-10계명인데 사람에게 향한 계명 중에 첫 계명이 됩니다. 이 계명을 지켜나가게 될 때에 땅에서 잘 되고 형통하게 되지만 반대로 부모에게 그릇 행하게 되면 저주의 대상이 된다고 분명히 경고해 주고 있습니다.(출21:17, 엡6:1)

본문에서 하나님께 복을 받고 행복한 가정의 원리는 하나님의 말씀과 계명을 지켜 나가게 될 때에 주시는 축복임을 말씀해 주셨는데 본문에서 은혜를 나누게 됩니다.

1. 하나님께서 주신 계명을 크게 즐거워하는 자라고 하였습니다.

사람이 주는 계명이 아니라 하나님께서 주신 계명입니다. (1절) '할렐루야 여호와를 경외하며 그 계명을 크게 즐거워하는 자는 복이 있도다' 했습니다.(Blessed are all who fear the LORD, who walk in his ways)

1) 부모공경은 하나님께서 그의 백성들에게 주신 계명입니다.
따라서 그의 계명이요 그의 길입니다.
① 성경은 복 받고 사는 비결을 말씀했습니다. 오늘 계명 중에 역시 부모공경은 복 받는 비결로 기록되었습니다. 신명기 28장 1-14 까지만이 아니라 부모공경은 복 받으라고 주신 계명인 바, 여기에서 기쁘고 즐겁게 지켜야 합니다. 다른 계명도 즐거워해야 하지만 부모공경 역시 순종하게

될 때 복 받는 생애가 됩니다. 그래서 많은 신학자들은 부모는 자식에게 하나님의 대리인으로 주셨다고 했습니다. 따라서 지키면 복이요 불순종하게 되면 저주도 옵니다.(레20:9, 신27:16, 잠20:20) 유념해야 되는 말씀입니다.
② 성도는 시대나 환경에 관계없이 부모공경하고 축복을 받아야 합니다. 옛날에 비해서 지금은 환경적으로나 세상 위주로 볼 때에 어려운 시대이지만 지켜나가게 되면 복 받습니다. 우리는 썩어질 씨로 구원 받은 것이 아니라 썩지 아니할 씨로 구원 받았기 때문입니다.(벧전1:23-25) '주의 말씀은 세세토록 있도다' 했습니다.(but the word of the LORD stands forever)

2) 하나님의 계명 따라서 부모 공경할 때에 복을 받았습니다.
성경에서나 교회 안에서 많은 사례들을 보게 됩니다.
① 노아의 아들들에서 배우게 됩니다. (창9:24-25) 노아가 홍수 이후에 있었던 사건으로써 세상 역사는 노아가 말한 대로 이루어졌습니다. 역시 효를 하게 할 때 복 받습니다.
② 사도 요한의 경우에서 배우게 됩니다. (요19:27) 예수님이 요한에게 마리아를 부탁하셨고 그 말씀대로 요한은 끝까지 마리아를 잘 공경하였으며 요한은 노후까지 사도로써 살았던 모습이 교회사의 증언입니다. 시대가 변해도 하나님 말씀은 불변의 법칙입니다.

2. 하나님께서 주신 계명을 크게 즐거워하는 자는 약속된 복을 받게 됩니다.

약속된 성경이기에 언약(言約)인데 신구약 모두가 약속인 바 구원의 약속이요 축복의 약속입니다.

1) 약속된 축복을 보시기 바랍니다.
물론 구원의 약속, 천국의 약속이 기본입니다. 그 약속 위에서 주시는 축복의 약속입니다.

① 건강과 장수의 축복의 약속입니다. (엡6:1) '네가 땅에서 잘되고 장수하리라' 했습니다. 한국교회의 산 증인으로 살아오신 방지일목사님은 100세임에도 지금까지 세계로 다니며 선교하고 있습니다.
② 오래 사는 것도 중요하지만 삶의 질이 중요한 바 살아가면서 물질은 빼놓지 못할 조건입니다. '네가 땅에서 잘 되고' 라고 하였습니다(that it may go well with you and that you may enjoy longlife on the earth). 개인도, 국가도, 이 법칙에 따라서 축복해 주십니다. 미국은 매년 5월에 어머니날,아버지날(Mother's, Father's)을 지켜 나가는 나라입니다.

2) 외부적 조건이 좋아도 가난한 나라가 있고 조건이 나빠도 부강한 나라들이 있습니다.

이것이 하나님의 계명을 지키는 나라와 그렇지 않은 나라의 차이점이기도 합니다. (3절) '부요와 재물이 그 집에 있음이여 그 의가 영원히 있으리라' 하였습니다.
① 지하자원이 펑펑 쏟아져 나온다고 부요한 나라가 아닙니다. 중동국가들이나 아프리카 국가들의 백성들은 가난합니다. 북한은 하나님을 떠날 때에 빈국이 되었습니다.
② 지하자원이 없는 조건에도 하나님이 축복하실 때에 복을 받습니다. 이스라엘, 스위스, 대한민국이 그 예에 속합니다. 하나님을 경외하며 계명에 따라서 축복을 받게 됩니다.여호와를 경외함이 지식의 근본이기 때문입니다.(잠1:7)

3. 하나님께서 주신 계명을 크게 즐거워하는 자는 꾸어주고 베풀며 살아가는 축복이 따르게 됩니다.

1) 이제 우리는 믿음 안에서 영과 육이 타인에게 베푸는 자리에 있어야 합니다.
① 영적으로 세계인들에게 선교하며 베푸는 교회요 국가입니다. 세계 어디에 가든지 선교의 주체국가임이 자랑스럽습니다.

② 과거에 우리는 육적으로도 배고픈 나라였습니다. 이제는 세계 어디에 가든지 축복받은 나라임을 자랑하게 됩니다. 전쟁의 잿더미에서 일어선 것은 전적인 하나님의 축복입니다.

2) 여기에서 멈추면 곤란합니다.
주님 오실 때까지 더욱 하나님의 계명을 지켜나가야 합니다.
① 약속이기 때문입니다. (9절) '저가 재물을 흩어 빈궁한 자에게 주었으니 그 의가 영원히 있고 그 뿔이 영화로이 들리로다' 했습니다.
② 부모공경에 율례를 지키는 사람이 계속 복을 받게 됩니다.(5-6절) 복 받은 민족, 복 받은 가정, 복 받은 사람들이 되시기를 주의 이름으로 축복합니다.

결론 : 부모공경은 부의 계명입니다.

가정생활

붉은 피의 비밀이 있는 가정

(출12:21-28)

이 세상에는 이른바 종교(Religion)들이 많이 있습니다. 소위 하등종교에서부터 고등종교에 이르기까지 종교학적으로 분석한 결과들로서 많은 종교들이 있는데 개인이나 국가들이 종교 때문에 흥하기도 하지만 망하는 나라들도 있다는 사실입니다. 종교 때문에 세상에 크게 되는 국가도 있지만 종교를 잘못 선택해서 그 종교로 인하여 백성이 피폐해지고 국가가 망하는 경우도 있다는 사실입니다. 문제는 그 종교가 생명이 있는 종교인가? 생명이 없는 죽은 종교인가 하는 것이 제일 중요한 관건이 됩니다.

왜냐하면 영원한 지옥이냐 영원한 천국인가라는 영생의 문제가 달려있기 때문입니다. 세상의 우상은 사람이 만든 수공물에 불과하지만(시115:4-) 기독교는 생명의 종교입니다. 예수님 복음 외에는 다른 길이 없기 때문이라고 분명히 밝혔습니다.(요14:6, 행4:12, 요일5:11-13)

본문은 이스라엘이 애굽에서 430년 만에 해방되어 약속의 땅인 가나안으로 출발할 때에 있었던 사건으로써 양을 잡아 피를 문과 문인방에 바르게 하였고 그 집에 거하는 사람들이 온 가족별로 구원을 받게 되었던 유월절 사건입니다.(Passover) 오늘날에도 예수의 피는 온 가족들의 마음의 문설주에 발라져 있어야하며 이는 어린아이들 역시 예외는 아닙니다. 본문에서 몇 가지 은혜를 나누게 됩니다.

1. 가정의 문설주와 문지방에 예수의 피가 있는가?

양의 피가 발리워진 집안에 거해야 했듯이 예수의 피가 어린아이들 속에서도 분명해야 합니다. 밀레의 만종에는 부부애, 노동의 신성, 종교의 신성이 깃들어져 있는데 특히 기도하는 모습이 돋보입니다. 직위, 직업, 남녀노소 할 것 없이 모두에게는 예수의 피가 중요합니다.

1) 예수님의 피는 어떤 역사가 있기에 그렇습니까?

요즈음 아이들은 무조건 공부에만 매달려있지만 저들 속에도 예수의 피가 절대적인 이유가 여기에 있습니다.

① 모든 죄를 씻게 됩니다. 거듭난 아이가 될 때에 그 아이의 인격이 올바릅니다. 세상에서 인간의 죄는 어떤 것 가지고도 씻을 수가 없습니다. 죄(罪, Sin)라는 말은 헬라어로 하말티아($άμαρτία$)라고 하는데 화살이 빗나가듯이 하나님의 뜻에 빗나간 것을 뜻합니다. 아담 이후에 모든 사람들이 포함되는데 어른이든 아이든 간에 예외인 사람은 하나도 없습니다.(롬3:10, 23) 의인은 없나니 하나도 없다(롬3:10)라고 말씀하였습니다. 모든 사람이 죄를 범하였으며(롬3:23) 죄없다하면 속이는 자요(요일1:8) 그 죄 값은 사망입니다.(롬6:23) 이 죄는 어떤 것을 가지고도 씻거나 없이 할 수 없습니다.(렘2:22, 욥9:29-31, 렘17:1, 2:35) 영원한 저주 아래 있을 뿐입니다.

② 예수의 피 밖에 없습니다. 애굽에서 나오기 위해서는 다른 길이 없듯이 어린양 되시는 예수의 피가 마음의 문설주에 발라져야 합니다. 여기에 어린이도 모두 포함 되기 때문에 어린이 주일에 피상적이지 말고 깊이 생각해야 합니다. 예수의 피가 모두의 죄를 씻게 됩니다.(히9장, 9:22, 요일1:29, 36)

2) 문설주에 피가 발라진 연후에 다른 문제가 본질적으로 해결됩니다.

기본적으로 먼저 해야 할 일을 깨달아야 합니다.

① 가정의 평화와 화평 역시 여기에서부터 시작합니다. 유월절 사건이 없다면 계속적으로 애굽의 종일 수밖에 없듯이 예수의 피가 없이는 진정한 화평이 개인이나 가정에 있을 수 없게 됩니다. 예수님은 화평이 되십니다. 평화를 주시는 분이십니다. 여기에 진정한 평안이 약속되었습니다.(요14:27, 엡2:14) 믿음의 후손과 타락된 자의 후손과는 분명히 큰 차이가 있습니다.

② 더욱이 가정에서 신앙이 다르게 되면 문제가 더욱 심각합니다. 여기에 가정 복음화와 함께 같은 동질적 신앙이 중요합니다. 아브라함의 기도와 같이 우리는 가족을 위해서 기도해야 합니다.(창19:29)

2. 가정의 문설주에 예수의 피가 발리웠으면 신앙의 행동화가 중요합니다.

이스라엘 백성이 그 밤에 온 집안에 모두 모여 있듯이 행동의 일체성과 신호에 따라서 애굽에서 출발하듯이 신앙의 행동은 중요합니다. 물과 성령으로 거듭남의 문제는 아이들도 예외는 아닙니다.(요5:1-9)

1) 신앙은 예배당 안에서 만이 아닙니다.
가정교회에서의 생활이 중요합니다.
① 집안에 있으라 할 때에는 집안에 있고, 출발하라 하면 출발하는 것이 신앙(Faith)입니다. (22절) "아침까지 한 사람도 자기 집 문밖에 나가지 말라" 하였습니다. 대개의 경우 신앙생활이 예배당 안에서만 신앙이 되기 쉽습니다. 주일날만 신앙이 되어서는 곤란합니다.
② 기존 생활이 아이들에게도 모범이 되어야 합니다. 행하는 신앙이 중요합니다.(약2:26) 한국교회의 약점은 야고보서입니다. 행동으로 옮겨서 자녀들에게 실제로 보여주는 신앙이 필요합니다.

2) 이 세대에 우리 가정에서 필요한 것은 십자가 복음입니다.
십자가 복음은 유월절에서 시작됩니다. 그 중심이 예수님입니다.
① 십자가 복음은 사랑입니다. 수직적으로 하나님의 사랑이 복음입니다.(요3:16)
② 수평적 사랑입니다. 은혜를 받고 구원을 받았으면 이웃과 자녀들에게 행동해야 합니다. 사랑이 식어지는 때가 말세입니다.(마24:12) 우리는 사랑 안에서 이웃과 아이들을 대해야 합니다.(요일3:11, 15)

3. 문설주에 피를 바른 것은 제일 중요한 구원의 문제입니다.

다른 복음은 여기에 있을 수 없습니다.(갈1:7 which is really no gospel at all) 아이들에게도 동일합니다.

1) 구원은 개인구원이지 대표성이나 어떤 그룹구원이 아닙니다.

생명이 각각인 것과 같습니다.
① 집집마다 피를 바른 것은 물론이고 가족대로 어린양을 취해서 잡았다고 했습니다.(출12:21) 천국이나 지옥이냐는 모두 개인입니다.(출16:28)
② 백부장 고넬료의 집은 온 집이 더불어 신앙생활을 했습니다.(행10:1) "너와 네 집이 구원을 얻으리라"(행16:31)하였습니다.

2) 이제 구원 문제가 이 세대에 제일 중요한 문제입니다.

가정에서 사업, 직장, 공부 모두 중요하나 천국문제는 영원한 문제이기 때문입니다.
① 먼저 자기 자신의 구원을 확인해야 합니다.(고후13:5) '네 자신을 시험하라' 하였습니다.(Examine yourselves to see whether you are in the faith test yourselves)
② 애굽을 벗어나게 될 때에 약속의 땅 가나안을 향해서 전진케 됩니다. 약속의 땅입니다. 축복의 미래입니다. 성공의 미래입니다. 애굽에서 벗어나기 위해서는 양의 피가 발리워져야 합니다. 어른은 물론 이고 아이들에게 이르기까지 이 은혜가 넘치게 되시기를 축원합니다.

결론 : 천국이 확신되었습니까?

결단

여호사밧의 결심
(대하20:1-13)

사람이 세상을 살아가면서 때때로 중대한 결심을 할 때가 있습니다. 물길을 막고 댐을 만들듯이 인생사의 기로점에서의 일입니다. 마틴루터(Martin Luther)는 친구가 옆에서 날벼락을 맞아 죽는 모습을 보고 법관 공부에서 신학으로 인생이 바뀌었습니다. 어떤 목사님은 29년의 목회를 접고 60세 나이에 캄보디아로 선교를 떠난 일도 있습니다. 미국 16대 대통령 아브라함 링컨은 노예가 물건처럼 팔리는 모습을 보고 노예 해방을 계획하고 실천에 옮기게 되었습니다.

본문에서 유다나라의 제 4대왕인 여호사밧왕은 부친 아사왕과 같이 하나님을 경외하며 정치하기로 결심하였고 그 길로 가게 되는데 '여호와께서 여호사밧과 함께 하셨으니 이는 저가 그 조상 다윗의 처음 길로 행하여 바알에게 구하지 아니하고 오직 그 부친의 하나님께 구하고 그 계명을 행하고' 라고 하였고 6절에는 '저가 진심으로 여호와의 도를 행하여 산당과 아세라목상들을 유다에서 제하였더라' 하였는데 그 결과로 '저가 부귀와 영광이 극하였더라' 하였습니다.

한 번의 결심과 그 결과가 인생여정 뿐아니라 국운을 바꾸게 되었습니다. 여호사밧은 어떤 결심을 하였습니까?

1. 여호사밧은 오직 하나님만 믿기로 결심하게 되었습니다.

따라서 여호사밧의 결심은 이러합니다.

1) 하나님께 대한 믿음이요 신뢰입니다.

미국 화폐인 달러에는 이런 글이 있습니다. 'In God we trust' 우리는 하나님을 신뢰한다는 뜻입니다.

① 여호사밧과 같이, 하나님만 믿었던 사람들을 봅니다. 아브라함을 보십시요.(롬4:18) 요셉을 보십시요. (창39:23) 여호수아를 보시기 바랍니다.(민 14:6-10) 저들은 온전히 하나님을 신뢰하였던 신앙의 위인들입니다.
② 여호사밧과 유다민족에 큰 위기가 왔습니다. 1절 '그 후에 모압 자손과 암몬 자손이 몇 마온 사람과 함께 와서 여호사밧을 치고자 한지라' 하였는데 이 때에도 여호사밧은 오직 하나님을 신뢰하고 믿게 되었고 승리케 되었습니다.

2) 이런 위기 때에 하나님만 의지하고 의뢰하게 되었습니다.

죽느냐, 사느냐 국가가 패하느냐 승리하느냐의 기로에서 오직 하나님만 의지하게 된 것입니다.
① 위기 때에도 하나님을 의지하고 신뢰하며 믿었습니다. (12절) '우리들을 치러오는 이 큰 무리를 대적할 능력이 없고 어떻게 할 줄을 알지못하옵고 오직 주만 바라보나이다' 하였습니다.(We do not know what to do, but our eyes are upon you) 이것이 신뢰입니다.
② 그리고 주만 신뢰하였습니다. (20절) '너희는 너희 하나님 여호와를 신뢰하라 그리하면 견고히 서리라 그 선지자를 신뢰하라 그리하면 형통하리라' 하였는데 그 믿음대로 되었습니다. 다윗 역시 하나님만 신뢰하였습니다.(삼상17:45-49)

2. 여호사밧은 오직 하나님께 기도하기로 결심하였습니다.

전쟁의 위기에서 기도하기로 결심하게 된 것입니다.

1) 위기 때의 기도입니다.

위기 때에 어려움 속에서 할 일은 기도입니다.(3-4)
① 얼굴을 여호와께로 향하였습니다. 오직 바라볼 분은 하나님 밖에는 없다는 뜻입니다. 히스기야 역시 병으로 죽게 되었을 때에 낯을 벽으로 향하고 기도하였을 때에 치료받게 되었고 응답 받았습니다(왕하 20장).

② 온 백성에게 기도 요청하며 금식을 선포하게 되었습니다. 이것이 승리의 요건이었습니다. 일찍이 사무엘 역시 이런 체험을 하게 되었고 블레셋과의 전쟁에서 대승을 거두고 에벤에셀이란 용어도 그 때에 나오게 되었습니다.(삼상7:5-14)

2) 여호사밧의 기도에 대해서 응답하셨습니다.

하나님은 응답을 이미 약속하셨습니다.(삼상9:3-5)
(15절) '이 큰 무리를 인하여 두려워하거나 놀라지 말라 이 전쟁은 너희에게 속한 것이 아니요 하나님께 속한 것이라' 하였습니다. 그리고 이길 것을 약속해 주십니다.(17절)
① 기도에 대한 확실한 응답의 말씀입니다. 하나님은 그의 사랑하시는 성도들의 기도를 들으시고 응답하십니다. 고아의 아버지라 불리는 죠지뮬러는 삼천 번이나 응답 받았다고 하는 것은 유명합니다. 한나의 응답(삼상1:12), 히스기야의 응답은 유명합니다.(왕하18: - 20:)
② 선지자 야하시엘을 통해서 응답해 주셨습니다. 때때로 하나님은 전파되는 말씀이나 기록된 성경을 읽거나 들을 때 응답하시거니와 여호사밧은 야하시엘이라는 선지자를 통해서 응답해 주셨습니다.

3. 여호사밧은 승리만을 바라보고 실패는 생각조차 않기로 결심하고 결단하게 되었습니다.

일찍이 내 사전에는 불가능이란 단어를 없애버리라던 나폴레옹도 실패하게 되었습니다. 그러나 여호와 신앙은 승리가 보장됩니다.

1) 여호와하나님만 소망을 두고 바라보았기 때문입니다.

이것이 여호사밧의 중대한 결심입니다.
① 어디에 소망을 두고 바라보겠습니까? (22-24) 여호사밧왕의 군대가 적을 물리치고 큰 승리를 거두게 됩니다. 크게 찬송하며 전쟁이 시작되었지만 이기게 되었습니다.

② 오히려 그 전쟁에서 취득한 전리품이 수없이 많았습니다.(25-26절) 그리고 그 전쟁의 골짜기가 축제의 골짜기로 바뀌게 되었습니다. 전쟁의 골짜기와 같은 세상에서 축제의 현장으로 바뀌시기 바랍니다. 1967년 6일전쟁 때 모세다이안장군의 전쟁 승리는 시편3편을 읽으며 승리한 전쟁으로 유명합니다.

2) 여호사밧의 결심은 우리 자신의 결심이 되어야 합니다.
① 내가 믿는 하나님은 전능하신 하나님이십니다. 창조의 손이며(창1:1), 짧아지지 않는 손이며(민11:23), 강한 손이시며(출6:1), 오른 손으로 도우시며(사41:10), 내 이름이 기록된 손입니다.(사49:15)
② 지금도 내 곁에서 역사하심을 믿어야 합니다. 이것이 믿음입니다. 여호사밧은 영적 결심으로 전쟁에서 이기고 승리했듯이 이 세대에 교회 성도들이 이런 역사가 있게 되시기를 주의 이름으로 축원합니다.

결론 : 어떤 결심입니까?

결단

지옥에 간 부자의 소원
(눅16:27-31)

이 세상을 살아가는 동안 모두에게는 나름대로 소원이 있습니다. 소원의 내용은 다르지만 제각기 소원이 있는데 반드시 이루어지지 않을지라도 소망을 가지고 살아가게 되며 이 소망 안에는 인내 역시 중요하기에 인내를 중요시 여겼습니다.(약5:7-11) 하나님은 소망의 하나님이심을 강조해 주셨습니다.(롬15:13) 그러나 이 세상을 살아가는 동안에는 그래도 소망을 안고 살아가지만 육신을 벗어난 저 세상의 지옥에 가는 사람들에게는 기회가 없습니다.

본문에서 부자가 세상에서는 매일같이 잔치 집처럼 살았지만 죽음 이후의 삶은 지옥에서의 모습이 어떤 것인가를 자세히 보여주고 있습니다. 물 한 방울이 없어 심히 고민하는 모습을 봅니다. 이때에 부자의 소원이 무엇이겠습니까? 본인은 비록 그렇게 되었지만 아직 세상에 남아있는 형제 다섯 명이 이런 곳에 오지 않도록 조치를 해달라는 것이었습니다. 여기에 세상의 교회의 사명이 또한 크게 부각됩니다. 영원히 죽지 않는 지옥 불 속에서의 뒤늦은 후회를 보면서 본문에서 은혜를 받게 됩니다.

1. 이 세상에는 두 가지 인생이 있습니다.

동양과 서양 그리고 빈부귀천을 떠나서 모든 인생들은 두 가지 길로 가게 됩니다. 어떤 길인지 보시기 바랍 니다.

1) 부자가 선택한 인생의 길이 있습니다.

물론 이 세상에서 살아가면서 부요하게 살지 말라는 뜻은 절대로 아닙니다. 부자로 사느냐 가난한 자로 사느냐가 아닙니다.

① 예수가 없고 불신의 길이라면 그 길은 부자가 걸어간 길입니다. 빈부의 관계없이 하나님을 떠난 인생길이라면 그것은 불행이요, 지옥으로 향하는 길이기에 불행입니다. 세상에 살 동안 부자의 생활을 보십시오.(19절)

그러나 국민소득이 올라가고 G20국가이며 O.E.C.D국가들 중에 회복속도가 제일 빠르고 이제는 세계 선진국이 되는 꿈과 함께 원조 받는 국가에서 베푸는 국가로 전입된 입장에서의 대한민국은 자랑스럽지만 자칫 핑크빛 나는 이런 상황에서 이 나라에 하나님 없는 생활이 된다면 이것이 축복이 될 수는 없습니다. 양주를 비롯한 술 소비, 사치 등 골프 관광 등이 세계 1위요, 배고픈 시절을 잊은 채 타락의 요건의 인생길이 많은 이상 그것은 축복이 아님을 빨리 깨달아야합니다.
② 이제 다시한번 영적 문제를 생각해야 할 때입니다. 하루 세끼 밥 먹기 위해서 사는 인생이 되면 곤란합니다. 지금부터 다시한번 영적이고 신령한 세계를 살펴야 할 때입니다. 인생은 떡으로만 사는 것이 아닙니다.(마4:4) 하나님을 생각해야 되고 내 영혼을 생각하고 믿음을 회복해야 영원한 소망이 있습니다. 예수그리스도의 피 뿌림과 피 흘리심을 잊지 말아야 합니다.

2) 우리의 인생은 예수 안에서의 인생이 되어야 합니다.

부자는 예수 없는 인생의 대표적인 모습입니다.
① 예수 없는 인생은 제일 불쌍한 인생입니다. 인생은 세상에서 영원할 수 없기 때문입니다. 잠간 지나가는 과객으로써 고생의 길입니다.(시90:9-10,창47:9, 전1-2, 약4:14) 세상에서 영원히 살듯이 착각하면 곤란합니다.
② 나사로의 삶은 비록 가난했지만 하나님이 그 안에서 계셨던 삶의 대표로 보여주고 있습니다. 사도바울은 예수 없을 때에는 세상에서 유명했지만 예수 모신 다음에는 모든 것을 버리고 오직 예수 안에 살았습니다. 그리고 옥중에서 기뻐하였습니다.(빌4:4) 누가가 기록한 데오빌로(눅1:1-, 행1:1-) 역시 교훈을 줍니다. 누가복음을 기록할 때에는 높은 지위에 있었으나 예수가 없었고, 사도행전을 기록할 때에는 높은 자리에는 있지 아니했으나 예수를 믿는 자가 되었습니다.

2. 인생은 반드시 이 세상을 떠날 때가 있습니다.
부자와 나사로의 비유에서 주시는 대단히 큰 교훈입니다.

1) 몇 가지 교훈을 보겠습니다.
① 인생이 날 때가 있으면 죽을 때가 있습니다. 불로초나 불사약이 소용이 없이 죽게 됩니다.
② 죽음 앞에서 누구나 평등합니다. 하나님의 시간표(Time of the God)에 의해서 진행됩니다. 그리고 심판이 있습니다.(히9:27)

2) 육신적 죽음만이 죽음이 아닙니다.
육신적 죽음은 의학적 죽음일 뿐입니다. 심장이 멈추고 호흡이 멈추는 일입니다. 이 생물학적인 죽음이 문제가 아닙니다.
① 그러나 두 번째 죽음이 있습니다. 지옥이 있고 심판이 있습니다. (계2:11)둘째 사망이요, 지옥입니다.(마25:41, 막9:48) 예수가 없는 인생의 길입니다.
② 왜 예수 믿어야 하고 교회에 나와야 합니까? 예수 안에서만이 영원한 생명이 있고 영생이 보장됩니다.(요5:24, 요일5:11-12, 요3:16, 요1:12)

3. 여러분은 지금 어디로 가고 있습니까?
이 세상을 떠날 때에 어디에 도착하실 것입니까?

1) 죽음이라는 것은 곧 새로운 세상의 시작입니다.
거기에도 두 가지 길이 반드시 찾아옵니다.
① 천국의 시작인데 다른 용어로 낙원이라고 하였습니다. 우편 강도가 예수님을 시인하고 허락받은 곳이요(눅23:43), 본문에서 나사로가 간 곳입니다. 믿음의 조상 아브라함의 품입니다.
② 지옥의 시작이 곧 죽음입니다. 예수가 없는 인생의 끝입니다. (23절) '부자도 죽었고, 음부에서 고통 중에' 라고 말씀했습니다. 지옥의 시작입니다. 예수 없는 인생은 불쌍한 인생입니다.

2) 죽은 자들의 소원을 대변해 주시는 말씀입니다.

천국에 간 사람도, 지옥에 간 사람도 소원이 있습니다. 천국에는 천국 오게 해야 할 것을 강조할 것이 분명합니다. 아우슈비츠수용소의 용광로는 꺼졌지만 지옥불은 영원합니다.

① 천국에 간 사람은 천국의 영화로움을 누리며 기원할 것입니다. 가족들이 모두 천국에 올 것을 위해서 말입니다.
② 지옥 간 사람들의 소원이 본문에서 부자의 입술을 통해서 대변해 주는 말씀입니다. 먼저 믿은 성도의 사명, 교회의 사명은 모세와 선지자의 사명인바 이런 사실들을 부지런히 전해야 합니다. 천국이냐 지옥이냐(계 19:20, 20:14-15) 우리 모두 깨닫고 이 소리에 귀를 기울이는 복된 인생들이 모두 되시기를 주님의 이름으로 축원합니다.

결론 : 귀를 열고 이 소리를 들어보십시오.

결단

광명과 흑암, 어느 쪽인가?

(출14:15-20)

하나님께서 창조하신 자연 질서 중에는 낮을 주관하는 큰 광명인 해와 밤을 주관하는 작은 광명인 달과 별들의 세계가 있습니다. 그래서 낮과 밤이 교차되는 동안 흑암과 광명이 공존해 갑니다. 한 뉴스에 의하면 우주 공간에는 현재 우리를 비춰주고 있는 태양보다 훨씬 큰 태양계가 또 존재 한다고 전하고 있습니다. 광명과 흑암은 자연 세계에서 뿐 아니라 천국의 세계에서도 흑암과 광명으로 개념화하고, 윤리 도덕적으로도 선과 악의 개념으로 개념화 하며 영적이고 신앙적인 면에서도 신앙적 차원에서 개념화하기도 합니다.

결국 흑암의 세력은 망하게 됩니다(계20:10). 성경은 이스라엘이 애굽에서 430년 만에 나오게 될 때에 내렸던 10가지 재앙 중에 흑암의 재앙에 관한 기사인데 애굽 온 천지에는 흑암이 있지만 이스라엘이 거하는 고센 땅에는 광명에 거하게 되었습니다. 종말 때에도 신앙적으로 볼 때에 세상은 멸망할 흑암의 세력 속에 사는 자도 있게 되고 광명한 영적생활을 하게 되는바 멸망할 세상에서 나오라고 경고합니다(계18:4).

본문은 홍해를 건너게 될 때에 이스라엘이 있는 곳은 광명이요, 추격해온 애굽 사람에게는 흑암이기 때문에 그들이 움직이지 못하는 현상을 보여 주는데 여기에서 은혜를 나누게 됩니다.

1. 바로왕이 육백승의 마차부대를 이끌고 추격해옵니다.

10가지 재앙을 얻어맞고도 추격해오는 바로왕과 같이 예수님이 십자가위에서 죽으시고 부활하심으로써 머리가 박살나버린(창3:15) 마귀는 지금도 성도를 추격해 옵니다.(벧전5:8)

1) 이때에 원망과 불신앙이 나타나게 됩니다.

홍해 앞에서와 같은 문제 앞에서 나타나는 현상입니다.

① 원망과 불신앙은 자기를 파멸로 이끌게 만듭니다. 430년 만에 여기까지 이끌어 주신분이 누구이며, 지금도 역사하시는 분이 누구인데 원망합니까? 모세인가요? 모세는 다만 심부름꾼일 뿐입니다. 하나님께 대한 원망입니다.(출16:8-16) 사도바울은 이때의 일들을 통해서 우리의 거울이라고 전하였습니다.(고전10:6-12)

② 원망은 자기뿐 아니라 타인에게까지 악영향을 끼치고 망하게 합니다. 감사해야 할 자리에서 감사가 아니라 원망과 불평가운데 있을 때에 불뱀이 나와서 모두 죽을 지경에 이르게 되었습니다.(민21:5) 광야에서 맛있는 음식이 아니라 만나와 메추라기만 먹는다고 원망하듯이 하나님의 교회에 세속적인 맛있는(?) 것이 없다고 영적인 원망을 한다면 곤란합니다.

2) 어려울 때에 어려움을 보고 원망대신에 기도하는 사람이 있습니다.

(10절) 애굽 군대가 추격해온 때입니다.

① 한 쪽에서는 원망이 나오지만 한쪽에서는 기도하는 사람이 있습니다. 부르짖어 하나님께 향하게 되었습니다. 부르짖을 때 하나님께서 역사하심을 보게 됩니다.(수24:7)

② 위기가 올 때에 할 일은 기도밖에 없습니다. 이것이 흑암이 아니라 밝은 광명 가운데 서는 일입니다. 바로왕과 같은 사탄의 쇠사슬에서 십자가 피로써 구속하신 예수 이름으로 부르짖게 됩니다. 엘리야도(왕상18:42), 히스기야 왕도(왕하19:14), 바울과 실라도(행16:25) 위기 때에 부르짖어 역사했습니다.

2. 하나님이 일하실 차례입니다.

한쪽에서는 원망과 불신앙 중에 있지만 한쪽에서는 하나님을 바라보며 기도하게 될 때에 하나님께서 역사하실 차례입니다.

1) 위기 때에 기도하게 되면 하나님께서 역사하십니다.

하나님은 지금도 일하십니다.(요15:17)
① 흑암과 광명으로, 이쪽과 저쪽으로 나눠지게 됩니다.(20절) 애굽쪽은 흑암이요, 이스라엘쪽은 광명입니다. 지금은 광명과 지옥이지만 후에는 천국과 지옥이 될 것입니다. 지금은 공존하는 것같이 보이지만 후에는 반드시 갈라집니다.
② 지금은 뉴스마다 부정적인 뉴스가 많습니다. 어두운 뉴스들이 가득합니다. 살인, 강도, 화재, 교통사고, 어린아이 성추행사건, 고위층들의 횡령사건 등등 이런 세상에 살지만 성도는 빛 가운데로 걸어가야 합니다.(502장 찬송)

2) 하나님께서 대신 싸워주십니다

(14절) '여호와께서 너희를 위하여 싸우시리니' 했습니다.(The LORD will fight for you; you need only to be still.")
① 하나님이 하시는 일들이 나타나게 되었습니다. 바닷물을 동풍으로 마르게 하시고(21-) 이스라엘은 건너고 애굽 군대는 수몰 당했으며(24), 하나님이 하시는 일을 보여주신 현장이 되었습니다(25절). 지금도 하나님은 일하십니다. 그래서 하나님이 없는 공산주의와 그 사상은 결국 망하게 됩니다.
② 새벽기도의 중요성이 여기에서 또 한 번 나타납니다. (24절) 새벽에 이 일이 모두 일어났습니다. 새벽의 출애굽, 새벽에 만나, 새벽에 요단강 갈라짐, 새벽에 여리고성의 무너짐(수6:15), 새벽에 예수님의 부활(마28:1), 새벽에 도우십니다.(시46:5) 새벽에 깨어야 합니다.(시57:8) 이것은 다윗의 체험입니다.

3. 나는 지금 어느 쪽에 서 있는지 확인할 필요가 있습니다.

예수 안에 광명입니다. 세속적인 어두움입니다.

1) 빛 가운데 있어야 합니다. 예수님은 빛입니다.
① 예수님이 밝은 광명이요 빛이 되십니다. (요9:5-15) 예수님은 광명이시요 빛이 되십니다.
② 예수님 안에 있다면 빛 가운데 거하는 일입니다. (엡5:8) 이제는 빛 가운데서 빛의 열매로 맺어야 합니다. 모든 불신앙적 잔재는 내 안에서 추방시켜야 합니다.

2) 하나님의 은혜를 모르는 원망과 불신앙은 몰아내야 합니다.
① 출애굽의 은혜를 모른 채 원망과 불평 속에 있으면 곤란합니다. 오히려 어려움과 고난 속에서도 감사 할 수 있어야 합니다. 그리고 기도해야 합니다.(골4:1-2)
② 이제라도 우리는 감사 속에서 기도해야 합니다. 반드시 홍해는 갈라지게 되고 역사가 나타나게 됩니다. 올바른 신앙적 광명에 거하는 성도들이 모두 되시기를 주님의 이름으로 축원합니다.

결론 : 예수님은 광명이십니다.

결단

올바른 선택의 은혜
(잠22:1-5)

　세상을 살아가면서 때때로 어떤 일에 대하여 선택을 해야 하고 결정을 해야 할 때가 있습니다. 개인에게도 그렇고 국가적인 차원에서도 선택하고 결정을 해야 할 일들이 많이 있게 되는데 여기에 따라서 개인이든 국가든 간에 역사가 바뀌게 되는 경우들이 많이 있게 됩니다. 내가 할 수 없는 하나님의 영역들이 있는데 부모가 자식을 낳아서 키우다보니 내 부모요, 내 자식 관계는 인위적으로 할 수가 없습니다. 그런 일을 제외하고는 사람이 선택하고 결정해야 할 일은 많습니다. 구 러시아는 땅도 많고 지하자원도 풍성하지만 하나님 대신에 공산주의를 택한 결과로 일백 년 가까이 황폐한 국가로 전락했지만 미국이라는 나라는 신앙을 따라 세운 나라이기에 세계를 지배하는 국가로 일어섰습니다. 직업문제, 결혼문제 등 세상에는 결정해야 할 일이 많은데 올바른 선택의 원리를 본문에서 배우게 됩니다.

1. 가시적인 것보다 불가시적인 면이 더 중요함을 알고 선택의 원리를 삼아야 합니다.

　옛 속담에 '우선 먹기는 곶감이 달다'는 식이 되면 곤란합니다.

1) 선택의 원리를 바르게 생각해야 합니다.

　(1절) '많은 재물보다 명예를 택할 것이요 은이나 금보다 은총을 더욱 택할 것이니라' 했습니다.(A goodname in more desirable than great riches; to be esteemed is better than silver or gold)
　① 대개의 사람들은 육신의 눈에 비치는 편한 선택을 하는데 생각할 여유도 없습니다. 세상에서 금은보화가 싫은 사람이 어디에 있겠습니까만 모든 생과 선택의 방향이 그렇게 되면 곤란한 일입니다. 철학적인 용어를 빌리면 '형이상학(形而上學)보다는 형이하학(形而下學)을 더 많이 선택하

는 경우가 많습니다. (갈6:7) '스스로 속이지 말라 사람이 무엇으로 심든지 그대로 거두리라' 하였고 롬8:5에서는 영적인 일과 육적인 일이라고 하였습니다. 그리고 육신에 있는 사람들은 하나님을 기쁘시게 할 수 없다고 하였습니다.
② 성경에서 몇 가지 사례를 보시기 바랍니다. (창13:9)아브라함은 헤브론을 택하였고 롯은 소돔성을 택한 결과 아브라함의 사는 곳은 성지가 되었지만 롯이 택한 곳은 망하는 도시가 되었고 결국 아내까지 잃게 되었습니다. (창25:31-34)야곱은 장자의 명분을 택하였고 에서는 팥죽을 택하였는데 후에도 회복 할 수 없었다고 성경은 경고해 주셨습니다.(히12:16-17)

2) 눈을 크게 뜨고 영적으로 생각해야 하겠습니다.

무엇이 한시적인 일이고 무엇이 영원한 일인지를 깨달아야 한다는 뜻입니다.
① 성도의 선택은 원리가 영적이어야 합니다. 선택의 그 기준이 세상적인 것이 아니라 영적이어야 합니다. (마13:44)그래서 예수님은 밭에 감추인 보배로써 천국을 설명해 주셨습니다.
② 어리석은 자가 되면 곤란합니다. 사도바울은 알지 못할 이름들을 나열하였는데(롬16장) 좋지 않은 이름도 거기에 있음은 데마 같은 사람이 되지 말라는 뜻입니다.(딤후4:10) 세상에는 생명 길과 사망의 길이 있습니다.(신30:19)

2. 믿음의 길을 선택해야 합니다.

하나님께서 주신 생명의 길이 믿음의 길입니다.

1) 믿음의 길이 아니면 불신앙적이며 사망의 길입니다.

① 바른 길을 선택해야 합니다. (4절) '겸손과 여호와를 경외함의 보응은 재물과 영광과 생명이니라' 하였습니다. 같은 세상에 살면서 이렇게 사는 길이 생명의 길입니다.
② 하나님을 경외하며 믿음 가운데 서있는 선택은 행동으로 옮겨질 때에 복이 됩니다. 여호수아는 마지막 운명하면서도 이스라엘 백성에게 선택을 촉구하였습니다.(수24:15)

2) 우리의 신앙은 계속하여 성장해야 하고 발달해야 합니다.

모든 생물이 성장하듯이 신앙도 성장해야 합니다.
① 멈추어있는 신앙은 곤란합니다. 우리의 뇌는 계속 발달하듯이 신앙도 발달해야 합니다. 연세대학교 은퇴교수인 김형석 교수는 사람이 32세 이상 되어서야 참인생길을 알 수 있도록 발달한다고 했습니다.
② 우리의 신앙은 연령의 제한이 없습니다. 육신적 지능발달도 중요하지만 영적인 발달 또한 중요합니다. 올바른 영적인 성숙이 이루어지기를 바랍니다.

3. 하나님은 우리에게 건강한 신앙의 길을 선택할 것을 원하십니다.

부모가 자식을 바라는 마음과 같은 원리입니다.

1) 지혜롭고 슬기로운 백성이 되어야 합니다.

이것이 성경이 우리에게 명하는 바입니다.
① 누가 건강한 신앙이겠습니까? 지혜롭고 슬기로운 길로 나가는 신앙입니다. 구약에서 수많은 사람들에게서 그 모습을 찾게 됩니다. (수 14:10-12)가나안을 정복해 나갈 때의 갈렙의 모습입니다. 아낙자손이 있어도 두려워하지 아니하였습니다.
② 건강한 신앙은 장애물을 두려워하지 않습니다. 오히려 더욱 담대한 신앙이 나타나게 됩니다.

2) 현재의 선택이 영원한 문제를 좌우합니다.

현재의 일이 영원으로 이어지게 됨을 잊지 말아야 합니다.
① 그래서 세상적인 것보다 영원한 천국의 것을 사랑합니다. 부자는 어리석게도 현재의 것을 택하고 천국을 잃었습니다.(눅12:21, 눅16:19-)
② 하나님께서 반드시 결과를 물으실 때가 옵니다. (전12:13-14)일의 결국이 심판으로 다가옵니다. 교회 모두는 올바른 선택이 있게 되시기를 축원합니다.

결론 : 신앙 앞에서 선택이 중요합니다.

결단

이제는 예수님 때문에 믿어야 합니다
(요 4장 39-42절)

　세상을 살다보면 어떤 일이 있을 때에 그 일을 하게 되는 중요한 동기(motive)가 있기 마련입니다. 예컨대 마틴 루터는 법관이 되려고 법률 공부를 하다가 친구가 갑자기 죽는 바람에 법관을 포기하고 신학에 입문한 일과 같은 경우입니다. 군인이 된 동기, 경찰관이 된 동기, 정치가가 된 동기 등 많은 동기 중에서 살아가게 됩니다. 교회에 나와서 예수 믿고 구원을 받은 동기들도 사람들마다 다른 입장에서 믿게 되었다고 듣게 됩니다.
　본문에서 수가성 여인은 물가에 물길러 왔다가 예수님을 알게 되었고 수가성 여인이 전해준 예수를 수가성에 살고 있던 사람들이 믿게 되는데 처음에는 수가성 여인이 전해준 예수를 알게 되었지만 후에는 그들이 직접 예수를 만나보고 예수를 믿게 되는데 이때에 저들이 한 말이 있습니다. '이제는 우리가 믿는 것은 네 말을 인함이 아니니 이는 우리가 친히 듣고 그가 참으로 세상의 구주신 줄 앎이니라 하였더라' 라고 기록되었습니다.
　우리 가운데 누구 때문에 여기까지 교회에 나왔는지는 제각기 다른 형편에 있겠지만 이제는 본인 스스로 예수를 만나고 믿는 믿음이 중요한바 본문에서 교훈을 얻게 됩니다.

1. 먼저 예수님을 만나고 예수님을 소개한 사람이 있었습니다.
　중요한 것은 예수님을 먼저 만난 사람이 있었다는 것입니다.

1) 사마리아 여자였습니다.
　이 사람에 신분에 대해서는 대낮에 물길러 오는 법이 없는 사회적 관습에 비추어 대낮에 물길러 온 정상적이 아닌 여자라는 것입니다.

① 그런데 이 여자가 예수님을 만났습니다. 예수 믿는 일은 세상적 위치나, 상황이 문제가 아닙니다. 소위 멸시천대 받는 사람들이 오히려 먼저 믿을 수도 있습니다. 예수님은 제자들을 부르심에서 볼 때에 세상적으로 유명인을 부르시지 않고 멸시 천대 받는 사람을 부르셨습니다. (마 4:18) 수제자 그룹(Head Group)을 보십시오. 모두 어부들입니다. 이들에게 각종 질병을 고치고 예수님을 따르는 제자가 되게 하셨습니다.(마 10:1-) 예수님은 세리와 죄인을 가까이 하셨습니다.(눅 15:1)

② 이는 성경의 예언대로 되었습니다. 누가는 이사야 61장 1-2을 인용하게 되는데 (눅 4:18-)"주의 성령이 내게 임하셨으니 이는 가난한 자에게 복음을 전하게 하시려고 내게 기름을 부으시고 나를 보내사 포로 된 자에게 자유를, 눈먼 자에게 다시 보게 함을 전파하며 눌린 자를 자유케 하고 주의 은혜의 해를 전파하게 하심이라" 하였더라"고 하였습니다. 예수님 자신이 말구유에 태어나셨고, 예수님 및 형제들이 세상적으로는 문벌 좋은 자가 많지 않습니다.(고전 1:26-29)

2) 사마리아 여자는 어느 것 하나 자랑할 것이 없는 세상적으로 부끄러운 여자였습니다.

자랑할 것도 내세울 것도 하나도 없는 여자였습니다.

① 술집의 여인이라고 하는 학자도 있습니다. 이 여자는 정당한 결혼을 하지 않는 여인이다(WestCott)라고 하기도 합니다. '지금 남편도 자기 남편이 아니다'(Zhan)라고 하기도 했습니다. 이런 비정상적인 여인이 예수님을 먼저 만나게 되었고 사마리아성에 전했습니다. 실로 하나님은 중심을 보시기 때문입니다.(삼상 16:7)

② 중요한 것은 이 여인이 예수님을 만나게 된 것입니다. 예수님이 이런 여자도 찾아 가신 것입니다. 하나님은 범죄한 인간을 찾아오셨습니다. 아담에게도(창 3:9) 가인에게도(창 4:9) 본문에서 타인의 눈을 피하여 대낮에 물 길러 오게 된 이 여인도 예수님은 만나셨습니다. 예수님을 만나시기 바랍니다. 그리고 내가 만난 예수님을 전해줘야 됩니다.

2. 이 여자 때문에 예수 믿게된 사람들이 많게 되었습니다.

하나님의 하시는 일 가운데는 인간적인 상식 밖으로 일하심이 많습니다.

1) 그래서 세상적인 물을 찾지만 그 물 가지고는 갈증을 채울 수가 없습니다.

① 어려운 이웃을 보거든 예수님 전하는 기회로 삼아야 합니다. 세속적인 남편이 5명씩이나 있어도 목마른 가슴은 채울 수가 없었습니다. 메시야 되시는 예수님을 만나야 합니다.
② 예수님은 어려울 때에 찾아오십니다. (마 11:28) 예수님은 '수고하고 무거운 짐을 진 인간'을 부르셨습니다. 어거스틴(Augustine)은 인간이 하나님께 돌아올 때만 마음의 홀(Hall)이 채워진다고 하였습니다.

2) 이 여자는 타인에게 뛰어가기 전에 자기가 먼저 예수님을 믿게 되었습니다.

내가 먼저 믿어야 합니다.
① 내가 먼저 예수를 믿어야 합니다. 지금 세상에는 예수님보다 세속적인 것에 더 매력을 느끼는 세상이기 때문에 예수 믿기 어려운 세상입니다.
② 우리는 사마리아 사람들이 되어야합니다. 예수님을 전해 주게 될 때에 그들의 일생이 바뀌었습니다. 지금 세상은 목마른 시대이기 때문에(사 55:1), 생수의 근원 되시는 하나님을 믿어야 해갈 됩니다.(렘 2:13; 요 6:55)

3. 이제는 예수님 때문에 예수를 믿어야 합니다.

교회에 나오기 위한 출발은 달라도 이제 말씀을 통해서 예수님을 만나게 되었다면 스스로의 믿음을 지켜야합니다.

1) 정상적인 전도자의 방향입니다.

(42절) '그가 참으로 세상의 구주신 줄 앎이니라' 하였습니다.

① 이제는 전해준 사람 때문에 믿는 것이 아닙니다. (41절) "예수의 말씀을 인하여 믿는 자가 더욱 많아"라고 하였습니다.
② 교회에 나와서 정상적인 믿음의 사람은 예수님 자신 때문에 예수님을 믿게 되는 것입니다. 처음 나올 때와는 달리 누구 때문이 아닙니다. 예수님 때문에 믿습니다.

2) 우리 모두는 구도자요 한 사람의 믿는 사람일 뿐입니다.

옆의 사람 때문에 믿음이 좌우 되면 곤란합니다.
① 한 사람의 구도자로써 믿음을 지켜나가는 것입니다. 옆 사람도 실수할 수 있고 역시 흠이 많음을 알아야 합니다. 옆 사람의 실수 때문에 내 믿음을 버린다면 어리석은 사람입니다.
② 따라서 우리는 오직 예수만 믿고 바라보아야 합니다.(히 12:2) 신앙의 대상과 목표는 오직 하나님, 오직 예수님 이십니다. 오직 믿음으로 굳게 서기를 주의 이름으로 축원합니다.

결론 : 예수님만 믿어야 합니다.

고난

풍랑 속에서 구원 받은 사람들
(행27:27-32)

이 세상은 이른바 바람이 많이 불고 파도가 치는 바다 길과 같습니다. 바람이 분다는 것은 내 기억 속에 1961년에 있었던 사라호 태풍이 제일 강한 바람으로 생각되는데, 둑이 터지고 고목들이 모두 쓰러지던 무서운 기억이 지금도 생생하게 납니다. 성경에는 인생사를 많이 말씀하셨는데 바람과 파도, 홍수에 관한 기사들이 많음을 보게 됩니다. (시107:23-, 마8장, 욘1장)

본문은 전도자 사도바울이 로마에 복음을 전하기 위한 목적으로 죄수 아닌 죄수의 신분으로 황제 가이사에게 호송되던 중에 일어난 사건입니다 알렉산드리아호에 276명이란 많은 사람들과 화물을 싣고 가는데 유라굴로라는 풍랑이 일어나서 14일 간 하늘이 보이지 않고 거의 죽게 되었을 때에 바울이 일어나서 그들을 안심시키고 말합니다. '안심하라' 하면서 사도로서의 사명을 풍랑 중에도 다하는 모습인바 본문에서 영적인 큰 교훈을 얻게 됩니다.

1. 인생이 믿음 따라 가지 않고 육신의 욕심 따라가면 결국은 풍랑을 만나게 된다는 교훈입니다.

이와 같은 풍랑이 있을 것을 사도 바울은 예고하였고 말하였지만 백부장은 선장과 선주의 말에만 귀를 기울 였습니다.

1) 신앙을 따라가지 않고 육신의 욕심을 따라간 결과입니다.

바울이 전하는 말에 귀를 기울였어야 했습니다.
① 바울은 분명하게 예고하였고 전하여 주었습니다. (행27:10-) 이것이 곧 세상 역사요 현세의 모습이기도 합니다. 바울이 전하는 말을 듣지 아니하였듯이 세인들은 전하는 복음은 듣지 아니하고 세속적이고 육신적 욕심을 따라서 삽니다. 멸망으로 가는 사람들의 모습이 보입니다. (창19:5) 소돔성이 멸망할 때에 천사들까지 이야기 하였지만 듣지 않다가 결국 멸

망 당하게 됩니다. 어느 시대나 하나님은 그의 종들을 보내시고 전하게 하십니다.(암3:7) 그리고 그대로 이루어 가십니다.(계10:7) 따라서 전해지는 말씀에도 귀를 기울여야 합니다.(시119:105, 시119:11)
② 선지자의 입에서 나오는 말씀이 중요하기 때문입니다. 예컨대 유다왕 여호사밧왕은 모압과 암몬의 연합국과 전쟁을 하게 되는데 그때에 그가 그의 유다백성에게 한 말이 있습니다. (대하20:20) 여호사밧이 서서 가로되 '유다와 예루살렘거민들아 내 말을 들을지어이다 너희는 너희 하나님 여호와를 신뢰하라 그리하면 견고히 서리라 그 선지자를 신뢰하라 그리하면 형통하리라' 하였고 그 전쟁에서 이겼습니다. 믿은 말씀대로 역사하기 때문입니다.(살전2:13, 히4:12)

2) 선장과 선주는 백부장과 더불어서 바울이 전하는 말을 듣지 아니하였습니다.

① 어느 시대나 하나님 말씀을 듣기보다는 세상적인 말에 더 귀를 기울이는 것이 타락된 인간들의 모습입니다. 그래서 들으려하지도 않습니다.(딤후4:1-5) 듣게 될 때에 복이 되는데 그 복을 놓치는 꼴이 되는 것입니다.(계1:3, 신28:1)
② 하나님의 사람이 전하는 하나님의 뜻에 순종하면 복이요, 불순종하면 곧 돌이킬 수 없는 화가 찾아오게됩니다. 요나의 경우에서 보게 됩니다.(욘1장) 그래서 성경은 순종을 강조하였습니다. (히12:25, 13:17) 유라굴로 풍랑은 만나지 않아도 되는 풍랑이었습니다. 276명 뿐 아니라 모든 화물이 손실을 가져왔습니다.

2. 바울은 전했습니다. '이제라도 늦었지만 내 말을 믿으라'

(25절) '그러므로 여러분이여 안심하라 나는 내게 말씀하신 그대로 되리라고 하나님을 믿노라' 하였습니다.

1) 바울은 하나님을 믿었습니다.

사고가 나기 전에도 믿었고 일이 발생한 후에도 믿었습니다.
① 바울은 언제나 하나님께서 함께 하심을 믿었습니다. 복음을 위해서 로마

로 호송되어 가지만 하나님이 함께 계심을 믿었습니다. 276명의 목숨이 위태로운 가운데도 하나님을 믿었습니다.
② 하나님을 믿으면 안심이 옵니다. 평안이 오게 되고 안심이 찾아오게 됩니다. 배가 파괴되고 위태로워도 있는 상태 그대로 믿었습니다. '안심하라 나는 내게 말씀하신 그대로 되리라고 하나님을 믿노라' 하였습니다.(So keep up your courage, men, for I have faith in God that it will happen just as he told me)

2) 어렵고 힘든 때일수록 기도 중에 믿음을 확보해야 합니다.
타인의 잘못이든 본인의 잘못 때문에 왔든지(욘2:9) 회개하고 기도할 때에 하나님은 역사하셨습니다.
① 어려울 때일수록 더욱 하나님께 대한 믿음의 확신이 중요합니다. 요나는 물고기 뱃속에서도 하나님을 확신하고 믿었습니다.(욘2:9) 그리고 순종하기로 약속을 하였습니다.
② 세상적이고 세속적인 것은 버려야 합니다. 하나님을 믿기 때문입니다.(요14:1) 미국 필라델피아에 있는 폭스체이스 암센타 교수인 수잔 밀러(S.Miller)박사는 환자에게 '가장 훌륭한 의사에게 자기 건강을 맡기고 믿어라 그리고 마음을 놓으라' 고 했습니다. 하나님은 믿는 자 편에 계십니다.

3. 어렵고 힘든 때일수록 배 밖으로 이탈하지 말아야 합니다.
비행기가 10,000m 상공에 떠있게 되는데 어렵다고 박차고 나갈 수가 없듯이 풍랑이 일어난다고 해서 밖으로 나갈 수가 없습니다.

1) 택한 백성은 교회 안에 있어야 합니다.
방주는 교회입니다. 물이 감할 때까지 기다려야 합니다.(창8:7-13)
① 교회가 곧 구원의 방주입니다. (요14:6) 요한 칼빈(J. Calvin)은 '교회를 떠나서는 구원이 없다' 고 했습니다. 풍랑이 와도 배 안에 남아있으라 함과 같이 교회 안에 있어야 합니다.

② 내가 붙잡은 세속적인 일들을 놓아야 합니다. 배안의 모든 것을 버렸습니다. (행27:18-19) 그리고 끊어야 할 것이 있으면 끊어야 합니다.(행 27:32)

2) 구원주 되시는 예수님이 계신 곳이 교회요 구원의 방주입니다.

① 풍랑 중에도 주님이 함께 계시면 안심입니다.(마14:24-32) 풍랑 중에도 예수님이 함께 계시면 안심입니다. 바울은 하나님이 함께 계신다고 고백하였습니다.

② 인생 풍랑 중에도 늘 주님과 같이 계시면 안심입니다. 바울 자신 뿐 아니라 276명의 모든 생명이 바울의 손에 달려 있었듯이 오늘날 교회와 성도는 세상에 대하여 그렇게 중요한줄 깨닫기를 주의 이름으로 축원합니다.

결론 : 교회여! 사명이 매우 큽니다.

고난
위기 때에 고백하는 믿음
(행27:20-26)

사람이 세상을 살다보면 반드시 오는 위기의 때가 있고 이 위기 때에 어느 쪽으로 결정하느냐에 따라서 앞길이 좌우되는 때가 많습니다. 그래서 때에 따라서는 위기가 오히려 호기가 되는 역사들이 많이 있습니다. 예컨대 아일랜드의 로던 타일런은 한 쪽 다리가 짧게 태어났고 설상가상으로 교통사고로 두 다리를 잃었지만 1981-1983년 까지 국제 장애자 올림픽에서 3회 연속 금메달을 땄는데 무려 14개의 메달을 따게 되었고 성악가로도 유명해서 1999년에는 영국 로열 필하모니 오케스트라와 함께 미국과 캐나다를 12개 도시를 돌며 순회공연과 함께 찬사를 받은 바 있습니다. 그는 ABC방송의 인터뷰에서 말하기를 '인생은 무한한 가능성의 예술' 이라고 말한 바가 있습니다.

본문에서 바울은 복음 때문에 로마로 죄수 아닌 죄수로 끌려가던 중 유라굴로풍랑으로 인해서 모두 죽게 되는 위기에서도 모두에게 소망을 던지며 살게 하는데 (23절)' 나의 속한 바 곧 나의 섬기는 하나님의 사자가 어제 밤에 내 곁에 서서 말하되' 라고 하였고, (25절)' 나는 내게 말씀하신 그대로 되리라고 하나님을 믿노라' 고 하면서 위기에서도 오히려 생명의 신앙고백이 나오는 것을 보게 되는데 여기에서 우리는 큰 은혜를 받게 됩니다.

1. 유라굴로의 사건은 선택과 결정의 중요성을 일깨워 줍니다.

인생사는 많은 선택(select)과 결정(decision)을 내려야 할 때가 많이 있습니다. 한 번 선택에서 시비가 엇갈리는 경우가 세상에는 많습니다.

1) 호송책임자인 백부장 율리오가 바울의 말보다 선장과 선주의 말을 더 믿고 선택한 결과입니다.(27:1)

① 불편하지만 며칠 더 기다렸다 움직였어야 했습니다. 미항이라는 항구는 좁고 불편하였지만 며칠 더 기다렸다면 유라굴로의 풍랑을 만나지

아니하였을 것입니다. 기도하는 바울이기에 절박한 마음으로 충고하였으나 듣지 않은 결과입니다. 바울로서는 더 이상 말할 수 있는 힘이 없었습니다.
② 백부장이 죄인의 신분으로 끌려가는 바울의 말보다 선장과 선주의 말을 더 듣고 믿은 결과입니다. (11절) '백부장이 선장과 선주의 말을 바울의 말보다 더 믿더라 했습니다.(But the centuion, instead of listening to what Paul said, followed the advice of the pilot and of the owner of the ship) 따라서 276명을 태우고 많은 짐을 실은 배의 운명이 저들 손에 있기에 지도자는 언제나 심사숙고했어야 됩니다.

2) 올바른 선택이 모든 것을 좌우하게 됩니다.

우리말 가운데 순간의 선택이 평생을 좌우한다는 말이 있는데 중요한 뜻을 가지고 있다고 봅니다.
① 그래서 성도뿐 아니라 사람은 매사에 잘 선택해야 합니다. 지금 믿음의 길로 가는 이것이 영원한 생명과 연결됨을 알고 신앙생활을 잘해야 됩니다. 바둑판이나 장기판에서 돌 하나놓고 장기 하나 움직이는 것이 승패를 좌우하듯이 인생사에는 판단과 결정이 중요한데 더욱이 영원한 생명에 관한 문제라면 더욱 중요합니다.
② 지금 세상은 바울의 말보다 세상적 선주의 말을 더 믿고 따르는 세상입니다. 성경을 일찍 받아들였다면 우리나라가 더 앞서있었겠지만 늦었기에 일본보다 뒤떨어진 현상을 보면서 지금 전하는 복음을 믿지 아니 할 때에 영원한 지옥 형벌을 어떻게 견딜는지 답답한 현상입니다. 우리는 언제나 성경을 앞세워서 믿는 믿음 위에 서있어야 합니다.

2. 유라굴로 풍랑의 사건은 눈에 뵈는 조건보다 절대적인 조건이 있다는 것을 교훈해 줍니다.

파스칼은 말하기를 '보이는 진리가 있고 보이지 않는 진리가 있으며 증명되는 진리가 있는가 하면 증명되지 않는 진리가 있다'고 하였습니다. 문제는 사람들은 눈에 보이는 것만 믿으려 하는데 문제가 있습니다.

1) 눈에 보이는 외형적 조건보다 절대적 조건을 보아야 합니다.
우선은 그들이 승리한 줄 알았습니다.(27:13)
① 외형적인 조건이 저희들의 생각과 맞아떨어졌습니다. 그래서 저들은 득의한 줄 알았습니다. 잠시 동안의 승리가 모두 결론적 승리는 아닙니다.
② 세상에는 심사숙고해서 바르게 선택해야 하는 문제들이 많습니다. 더 더욱 영혼에 관한 영원한 문제는 잘 생각하고 빨리 하나님께 돌아와야 됩니다.

2) 믿음의 선진들인 초대교회 사람들은 눈에 보이는 가시적 조건보다 절대적인 불가시적인 길을 걸었습니다.
① 초대교회 앞에는 로마황제를 비롯한 권력자들이 많았습니다. 잠시 동안 보아서는 로마가 이기고 황제가 이기고 교회가 믿음을 지키는 것을 어리석게 보였을는지 모릅니다. 그러나 결국 로마는 망하였습니다. 세상이 그러합니다.
② 예수님은 33세 때에 십자가형을 당하셨습니다. 그러나 3일 후에 부활할 줄은 누구도 예측 못했습니다. 이제 멀지 않아서 예수님은 재림하시고 세상을 심판하실 것입니다.(계1:7) 어떤 선택을 해야 하겠습니까?

3. 유라굴로 풍랑 중에도 하나님을 바라보는 바울의 성공적인 모습을 교훈해 줍니다.
세상은 환난의 바람이 부는데 하나님만 보아야 합니다.

1) 누구 하나 바울의 편이 없었습니다.
백부장 율리오와 선장을 비롯한 선주 그리고 배에 타고 있는 사람 모두가 바울 편이 아니었습니다.
① 실패자와 같은 외로운 사람 같았습니다. 의와 진리는 때때로 외로운 길이고 그래서 어렵습니다. 믿음 지키며 나갈 때에 세상에서 내 편이 없을 수 있습니다.

② 그러나 하나님은 바울 편이셨습니다. 하나님은 언제나 믿음의 사람 편에서 함께 하십니다. 바울이 힘들어할 때마다 하나님은 말씀하셨습니다. (행18:9-11) 1년6개월을 지내며 교회를 세운 것이 고린도교회입니다. 성도 편에는 언제나 하나님이 함께 하십니다.

2) 바울은 절대적 힘이신 하나님을 바라보았습니다.

이것이 바울의 성공요인이요 다윗도 그랬습니다(시18:1). 예수만 바라보라고 성경은 분명히 전합니다(히12:2).

① 배 안에 있는 모든 것을 버리게 되었습니다. 구원의 여망이 없어졌습니다(we finally gave up all hope of being saved). 세상에는 구원의 여망이 없습니다. 이런 때는 기도해 야 합니다.
② 바울의 손에 276명의 생명을 붙여주셨습니다. 기도하는 사람, 하나님을 바라보는 그 손에 하나님은 소망을 주시고 역사해 주십니다. '나는 내게 말씀하신 그대로 되리라고 하나님을 믿노라' 하였는데 그대로 되었습니다. 따라서 위기 때일수록 주를 바라보고 믿는 성도가 되시기를 주의 이름으로 축원합니다.

결론 : 위기 때에 주를 보고 나아가야 합니다.

고난
위기에서 건져주시는 주님
(딤후4:9-18)

　바닷가의 파도가 크든지 작든지 언제나 도사리고 넘실대듯이 세상에는 누구에게나 문제와 파도들이 있기 마련입니다. 일반적인 직업에 종사하는 사람들에게도 그러하지만 목회 현장이나 다른 나라에 가서 선교하는 선교현장에는 더욱 위험한 일들에 노출되어 있게 됩니다.
　한국교회가 세계 선교를 감당하고 나가는 마당에 이라크전쟁이나 아프가니스탄에서의 샘물교회의 순교사건, 김선일씨의 사건들이 잠시 동안 주춤하게 만들었지만 생각하는 기회가 되었고 선교의 더욱 큰 걸음을 디디게 된 것은 다행스러운 일입니다. 옛날이나 지금이나 언제나 문제가 있는 세상인바 다윗은 고백하기를 사망의 음침한 골짜기 같은 곳에서도 주님이 보호해 주신다고 간증했습니다.(시23:4)
　예수님이 세상에 계실 때에도 돕는 손길은 있었지만(나사로, 마리아, 마르다 같은 손길들) 가롯유다도 있었듯이 늦게 부름 받아 선교하는 바울 밑에도 수많은 돕는 자들(롬16장)도 있지만 위기를 주는 사람들도 있었습니다. 바울은 본문에서 디모데에게 속히 오라고 하면서(9절) 디도는 달마디아로(10절), 두기고는 에베소로 보내었고 (12절), 누가만 나와 함께 있는데(11절), 데마는 이 세상을 사랑하여 데살로니가로 갔다(10절)고 했습니다. 노후의 바울의 모습에서 위기 때마다 건져주신 주님을 보면서 본문에서 은혜를 나누게 됩니다.

1. 세상에는 여러 종류의 사람들이 있음을 보게 됩니다.

　가시적인 피부색깔 따라서 여럿이 있지만 마음과 생각과 상태에 따른 사람도 수많은 종류로 구별하게 됩니다. 그런 측면에서 말하는 것입니다.

　1) 옆에 두고 함께 있고 싶어하는 사람이 있습니다.

그래서 사람은 첫인상이나 코드가 중요한데 더욱 믿음의 동질적인 면은 더욱 중요합니다.
① 옆에서 같이 있고 싶어지고 유익한 사람이 중요합니다. (9절)사도바울은 디모데에게 '너는 어서 속히 내게로 오라' 했습니다.(Do you best to come to me quickly) 그리고 네가 올 때에 마가를 데리고 오라 그가 나의 일에 유익하니라' 하였습니다. 하나님의 교회에 유익한 사람은 사도에게 유익했습니다. 교회에서 거치는 자가 되지 말고 영광을 나타내는 사람이 되어야 합니다.(고전10:31-32)
② 교회에서 유익하고 필요한 사람이 되기 위해서는 변해야 합니다. 변화받지 아니하면 옛사람 그대로 있기에 유익할 수 없습니다. 아담 안에서는 타락하였지만 예수 안에서 변화된 사람이 되어야 합니다. 마가라는 사람의 옛 모습과 변화된 모습에서와 오네시모에게서 배우게 됩니다.(몬 11, 골4:9)

2) 변화된 사람이 되어서 쓰임 받는 일군의 모습입니다.

옛사람이 새사람으로, 육에 속한 사람이 영에 속한 사람으로 변화되고 바꾸어져야 됩니다.
① 변화된 사람을 하나님께서 사용하십니다. 그래서 기본적으로 물과 성령으로 거듭난 사람이 되어야 합니다. 변화되지 않았으면 옛사람 그대로 있게 됩니다. 프랜시스베이컨(Francis Bacon)은 인생을 곤충으로 비유해서 거미, 개미, 꿀벌과 같은 인생이 있다고 했습니다. 결과는 심판 때에 나타나게 될 것입니다.(전11:9, 히9:27)
② 거듭난 인생으로 반드시 천국의 사람이 되어야 합니다. 비유컨대 꿀벌과 같은 존재라고 할 것입니다. 거듭나서 하나님의 백성이요 천국의 시민권자입니다.(빌3:20) 이런 사람들은 늘 믿음의 주요 온전케 하시는 이인 예수만 보는 사람들입니다.(히12:2)

2. 세상에 존재하는 지상교회에는 언제나 근심하고 주의를 요하는 사람들도 있음을 말씀해 줍니다.

속담과 같이 열 길 물속은 알아도 한 길 사람의 속은 알 수가 없습니다.

1) 바울 곁에도 떠나는 사람으로 인해서 마음 아픔을 표현했습니다.

바울을 떠나는 것은 교회를 떠나고 주님을 떠나는 상징적 뜻입니다.

① 믿고 의지했던 사람이 떠나는 일입니다. (10절) '데마는 이 세상을 사랑하여 나를 버리고 데살로니가로 갔고' 라고 했습니다. 데마는 바울이 사랑하던 자요 동역자였습니다.(골4:14, 몬24) 그 동역자가 바울 곁을 떠난 것입니다.

② 우리 교회 생활, 교회 일에도 현대판 데마가 있습니다. 우리는 절대로 교회를 떠나고 주님을 떠나며 주의 종의 마음을 아프게 하는 일이 없도록 해야 할 것입니다. 바울을 떠난 사람도 나름대로 이유가 있겠지만 어리석은 일입니다.

2) 더욱 조심해야 할 사람들이 있습니다.

차라리 떠나면 좋으련만 계속 괴롭히는 사람입니다. 요주의 인물로서 현대 교회에도 가능한 일입니다.

① 구체적으로 이름까지 거명했습니다. (14-15절) '알렉산더' 라고 했습니다. '너도 저를 주의하라 저가 우리 말을 심히 대적하였느니라' 했습니다.(딤전1:19-20)구리장색 알렉산더와 후매네오가 있는데 저들은 믿음이 파선되었다고 했습니다.

② 우리는 좋은 편에 기록된 성도가 되어야 합니다. 천국에는 책이 있는데 행한 대로 갚으십니다.(마16:27, 계20:12) 세상 역사에도 남지만 천국이냐 지옥이냐도 남습니다.

3. 바울은 주님만이 끝까지 위기에서 건져주신다고 했습니다.

사람들은 배반자가 되지만 주님은 위기에서 끝까지 지켜주십니다.

1) 끝까지 나를 건져주시는 분은 주님이십니다.

바울의 고백이 우리의 신앙고백이 되기도 합니다.

① 주님은 내 편이 되십니다. 사람은 나를 떠나고 배반할 수 있지만 주님은 끝까지 변치 않으시고 인도하십니다. 주님의 약속을 보시기 바랍니다.(마28:20)

② 바울의 생생한 간증을 보시기 바랍니다. (16절) '다 나를 버렸으나' (but everyone deserted me) (17절) '주께서 내 곁에서 나를 강건케 하심은' 이라고 고백합니다. (18절) '주께서 나를 모든 악한 일에서 건져내시고' 했습니다.

2) 괴로운 일이 있어도 주님은 언제나 내 곁에서 건져주십니다.

① 그래서 기도 운동, 영적 운동이 중요합니다. (단6:16-28) 다니엘은 사자굴에서도 보호 받았습니다. 하나님은 지금도 마찬가지로 역사하십니다.
② 고난 중에 있어도 고난을 두려워 말아야 합니다. 주님이 건져 주시기 때문입니다. 다윗은 수많은 시련 끝에도 복 받고 견고한 인생을 살았습니다.(대상29:28) 언제나 주님 바라보고 승리케 되시기를 축원합니다.

결론 : 주님은 내 편에 계심을 믿어야 합니다.

고난
위기를 극복하는 신앙
(요6:16-21)

사람이 세상을 한평생 살아가는 동안에 위기의 때가 있습니다. 사업을 하시는 분들도 이 사업이 성공하느냐 실패하느냐에 따른 갈등과 위기의식을 느끼며 살아갈 때가 많은데 분명한 것은 정상에 우뚝 서있는 사람들은 그 모든 위기를 잘 견디고 극복해서 이긴 사람들입니다. 성경에 나오는 인물들 중에 욥, 요셉 등의 인물들이 그 좋은 예입니다. 욥의 경우에 그의 고백에서도 잘 나타나 있습니다.(욥23:10)

본문에서 보면 오병이어의 사건이 있은 후에 배를 타고 건너편으로 가던 중에 갑작스러운 돌풍이 불게 되고 그 바람과 파도 앞에서 위기가 닥치는 현장입니다. 비행기는 안개나 태풍에 어렵고, 배는 파도에 어렵게 되고 자동차는 빙판 길이 문제가 된다면 성도의 가는 길에는 시험과 시련의 때가 문제가 됩니다. 그러나 참 성도는 모든 것을 이기고 승리하기 위해서 힘써야 합니다.(벧후3:14) 본문에서 은혜를 나누게 됩니다.

1. 위기가 왔을 때에 위기의 원인을 알아야 합니다.

세상 모든 일에는 그 일에 대한 원인(原因)이 있습니다. 17-18절에서 그 원인을 발견하게 됩니다. 예수님이 그 배에 타시지 아니하셨고 아직 저희에게 오시지 아니하였는데 큰 바람이 불어 파도가 일어나게 되었습니다.

1) 문제 앞에는 그 문제의 원인이 있습니다.

그 문제의 원인이 무엇인지 분명하게 제시해 주는 장면입니다.
① 날이 어두워지고 있었습니다. 밝은 해가 지고 어두워지는 저녁때라는 뜻입니다. 인생사를 한 번 생각해 볼만한 부분입니다. 사람이 살아가면서 언제나 좋은 일만 있는 것이 아니고 때로는 해가 지는 저녁도 찾아온다는 사실입니다. 이때에 하나님을 바라보아야 합니다. 시편 기자는 외쳤

습니다. 나를 늙은 때에 떠나지 마시고 버리지 말아달라고 기도하는 장면입니다.(시71:9, 18) 다윗은 수많은 어려움을 딛고 일어나게 되었고 승리했음을 그의 간증을 통해서 보여주고 있습니다.(대상29:28, 시42:11)
② 바람과 풍랑이 일어났기 때문입니다. (18절) '큰 바람이 불어 파도가 일어나더라' 했습니다.(A strong wind was blowing and the watersgrew rough) 갈릴리호수는 그 특성상 가끔씩 있는 돌풍현상입니다. 만년설이 덮인 헬몬산의 한겨울과 같은 기온과 지중해성의 따뜻한 바람이 만날 때에 일시적으로 일어나는 현상이라고 전합니다. 바울이 타고 가던 배도 유라굴로를 만났고 현대에도 비행기가 제일 무서워하는 것은 돌풍이라고 합니다.

2) 위기 때에 생각해야 할 일이 있습니다.

왜 이런 위기가 왔는지 생각해야 합니다.
① 가령 질병이 왔을 때에도 질병의 원인을 보아야 합니다. 예수님 말씀과 같이 질병의 원인이 있습니다. (요9:1-)나면서부터 소경된 이 사람에게는 죄 때문이 아니라 하나님의 하시는 일을 위해서였습니다. (요5:14)베데스다연못의 38년 된 병자의 경우는 죄 때문이었습니다. 그래서 하나님의 행하시는 일을 보라고 했습니다.(전7:13-14)
② 예수님을 두고 제자들만 떠났기 때문입니다. (15절) '예수님이 혼자 산으로 떠나시니라' 했습니다.(withdrew again to a mountain by himself) 예수님은 아직 저희에게 오시지 아니하셨다고 했습니다.(17절) 인생이나 가정 속에 예수님이 계셔야 합니다.가나혼인 잔치의 기적은 그곳에 예수님이 계셨기에 위기를 극복해서 잔치를 벌이게 된 것입니다.(요2:1-11) 예수님과 함께 해야 합니다. 그래야 위기를 극복할 수 있습니다.

2. 위기가 올 때에 위기 때임을 바로 보는 시각이 필요합니다.

많은 사람들이 위기가 왔음에도 위기임을 깨닫지 못한다는 것입니다. 우리 말로 하면 '안전 불감증' 과 유사합니다.

1) 많은 사람들이 위기 때에도 위기임을 깨닫지 못하는데 문제가 있습니다.

깨닫는 것이 지혜요 은혜입니다.
① 성도들은 언제나 깨닫기를 빨리 해야 합니다. 깨닫지 못하기 때문에 뉘우침도, 반성도, 회개도 없게 됩니다. 말세 때에는 무서운 환난이 예고되어 있기때문입니다.(계9:20-21) 요나는 물고기 뱃속에서 깨달았습니다.(욘2:1)
② 성경을 주시하고 깨달아야 하겠습니다. 존귀에 처하나 깨닫지 못하는 자는 멸망하는 짐승과 같습니다.(시49:20 A man who has richeswithout understanding is like the beasts that perish) 깨닫지 못하는 때가 곧 말세 때임을 경고합니다.(마24:37)

2) 위기는 언제나 예비 발령이 없습니다.

예고가 있다면 그 길로 가지 않을 것입니다.
① 위기는 언제나 예고가 없이 찾아옵니다. 제자들이 가는 그 길은 풍랑이 일어날 것이라고 예고한 적이 없었습니다. 인생사가 그러하기 때문에 언제나 조심하는 길 밖에 없습니다.
② 더욱이 종말적 사건 때에는 신앙인의 생애를 조심해야 합니다. 그래야 인자 앞에 서기 때문입니다. (마24:42) 예수님은 또한 도적같이 오신다고 하셨습니다. (마24:43) 그래서 언제나 준비하고 영적으로 깨어있어야 합니다.

3. 큰 환난과 위기가 와도 성도는 극복해야 합니다.

어렵고 힘들지만 문제 앞에서 이길 수가 있기 때문입니다.

1) 큰 환난과 바람 앞에서 어떻게 극복했는지 밝혀주었습니다.

(20-21) '가라사대 내니 두려워 말라 하신대 이에 기뻐서 배로 영접하니 배는 곧 저희의 가려던 땅에 이르렀더라' 했습니다.
① 풍랑 속에서도 주의 음성을 들었습니다. '내니 두려워 말라' 했습니다.(But he said to them, "It is I; don't be afraid") 주님 음성입니다. 예수님은 평안을 주시는 분이십니다.(요14:27)
② 이제 주님을 배에 모시게 되었습니다. 지금까지는 자기들끼리만 있었지

만 이제 주님을 모셨습니다. 주님이 계신 곳에는 위기가 사라지고 문제가 해결됩니다.

2) 주님 모시고 가려던 목적지까지 가게 되었습니다.

'저희 가려던 땅에 이르렀더라' 했습니다. 성공했습니다.

① 목적지가 보이지 않습니까? 주님을 바라보시기 바랍니다. 노르만 빈센트(Norman vincent)는 말했습니다. "문제를 붙잡은 당신의 손을 하나님의 손 안에 넣으십시오. 그리하면 당신이 붙잡은 문제가 하나님의 문제가 될 것입니다".

② 예수 그리스도 안에서 가려던 목적지까지 도달하게 됩니다. 중도에 하차하지 마시기 바랍니다. 선착장은 곧 보이게 됩니다. 믿음으로 위기를 호기로 바꾸시기를 주의 이름으로 축원합니다.

결론 : 위기가 곧 호기입니다.

고난

올바른 신앙생활
(약1:2-8)

세상일에도 각 분야마다 바르고 올바른 길이 있는데 예컨대 학생의 도리, 정치가들의 도리가 있듯이 신앙생활에도 마땅한 도리가 있음을 보게 됩니다. 성도가 신앙생활 하는데는 이론으로 멈추는 것이 아니라 실제생활이 중요하다는 얘기입니다.

야고보서를 통해서 주시는 이 말씀은 상대가 예수 믿을 자가 아니요 이미 믿고 있는 성도요, 직분자요 교회에 이미 몸 담아온 사람이라는 사실입니다. 생각해 보고 믿거나 말거나 할 대상이 아닙니다. 또한 불신자에게 행하라고 하는 것도 아닙니다. 오랫동안 신앙생활을 해오면서 우리는 다시 한 번 말씀을 통해서 우리의 신앙을 점검해 보기 원합니다. 말씀을 통해서 우리의 신앙을 점검해 보기 원합니다.

1. 문제가 있고 시험이 올 때에 기쁨으로 이기라는 것입니다.

세상의 모든 일에도 문제가 많아서 흔히들 말하기를 세상만사 쉬운 일이 하나도 없다고들 합니다. 하물며 천국 가는 신앙생활이 쉬운 일은 아니라고 봅니다. 세계 올림픽에서 메달을 획득한다는 것은 그만큼 피나는 훈련이 필요하듯이 신앙생활 역시 영적 전쟁입니다.

1) 온갖 시험과 일들이 찾아옵니다. (2절) '너희가 여러 가지 시험을 만나거든' 하였고 (12절) '시험을 참는 자는' 이라고 하였는데 어려운 일들입니다.

① 시험이 여러 가지 다각도로 찾아옵니다. 여러 가지(many kinds)라고 하였습니다. 시험과목이 한 두 과목이 아니라 수많은 과목들이 있습니다. 사법고시 행정고시 등 고시과목은 정해진 과목이 있지만 영적 시험은 정해진 과목도 없이 불특정 과목이많습니다. 영적 시험을 예측불허의 시험들이 가득합니다. 그러나 시험은 이기고 보아야 합니다.

② 시험에는 모든 길목이 몇 가지 길에서 오게 됩니다. 하나는 마귀가 주는 시험으로서 이 시험은 하나님의 자녀로써 넘어지고 실족케 하려는 시험인 바 무조건이기고 대적해야 합니다. 마귀는 예수님께 까지 와서 시험 하였습니다.(마4:4)
③ 축복의 시험(Test)도 있습니다. 이 축복을 위한 시험은 극복하고 통과해야 합니다. 아브라함에게는 이런 시험이 왔습니다.(창22:1) 그리고 축복을 확인받게 되었습니다. 시험을 참는 자에게 생명의 면류관이 예비되었습니다.(약1:12)

2) 그런데 시험은 어떤 시험이든지 힘이 듭니다.

특히 마귀는 무섭게 하고 때로는 회유책을 사용하기도 합니다.
① 마귀는 무조건하고 대적해야 합니다. 두렵게 하고 무섭게 하고 겁박하는 것이 마귀적입니다. 그래서 마귀는 대적해야 합니다.(벧전5:8) 욥은이 시련과 시험에서 이기고 승리하였습니다.(욥1:7)
② 이기고 잘 연단 받게 될 때에 다른 위대한 축복이 옵니다. 위대한 유명인들도 하루아침에 그렇게 된 것이 아닙니다. 훌륭한 운동선수나 공장에서 생산되는 유명제품도 처음에는 실패도 있었지만 끝내는 명품이 된 것입니다. 실패와 연단 후에 성도는 천국의 명품이 됩니다.

2. 시험이 올 때에 지혜와 절제의 사람이 되어야 합니다.

신앙생활 자체가 시련과 연단의 연속입니다. 여기에 해답은 성경이 그 답변입니다.

1) 지혜를 달라고 기도해야 합니다.

왜냐하면 생활 중에는 지혜가 모자라서 문제가 되기 때문입니다.
① 신앙생활은 지혜가 중요합니다. (5절)지혜가 부족할 때에 지혜를 달라고 기도하라고 하셨습니다. 지혜와 동시에 하나님께 대한 믿음입니다. 솔로몬은 지혜를 달라고 구하였고(왕상3:5-9), '지혜를 얻는 것이 금을 얻는 것보다 나으니라' (잠16:16) 하였습니다.(How much better to get wisdom than gold)

② 시험이 올 때에 절제생활이 중요합니다. 시험이 오는 이유 중에 하나가 무절제에서 오는 경우가 많습니다. 성령의 열매 중에 하나가 절제입니다.(갈5:22) 유대인의 격언(格言)중에 '말은 적게 하고 일은 많이 하라, 듣기는 빨리하고 대답은 생각하라, 말은 1세겔에 사고 침묵은 2세겔에 사라' 는 말이 있는데 야고보서1:19-20을 생각나게 합니다.

2) 성도의 생활은 매사에 시험에 들지 않도록 조심해야 합니다.

이것이 성도의 생활입니다. 생활이 매우 중요합니다.
① 입에서 좋은 말이 나와야 합니다. 야고보서에서 지적했습니다. 쓴물과 단물이 있다고 했습니다.(약3:8-11) 입에 대한 심판이 있는데 행한대로 갚으시게 됩니다.
② 생명을 건지고 하나님께 영광이 되도록 해야 합니다. 죽이는 일이 아니라 살리는 일에 힘써야 합니다. 이것이 성도의 생활인 바 시험에서 이기는 생활입니다.

3. 시험이 올 때에 세속적이지 말고 말씀을 붙들어야 합니다.

신앙인과 불신앙인이 여기에서 달라지게 됩니다.

1) 신앙인이라고 하면서 세속에 붙들리지 말아야 합니다.

신앙생활의 성숙도가 여기에 있습니다. (27절) '자기를 지켜 세속에 물들지 아니하는 이것이니라' 하였습니다.
① 믿는 성도라도 세속적인 길로 가기 쉽습니다. 이것이 사악한 마귀가 노리는 노림수이기도 합니다. 성도는 말씀 안에 있어야 합니다. 고기가 물 밖에 나오면 죽습니다.
② 시험이 올수록 성도는 견고하게 말씀을 붙잡아야 합니다. 말씀에 대한 성경구절은 그 대답이기도 합니다.(약1:22, 마4:11)

2) 소지품 중에 거울이 있다면 생활 중에는 말씀이 있어야 합니다.
① 성경이 우리의 거울입니다.(고전10:6, 11) 거울만 잘 보아도 실수가 줄어들게 됩니다. 부끄러움을 당하지도 않게 됩니다.
② 성도의 생활은 늘 하나님을 향하고 있어야 합니다. 성도의 생활이 잘되게 될 때에 하나님의 영광이 나타나게 됩니다.(고전10:31) 우리의 생활을 통해서 하나님의 큰 영광이 나타나게 되기를 주의 이름으로 축원합니다.

결론 : 생활이 중요합니다.

고난

고난이 은혜와 축복이 되었습니다
(창41:48-52)

세상을 살아가면서 아무런 고난이 없고 문제가 없는 사람은 하나도 없습니다. 그래서 고난에 대한 말들이 많은데 고진감래(苦盡甘來) '고생 끝에 낙이 온다' 라든지 '젊어서 고생은 사서도 한다' 는 말들입니다. 성경에도 고난에 관한 교훈이 많습니다(시119:71, 롬8:18, 28, 욥23:10). 고난을 통해서 신앙을 배우고 인생을 배우는 일이 많습니다.

이 고난의 공통점은 누구에게나 오며, 누구라도 피할 수 없으며, 제아무리 큰 고난도 끝날 때가 있기 때문에 서머나 교회에게도 10일 동안이라는 제한 숫자가 제시되었습니다(계2:8).

본문은 요셉에 대한 일대기 인바, 고난 끝에 낙이라는 말을 제일로 체험하여 후대의 모든 신앙인들에게 선례로 보여준 인물인데 여기에서 큰 은혜를 받게 됩니다.

1. 고난이 감옥까지 따라오지만 오히려 축복으로 바뀌었습니다.

태풍과 같이 닥치게 된 고난이 모질게 왔지만 그것은 축복이요, 아브라함에게 약속하신 하나님 말씀을 이루는 길이 되었습니다.

1) 감옥에서도 하나님이 함께 하셨기 때문입니다.

(창39:21-23) '여호와께서 요셉과 함께하시고,,, 여호와께서 범사에 형통케 하셨더라' 했습니다.(because the LORD was with Joseph and gave him success in whatever he did)

① 요셉은 하나님이 함께 하시는 사람이었습니다. 그래서 하나님이 귀하게 사용하시기 위한 훈련이었습니다. 하나님은 하나님의 백성이 고난을 받을 때 신원해 주신다고 약속하셨는데 요셉의 경우에서 보게 됩니다(시140:1-2) 사49:13; 딤후1:8, 롬8:17 등에서도 교훈을 얻게 됩니다. 감옥에

있던 요셉은 하나님이 함께 하셨습니다.
② 하나님이 함께 하시는 고난은 끝이 아름답습니다. 끝이 아름다운(Happy end)고난이기 때문에 인내로 견디며, 소망을 굳게 가져야 합니다. 하나님은 그의 자녀가 고난가운데 있을 때에 위로하여 주시고 곁에서 날마다 함께하신다고 약속하여 주십니다.(사40:1, 51:12, 66:13) 지금도 함께 하십니다.(마28:20)

2) 하나님이 함께 하시는 증거로 요셉에게 사람을 붙여 주셨고 작업하셨습니다.

하나님은 사람을 통하여 역사하십니다.
① 요셉에게 바로의 신하를 보내주셨습니다. 요셉은 바로에게 갈수도 없고, 갈 수 있는 입장이 될 수가 없기 때문에 바로의 신하를 요셉 곁으로 보내셨습니다. 술 맡은 관원장과 떡 맡은 관원장 이었습니다. 그리고 꿈을 꾸게 하셨고 요셉이 그 꿈을 해몽하게 하셨는데 그 해몽대로 되었습니다. 하나님의 놀라운 섭리를 또 한번 봅니다.
② 애굽의 최고 통치자 바로를 만나게 하셨고 바로 왕도 요셉에게 붙여 주셨습니다. 요셉의 은혜를 잊어버린 술 맡은 관원장이지만 하나님은 바로 왕에게 꿈을 꾸게 하셨고 이를 통하여 요셉은 술 맡은 관원장을 통하여 왕에게 소개되었습니다. 7년 대풍년과 7년의 대 흉년이라는 해몽은 요셉을 일약 애굽 총리가 되게 하셨습니다. 이때부터 요셉의 생애가 바뀌게 되었는데 아브라함에게 약속한 일이 성취되어가는 하나님의 섭리였습니다.

2. 요셉은 고난 중에도 하나님만 믿었습니다.

인생이 태어나고 살아가고, 죽는 일까지 모두 하나님의 섭리에 있음을 보여줍니다. 그래서 어거스틴은(Augustine) 하나님의 절대 주권을 그의 신학의 기조(基調)로 두고 외쳤습니다.

1) 요셉의 인생사는 하나님의 주권 중에 있었습니다.

야곱의 12아들 중 11번째 아들이요, 야곱이 사랑하는 라헬의 소생이요, 야곱에게 사랑 받은 일들 모두가 하나님의 섭리입니다.

① 하나님의 섭리 중에 인도 받게 되었습니다. 형들에게 팔리고, 감옥에 내려가는 일까지 모두 고난이지만 그것은 또한 미래에 대한 하나님의 축복이였습니다.
② 요셉은 하나님의 인도 가운데 이끄심을 받게 되었습니다. 하나님이 그의 인생을 주관하시며 인도해 주셨기 때문에 하나님만 믿고 따라가게 된 결과입니다. 하나님은 요셉이 있는 감옥에서도 일(事)하셨습니다.

2) 그러므로 우리에게 어떤 일이 있든지 낙심치 말고 하나님만 믿고 인내해야 합니다.

① 하나님이 내 인생을 인도해 주시기 때문입니다. 성경은 약속했습니다. (시37:5)좌로나 우로나 치우치지 말고 오직 하나님만 바라보고 나갈 때 하나님은 하나님의 뜻을 이루게 하십니다.
② 내 인생사가 빠져 나갈 수 없는 궁지로 몰릴 때도 있습니다. 요셉의 경우가 그런 경우이며 욥의 경우도 그랬습니다(욥1:1). 그런데 그런 경우도 끝까지 하나님을 바라보고 승리했던 두 인물이 요셉이요, 욥이라는 신앙의 거목들입니다. 결국 이들은 정금같이 나오게 되었습니다.(욥23:10)

3. 요셉이 걸어가는 모든 길은 하나님의 은혜로 된 생애였습니다.

사도바울도 하나님의 은혜로 되었다고 강조했습니다.(고전 15:10)

1) 고비 때마다 은혜를 주셨습니다.

그리고 그 은혜로 승리하였습니다.
① 야곱의 총애를 받았습니다. 비록 모친을 잃었지만 아버지의 총애를 받았습니다. 그리고 다른 형제들과 달리 색동옷을 입게 되었습니다.(창37:3)
② 애굽에 팔려간 이후에도 하나님이 총애를 받도록 간섭하셨습니다. 주인 보디발 집에서 형통하였고, 감옥에서도 형통하였고, 애굽을 다스리는 총리 때에도 형통하게 되었으며 해와 달과 11별이 그에게 절하는 어릴 때의 꿈이 그대로 되었습니다. 이것은 하나님의 은혜로만 된 사건입니다.

2) 하나님의 은혜의 끝은 아름답습니다.

하나님의 은혜의 끝은 최고로 아름답고 좋게 인도해 주십니다.

① 요셉은 축복의 생애를 산 사람의 모형이 됩니다. 예수님의 모형이요, 다니엘과 더불어서 이방나라의 국무총리로써 굳게 빛이 나게 되었습니다.
② 아들을 주셨는데 므낫세와 에브라임입니다. 타국 땅에서 최고로 위로의 상징적 아들들이 되었습니다. 그리고 12지파의 최고 위에 있어서 실제적인 장자가 됩니다.(대상5:2)
③ 17년간을 아버지 야곱을 모시게 되었고 형제들은 7년간의 흉년 때에도 온 집에 축복이 되게 하셨습니다. 교회 성도들이 하나님의 은혜 중에 거하시기를 주의 이름으로 축원합니다.

결론 : 고난은 아름다운 결과가 있습니다.

교회

장막 터를 넓혀가자
(사54:1-3)

좁은 집에서 사는 사람의 꿈과 소망은 좀 더 넓은 집에서 사는 것입니다. 사실 현대인들은 모두가 좀 더 넓은 공간의 집에서 사는 것을 바랍니다. 유다백성들은 바벨론에서 돌아와서 보니 70년 전에 있었던 솔로몬성전은 무너지고 잡풀만 우거졌는데 자기 집을 짓고 농사하기에 급급할 때에 산에 올라가 나무를 베어다가 내 집부터 지으라 하시고(학1:8) 은도 내 것이요 금도 내 것이라고 하셨습니다(학2:8).

본문은 바벨론 70년 포로생활의 종식과 함께 펼쳐질 이스라엘의 회복과 영광을 예언한 말씀입니다. '잉태치 못하며 생산치 못한 너는 노래할찌어다 구로치 못한 너는 외쳐 노래할찌어다' 라고 하시며 절망과 죽음의 포로에서 해방을 크게 외치면서 하나님께 찬송케 됩니다. 이것은 또한 메시야되시는 예수그리스도 안에서의 해방과 구원의 노래를 예언하신 바 신약교회의 확장을 노래한 노래이기도 합니다. 포로 70년을 마치고 돌아와서 지어진 성전 역시 쉽게 되지는 아니하였고 방해군도 있었지만(느4:3) 하나님의 선하신 손이 도우심으로 완성하신 것이 두 번째 성전인 스룹바벨성전이었듯이 우리가 더욱 기도와 전도로써 하나님의 교회를 섬기며 성장해 나가기 위해서 본문에서 은혜를 나누게 됩니다.

1. 장막 터를 넓히는 것은 곧 교회부흥의 꿈이요 영광입니다.

교회부흥은 하나님의 명하신 바요 하나님의 뜻입니다. (2절) "네 장막터를 넓히라"고 말씀하셨습니다. 이는 성전건축인 동시에 성령운동 이요 영혼구원의 확장 운동입니다.

1) 교회부흥은 교회의 머리되시는 주님의 뜻입니다.

그런데 교회부흥은 그냥 되지 않습니다.

① 전도해야 합니다. 그래서 전도하라고 명하셨습니다. 전도운동은 사람 숫자 채우는 일이 아니라 영혼구원의 중요한 일입니다. 이는 예수님이 명하셨고 성도들이 전한 복음입니다.(마28:18-20, 딤후4:1-3, 행1:8)
② 이는 사람의 힘으로 되는 것이 아니요 하나님의 신으로 가능한 일이라고 하셨습니다.(슥4:6) 스룹바벨성전 짓는 것도 그렇지만 신약에 와서 예수를 전하고 마음의 성전 짓는 일이(고전3:16) 중요한일인 바 이 또한 성령께서 하시는 일입니다. 따라서 성령의 역사 없이는 교회 부흥 역시 어렵습니다.

2) 장막 터 즉 부흥을 위해서 해야 할 일이 있습니다.

그냥 쉽게 되는 일이 아니라는 사실입니다.
① '네 처소의 휘장을 아끼지 말고 펴되' 라고 했습니다. 한 영혼을 전도해서 구원받게 하고 교회가 부흥되는 일은 반드시 희생(sacrifice)이 따라야 합니다. 성장의 배후에는 희생자가 있었습니다. 한 알의 밀이 될 것을 예수님은 강조하셨습니다.(요12:24) 칭찬들은 사람들은 언제나 최선을 다 한 사람들입니다.(마25:14-23)
② 계속적인 기도와 기다림입니다. '네 줄을 길게 하며' 라고 하셨는데 인내요 기다림입니다. 열정적인 기도(약5;15, 약1:4, 히12:2-3)요 믿음입니다. 예수님이 본을 보여주셨습니다.
③ 하나님의 약속을 믿고 견고한 믿음이 중요합니다. '네 말뚝을 견고히 하라' 고 했습니다. 이는 전도와 선교 그리고 기도와 인내를 통한 교회부흥의 기초가되기 때문입니다. 믿음이 중요합니다.(눅18:8)

2. 장막 터를 넓히는 것은 교회부흥과 하나님의 축복의 약속입니다.

무엇이 축복이겠습니까? 영적부흥이 축복이요 하나님이 이스라엘백성을 향하신 국가회복이었습니다.

1) 교회는 하나님의 기업입니다.

'이는 네가 좌우로 펴며' 라고 한 것은 좌우로 확장되는 기업이요 물질적 축복의 약속입니다.

① 축복 받은 인물을 보시기 바랍니다. (창13:13-14)아브라함의 축복의 현장을 보시기 바랍니다. 미국의 부호인 와너메이커(Warnner Maker)는 말하기를 나는 45년 전에 주께서 약속하신 마태6:33의 결과로 이렇게 축복 받았다고 간증했는데 그는 일명 백화점 왕이 된 사람입니다.
② 하나님의 살아계신 손길은 지금도 짧아지지 아니하시고 여전히 역사하십니다.(민11:23) 하나님의 역사로 이룩한 역사였습니다.(시105:40) 광야에서도 역사하셨듯이 지금도 역사하십니다.

2) 이것이 자손에게 영향을 끼쳐서 축복 받게 해야 합니다.
① 자손대대 축복을 약속하십니다. 성경의 약속은 언제나 당대만 아니라 자자손손에게 약속을 하십니다. (출20:6)천대까지의 축복입니다.
② '네 자손은 열방을 얻으며' 라고 하셨습니다. 열방을 얻는 축복이 무엇이겠습니까? 성공한 자손이요 번영이요 열방에게 복음 전하는 선교의 축복입니다.(신28:1-)

3) 행복한 삶의 축복입니다.
① 황폐한 성이 사람이 살만한 곳이 되었습니다. 이제는 '황폐한 성'(settle in their desolate cities)이 아닙니다.
② 예수 믿으면 황폐한 곳이 사람 살 만한 곳으로 바뀌는 축복입니다. 무익한 사람에서 유익한 사람이 됩니다.(몬7절)

3. 교회 장막 터가 넓혀져야 합니다.

개인도 교회도 성장해야 합니다.

1) 교회부흥은 하나님의 뜻이기 때문에 부흥은 당연한 일입니다.
① 초대교회가 그래서 부흥되었습니다. 핍박 중에도 성도가 많아지게 되었습니다.(행2:4, 4:4)
② 부흥은 곧 복음부흥입니다. 구약에서 예언되었습니다. 겔47:1-12에서 예언이 곧 복음부흥이요 교회부흥입니다.

2) 장막 터를 넓히고 부흥하기 위해서는 할 일이 있습니다.

① 더욱 기도로 일관해야 합니다. 기도하는 초대교회요(행1:14) 회개와 말씀의 때에 부흥되었습니다.(느9장)
② 전도에 힘쓰는데 교회 안에서 교제가 아름답게 이루어져야 합니다.(행 2:46-47) 교회는 장막 터가 넓혀져 가는 교회가 되시기를 축원합니다.

결론 : 개인도 교회도 넓혀야 합니다.

교회

가정과 교회의 동일원리
(엡5:22-33)

세상을 사는 데는 살아가는 모든 길목에 원리가 중요하게 작용하게 됩니다. 어려운 문제도 공식에 입각해서 풀어 가면 쉽게 풀어가게 되고 무거운 것도 지렛대의 원리에 의해서 옮기게 될 때에 쉽게 움직이듯이 축복 받으며 신앙생활 하는 일도 그 원리가 있게 됩니다.

사도바울은 에베소교회에 전하는 복음에서 교회를 설명할 때에 가정에 비유해서 설명하였습니다. 예수그리스도는 교회의 머리이며 교회는 그의 몸이라는 '지체론'과 남편과 아내의 관계로 설명한 '가정원리론'입니다. 머리와 몸은 개체가 아니고 한 몸이듯이 교회 역시 그러합니다. 가정과 교회는 같은 공통점이 있는데 행복을 추구하는 곳이며 세상에 살 동안에 '보금자리' 원리입니다. 육체적, 정신적 보금자리가 가정이라면 영혼의 안식처가 교회입니다.

사도바울이 전한 본문에서 몇 가지 은혜를 나누게 됩니다.

1. 가정은 예수님 안에 있을 때에 행복합니다.

이것이 가정의 행복의 원리요 축복된 보금자리의 원리입니다.

1) 그런데 가정이 행복해지기 위해서는 몇 가지 지켜야할 도리가 있는데 이것이 가정의 원리입니다.

① 그 첫째가 사랑입니다. 어떤 사람들은 말하기를 세상에서 제일 필요한 주된 요인이 돈이요, 권력이요, 가시적인 요건들이기 때문에 가정에서도 그렇다라고 말할지 모릅니다. 그러나 사랑이 결여된 재력과 권력과 세상의 그 어떤 것도 행복의 요건이 될 수는 없을 것입니다. 그래서 가정에서 중요한 일이 부부, 부모형제 사이에 중요한것이 사랑입니다.(25절, 28절) '그리스도를 경외함으로 피차 복종하라' 했습니다.

② 부모를 떠나서 하나 되는 일입니다. 부모를 떠나고 서로가 배우자를 만나는 일입니다. 그래서 하나가 되는 일입니다. (31절) '이러므로 사람이 그 부모를 떠나 그 아내와 합하여 그들이 한 육체가 될찌니' 했습니다. 현대에 와서 순수한 결혼관이 약화되고 가시적인 조건을 따라서 결혼이 이루어지기 때문에 매우 위험한일들이 벌어집니다. '그 둘이 한 육체가 될찌니' 했습니다.(be united to his wife, and the two will become one flesh) 남녀가 하나 되는 일은 부부 밖에 없습니다. 빼곡한 차량 안에서도, 번잡스러운 시내 한복판에서도, 수영장에서도 각각이지만 부부는 하나입니다. 이것이 가정의 원리입니다.

2) **가정에서 이 원리가 지켜지기 위해서는 분명한 진리 위에 세워져야 합니다.**
① 우리 가정의 주인이신 예수님을 모신 가정이 되어야 합니다. 세상에 온 갖 좋은 것들이 집안에 가득하더라도 예수님이 계시지 않으면 성공적인 가정이라고 볼 수없습니다. 밀레가 지은 명작 '만종' 이란 작품이 우리에게 보여주는 중요한 의미중에 하나가 다름 아닌' 신앙적 의미' 입니다.
② 주님이 우리 집에 계실 때에 세상 살아가면서 위기가 와도 호기로 바뀌는 역사가 있게 됩니다. 요한복음 2장에 나타난 가나혼인잔치에서도 보여주시는 의미를 다시한번 발견하게 됩니다. 주님이 계셨고 문제 앞에 주님께 의뢰 하고 주의 말씀에 순종할 때에 일어난 기적의 사건인바 물 떠온 하인들은 그것을 알게 되었습니다.(요 2:9)

2. 교회생활도 예수님 안에서 행복해야 합니다.

똑같이 신앙생활을 하는 것 같지만 차이가 있습니다.

1) 예수님 안에 있어야 합니다.

신앙생활이 같은 것 같지만 하나의 종교인으로 끝나는 것이면 불행하게도 책망의 대상이 됩니다.(마23장)

① 경외함이 중요합니다. (21절) '그리스도를 경외하라' 하였고, (22절) '주께 하듯 하라' 하였습니다. 하나님을 경외하며 믿음 가운데 서있는 신앙은 분명히 다릅니다.
② 모든 그리스도인은 예수그리스도에게 복종, 순종해야 합니다. 오늘날 교회 안에는 육적으로만 생활하는 사람들이 있습니다. 모든 그리스도인은 예수그리스도 안에서 육적생활이 중요합니다. 성가대원이 지휘자의 손 동작에 주목하듯이 예수그리스도에게 집중해야 합니다.

2) 교회에서 행복한 신앙생활을 원하십니까?

다른 방도가 없습니다. 어디에서나 마찬가지입니다.
① 대장되시는 예수그리스도에게 절대 복종해야 합니다. 마틴루터는 '나는 기적을 행하는 사람이 되기보다는 순종하는 사람이 되고 싶다'고 했습니다. 여기에 행복이 따르게 되고 기쁨이 강같이 흐르게 됩니다.
② 순종의 원리가 제사의 원리보다 낫습니다. 이스라엘 초대왕 사울에게서 또 한번 생각해봅니다.(삼상15:22-23) 노아는 순종의 사람이었습니다.(창6:22) 여기에 기적이 일어나게 됩니다.(눅5:1-5) 예수님도 본을 보이셨습니다.(히5:8)

3. 예수 안에서 결단이 빠를수록 행복해지게 됩니다.

그래서 좋은 결단은 빠를수록 좋습니다.

1) 성도라면 세상 것을 빨리 정리해야 합니다.

① 결혼해서 부모를 떠나듯이 세상과 정리하고 주님께 안착된 신앙이 중요합니다.(32절) 아직도 세상과 짝하면 곤란합니다.(약4:4)
② 부부가 한 가정을 이룬 이후에도 옛 생각하면 곤란합니다. 아직도 부모 밑에서 겹 살이 하면 곤란하듯이 부부는 독립해야 합니다. 그리고 옛 세상 것을 찾으며 기웃거리게 되면 곤란합니다. 왜냐하면 부모를 떠나서 한 몸이 되었기 때문입니다. 옛것을 버려야 합니다.

2) 부부가 하나이듯이 성도는 예수님과 하나 되어야 합니다.

예수님 따로 내 생활 따로하면 곤란합니다.

① 예수님과 나는 언제나 동행해야 합니다.(요15:7, 계3:18) 용광로의 쇠가 불이 되듯이 나도 예수님 안에서 하나입니다.

② 신앙생활 하면서 어딘가 모르게 불행한 부분이 있다면 다시 생각하시기 바랍니다. 예수님 안에는 평안입니다. 정상적인 신앙과 가정생활이 되시기를 축원합니다.

결론 : 예수님 모신 가정같은 교회생활이 중요합니다.

교회
교회 안에서 마음을 넓혀야 할 이유
(고후6:11-13)

　세상을 살다보면 대추나무에 연 걸리듯이 복잡한 일들이 많이 있습니다. 따라서 현대사회를 살아가는 사람들은 마음의 여유가 없이 복잡하게 살아갑니다. 마치 높은 산위에 올라갈수록 고산증이라든지 산소가 부족하듯이 도시의 화려한 모습보다는 심적인 고통 속에 살아가는 현대인의 모습입니다. 그래서 사람들 중에는 복잡한 도시를 떠나서 고향으로 내려가 귀농으로 가는 사람들도 많이 있음을 보게 됩니다.
　예수님께서 세상에 계실 때에 자연을 소재로 해서 천국 복음을 전하신 일들도 많이 있게 되는데 현대인들에게 꼭 맞는 말씀임을 깨닫게 됩니다.
　본문에서 바울은 고린도교회의 당면한 문제 앞에서 디모데를 보내기도 해 보았지만 해결이 여의치가 않았고 후에 디도를 보내어서 해결이 된 이후에 모든 문제 앞에서 다시 한번 마음을 넓혀야 한다고 강조해 주셨습니다. (13절)' 내가 자녀에게 말하듯 말하노니 보답하는 양으로 너희도 마음을 넓히라' 고 했습니다.(As a fair exchange-- I speak as to my children-- open wide your hearts also) 교회 안에서 조금만 마음을 넓히면 문제가 되지 않을 일들이기 때문입니다. 본문에서 왜 마음을 넓혀야 하는지를 배우게 됩니다.

1. 교회 안에서의 신앙생활이 평안하게 하기위해서 입니다.

　세상에 살아가는 동안에 신앙생활은 반드시 해야 합니다. 망망대해에서 배 멀미 난다고 바다에 뛰어내리거나 11,000m 상공에서 비행기를 타고가다 뛰어 내릴 수 없듯이 어렵지만 목적지까지 가야 됩니다.

1) 교회를 벗어날 수는 없습니다.
　교회는 주님의 몸이요 교회의 머리는 주님이시요 주인은 하나님이십니다. 따라서 교회를 떠나면 곧 주님을떠난 것이기에 영원한 파멸입니다. 교회생활이 평안해야 합니다.
- ① 출석교회가 내가 가고 싶은 교회로 만들어야 합니다. 예배가 끝나기 무섭게 도망치듯이 가버리는 무관심의 교회는 곤란합니다. 교회가 곧 생명의 안식처요 머무르고 싶어 하는 교회로 만들어야 합니다. 그런데 이런 교회는 누가 만들어주지 않습니다. 모두가 힘을모아서 서로가 만들어가는 교회입니다. 어떤 문제가 있을 때에 자기와는 전혀 상관이 없는 듯이 말하거나 생각한다면 그것이 곧 문제인 것입니다. 교회가 타인들이 볼 때에 와보고 싶어 하는 교회로 만들이어야 합니다.
- ② 평안한 교회가 되기 위해서는 평안한 교회로 만들어가야 합니다. 예수님은 우리에게 평안을 약속해 주셨습니다. (요14:27) 그러기 위해서는 서로가 마음을 조금씩 양보하며 넓혀야 합니다.

2) 고린도교회에는 현안문제가 많았던 교회입니다.

은혜도 풍성한 교회였고 따라서 성령이 역사하신 교회였습니다. 그러나 거기에 또한 사탄도 크게 작용했던곳이기도 했습니다.
- ① 문제들이 어떤 것이었습니까? 당파문제, 어느 은사가 큰가라는 문제, 음행문제, 우상 제물 문제 등이 교회의 분위기를 시끄럽게 만들었습니다. 그러나 이런 문제 앞에서 사랑과 질서를 세우라고 바울은 저들에게 전하였습니다.
- ② 지상교회는 완전한 신앙이나 완전한 교회는 없고 모두가 불완전한 교회요, 신앙들임을 기억해야 합니다. 사도바울은 본문에서 '고린도인들이여' (13절)라고 했습니다. 교회를 향해서는 '교인들이여' 라고 할것입니다. 교회는 포용과 격려와 기도가 가득한 교회로 만들어 가야 할 것입니다.

2. 육체가 건강해야 마음이 평안하듯이 교회가 화평할 때에 우리의 신앙과 마음이 화평해지기 때문입니다.

교회는 영적 모임이요 신령한 주님의 공동체들입니다.

1) 그리스도의 몸인 교회가 건강해야 합니다. 여기에 평안이 있습니다.
- ① 몸이 건강치 못하다면 만사가 귀찮게 됩니다. 몸이 불편할 때에 산해진

미의 음식이 무슨 소용이 있고, 값비싼 옷이나 장신구가 무슨 소용이 있 겠습니까? 따라서 교회가 건강하도록 모든 성도가 노력해야 하고 힘써야 할 이유가 여기에 있습니다.
② 몸속에서 모든 병균과 싸우듯이 교회가 평화롭게 만들어야 합니다. 몸속에는 적혈구만 있는 것이 아니고 백혈구도 있어서 몸의 균형이 맞게 하거니와 60조개의 세포들이 제각기 건강한 몸이 되게 만들어가는 모습을 보게 됩니다.

2) 교회가 화평하고 개인 신앙이 건강한 것은 하나님의 뜻이며 성령께서 하시는 일입니다.
① 그래서 교회는 성령 안에서 하나 되어야 합니다. 교회는 하나의 말씀, 하나의 성령, 하나의 믿음, 하나의 사랑, 하나의 소망 가운데 하나 되도록 힘써야합니다. 이것이 또한 사도들이 후대에 전해준 신앙입니다. (엡4:3-4) 몸이 건강해야 하듯이 하나님의 교회는 건강해야 합니다.
② 이것은 주님의 명이기도 합니다. 그래서 예수님은 화평을 강조하기도 하셨습니다. (마5:9) '화평케 하는 자는 복이 있나니 저희가 하나님의아들이라 일컬음을 받을 것이요' 했습니다.(Blessed are the peacemakers, for they will be called sons of God) 화평케 하는 자(peacemaker)가 되어야 합니다.

3. 마음을 넓히는 사람이 성령의 사람입니다.

교회 안에서 큰소리 치는 사람이 아닙니다. 마음을 넓히는 사람이 성령의 사람임을 말씀해 주십니다.

1) 그리스도 안에 있게 되면 할 수 있는 일이기 때문입니다.
여기에는 성령께서 도와주심이 필요합니다.
① 이 역사는 어떤 일보다 교회생활 중에 중요한 은사입니다. 기도는 많이 하게 되는데 용서할 수 없다면 문제가 됩니다. 이것이 한국교회의 현실이기도 합니다. 다시한번 성경으로 돌아가야 합니다.(살후3:5, 롬5:5)

② 크게 역사했던 사람들은 모두가 마음이 넓고 큰 사람들이었습니다. 우리는 예수님을 배워야 하겠습니다. 그리고 순교자들의 신앙을 배우고 본받아야 하겠습니다.(행7:60, 마5:44)

2) 교회는 작든, 크든 간에 성령 충만한 교회가 되어야 하고 성령 충만한 교회는 무엇이 달라도 다르게 됩니다.
① 교회가 성령 충만하다면 무엇이 달라야 하겠습니까? 마음이 넓혀져 있어야 합니다. 마음을 넓혀야 한다고 본문에서 강조해 주십니다.(open wide yourhearts also) 기관, 구역, 부서 모든 성도들이 이 마음을 가져야 하겠습니다.
② 교회는 모두가 마음이 넓은 교회가 되어야 하겠습니다. 고린도교회에 주신 말씀은 고린도교회로 끝나지 않고 주님 오실 때까지 우리 모두에게 주신 명령인줄 알고 서로 마음을 넓히고 하나가 되기를 주님의 이름으로 축원합니다.

결론 : 서로가 더욱 마음을 넓혀야 합니다.

교회

예수그리스도의 교회

(행2:42-47)

이 땅위에 모든 일들은 제각기 만들거나 세운 사람이 있기 마련입니다. 거대한 건물이나 구조물들도 모두 사람들이 만들었고 세웠거니와 집마다 지은 이가 있으니 만물을 지으신 이는 하나님이시니라(히3:4) 하였습니다.(For every house is built by someone, but God is the builder of everything) 자동차도 만든 이가 있고 전화기나 가전제품도 만든 이가 있습니다. 나름대로 종교들도 사람들이 만들었지만 주님의 교회는 전혀 다릅니다. 물론 지상교회에는 완벽이 없겠지만 교회의 본질은 변하지 않고 이천년간 지금까지 온 세상에 복음 전파하여 영혼을 구원해왔습니다.

교회라는 말은 에클레시아($\grave{\epsilon}\kappa\kappa\lambda\eta\sigma\acute{\iota}\alpha$)로서 부름 받고 구원 얻은 사람들의 모임이 교회입니다. 이 교회는 피 값으로 사셨고(행20:28) 진리의 기둥과 터인 바(딤전3:19) 오직 교회를 통해서만 구원이 있고, 천국이 약속되는데 이 교회의 주인은 하나님이시며 교회는 주님의 몸이고 교회의 머리는 예수그리스도이십니다. 따라서 성도와 주님의 교회는 뗄래야 뗄 수 없는 관계인 바 본문에서 교회론을 배우게 됩니다.(30주년을 앞에 두면서)

1. 교회는 예수그리스도께서 세우셨습니다.

최초로 교회를 세우신 분도 주님이고(마16:18) 30년 전에 이곳에 교회를 세우신 이도 주님이십니다.

1) 세상에 오셔서 교회를 최초로 창립하신 분이 예수그리스도이십니다.

사람이 세운 세상의 어떤 기관과 절대적으로 다른 것이 교회입니다. 우주적 조직교회라고 합니다.(universal organization church)

① 예수님께서 교회를 세우셨기 때문입니다. 구약교회도 교회였지만 이스라엘민족뿐인 제한된 교회였고 광야 40년의 기간을 광야교회라고 불렀

습니다. (행7:38) 구약교회는 신약교회의 예표라면 신약교회는 천국 영원한 안식의 예표라고 할 것입니다. 예수님은 말씀하셨습니다. "내 교회를 세우리니"(I will builded my church)

② 세상에서 교회를 표방해서 나가지만 주님이 주인이 아닌 집단들이 있습니다. 소위 이단 집단들이요, 복음이 아닌 집단들로서 예수님께서 종말론에서 많이 경고하신 문제입니다. 따라서 말세 때에는 이런 거짓 것에 속지 않도록 조심하고 경계해야 합니다. (마24:3, 23, 막13:6, 눅21:8) 한국에는 이미 이단들이 많이 있는데 기독교가 발달하는 곳에는 어디든지 국가를 초월해서 있는현상들입니다.

2) 참교회는 국가를 초월해서 어디 있든지 영적으로 하나님의 교회입니다.

같은 신앙고백 위에 세워졌기 때문에 하나의 교회입니다.

① 국경과 민족과 언어와 종족을 초월해서 하나의 교회입니다. 브리테니커 백과사전에 의하면 전 세계의 기독교인은 약 17-18억 명으로 분포되었고 한국은 약 5만 여교회에 1,200만 여 성도가 있습니다. 예수그리스도를 믿는 하나의 교회인 것입니다. 이 교회는 음부의 권세가 이길 수 없는데 반석 위에 세워져 있기 때문입니다. 수천 년간 사단은 교회를 무너뜨리려고 하였고 지금도 힘쓰지만 교회는 굳게 세워져 가고 있습니다.

② 주님의 교회는 언제나 진리 위에 세워진 사람들에 의해서 지켜져 왔고 앞으로도 마찬가지입니다. 어느 시대나 대중적이 있지만 하나님의 교회는 작은 교회에서부터 시작되었고 교회가 세워져 왔습니다. 아브라함시대는 아브라함 한 사람이요, 노아시대는 노아 한 사람이었습니다. 예수님은 2-3명을 말씀하셨습니다. (마18:19) 북한 땅에도 지금까지 지하교회가 존재한다는 보고가 있습니다.

2. 참교회의 모습을 바르게 알아야 하겠습니다.

참교회란 현대식 양식으로 호화롭게 건축된 것이라고 한다든지 사람이 많이 모이는 교회라고 생각하기 쉽지만 참 교회의 표식(標識)은 그런 외형적 조건에 있지 아니합니다.

1) 예수그리스도의 피 뿌리심을 받아 회개한 사람들의 모임입니다.

참교회의 정의는 성삼위 하나님 안에서 예수님의 피 뿌림 받아 죄 사함을 받은 사람들이 모이는 곳입니다.

① 그래서 예수님이 뿌리신 피는 중요합니다. 하나님이 자기 피로 사신 교회(행20:28)(which he bought with his own blood)라 했습니다. 출12장에서 유월절 어린 양의 피를 뿌린 현장은 예표가 됩니다.

② 예수그리스도의 십자가와 부활을 믿는 사람은 십자가 앞에서 회개가 이루어집니다. 회개한 사람들이 모이는 곳이 교회입니다. 그래서 성경은 회개(repent)를 강조했습니다. 예수님도(마4:17), 베드로도(행 2:37-38) 강조했습니다. 회개하고 예수님을 영접한 사람이 그의 자녀입니다.(요 1:12)

2) 회개한 사람은 용서가 있고 의롭게 됩니다.

여기에서 거듭남이 있게 됩니다.(요3:1-7)

① 그리스도인은 회개하여 성령으로 거듭남이 있는데 이 사람들이 모이는 곳을 교회라 부릅니다. 그래서 거듭남이(born - again) 중요합니다. 핍박자였던 사울이 변해서 바울이 되었습니다.(행9:1-)

② 거듭나지 아니하면 천국에 들어갈 수 없습니다. 천국에 들어갈 수 없는 사람이 지상교회에서 중요한 사람이 되는 것은 곤란한 일입니다. 이런 것을 조심해야 합니다.

3. 참교회의 모습은 약속하신 성령을 받은 사람들의 모임입니다.

위에서 말한 신앙고백과 회개 역사를 비롯한 거듭남의 모든 역사들은 성령께서 역사하심입니다.

1) 참교회의 표식(標識)은 성령 받는 일입니다.

그리스도의 영이 없이는 그리스도인이 아니기 때문입니다.(롬8:9)

① 성령 받는 일은 그리스도의 명령입니다. 성령 안에서 일이 이루어지기 때문입니다.(요19:22, 행1:4-5, 행2:4, 행2:38)

② 성령께서 오셔서 하셔야 하는 일들이기 때문입니다. 성령께서 오셔서 하실 일들을 보시기 바랍니다.(요14:26, 요16:8)

2) 성령께서 오실 때에 교회생활이 바르게 됩니다.

신앙생활의 기본이 성령의 역사 속에서 이루어지기 때문입니다.

① 기쁨이 되는 교회생활입니다. 서로 떡을 떼며 교제가 이루어지게 됩니다.(행2:42-47, 4:32)

② 또한 복음이 전파되고 기적과 능력들이 나타나게 됩니다. (행3:1-)나면서부터 앉은뱅이 된 자도 일어나게 되었습니다. 참교회는 주님이 세우시고 능력 가운데 복음이 전파되며 천국이 이루어지게 됩니다. 이런 교회생활이 되시기를 주의 이름으로 축원합니다.

결론 : 올바른 교회관이 중요합니다.

교회

열린문을 주신 교회
(계3:7-13)

　세상일에는 어떤 것이든지 그 일이 잘되기 위해서 문이 열려야 합니다. 학생에게는 입시의 문이, 취직하는 사람에게는 직장의 문이, 결혼하려는 사람에게는 결혼의 문이 열려야 하듯이 전도자에게는 전도의 문이 열리고(골4:2), 기도하는 사람에게는 기도의 문이 열리며, 성도들에게는 믿음의 문이 열려야 하고(행14:27), 축복을 바라는 사람에게는 성공의 문이 열려야 하고(고전16:8-9) 이 문들이 열리게 될 때에 흥하게 되고 성공적이라고 할 것입니다.
　소아시아 일곱 교회 중에서(계2-3장) 여섯 번째 교회인 빌라델비아교회에 주신 축복의 말씀 가운데 열린문의 축복을 주셨는데 다윗의 열쇠를 가지사 닫으면 열 사람이 없고 열면 닫을 사람이 없는 전능하신 주께서 축복하여 주셨음을 말씀해 주셨습니다.(계1:18 사망과 음부의 열쇠를 가지신 분)
　교회에 열린문을 주시는 축복을 바라고 본문에서 은혜를 나누게 됩니다, 어떤 문들이 열려야 하겠습니까?

1. 성도에게는 언제나 천국문이 활짝 열려야 합니다.
　사람은 언젠가 반드시 세상을 등지게 될 때가 오는데 문제는 천국이 닫히고 지옥문이 열린다면 큰일입니다.

1) 천국문은 곧 구원과 영생의 문입니다.
　인생여정을 다 살고 난 뒤에 천국문이 열리는 것이 복중에 복이 됩니다.
　① 천국문이 열리는 비결은 언제나 믿음을 굳게 지켜야 합니다. 왜냐하면 믿음은 곧 구원이기 때문입니다. 믿음의 결국은 곧 구원인 바(벧전1:9) 믿음이 없이는 천국문이 절대로 열리지 않음을 기억해야 하겠습니다. 다음 성경구절들은 구원은 곧 믿음이 절대적임을 나타내주시는 말씀입니다. (요1:12, 3:16, 36, 눅23:43, 행7:55) 스데반 집사는 순교자리에서

외치기를 '하늘문이 열리고 예수님이 하나님 보좌 우편에 서신 것을 보라' 고 외쳤습니다. 미국의 보수주의신학자 중에 하나인 그레샴 메첸박사(Dr. Gresham. Machen)는 죽을 때에 '보라 하늘문이 열리는구나' 라고 외쳤다고합니다. 반대로 하늘문이 닫히고 지옥이 열리는 사람도 있습니다.
② 천국문은 곧 영원히 사는 생명의 문이기 때문에 축복의 문입니다. 세상에서 부자로 살거나 유명인으로사는 것도 축복이라고 하겠지만 천국문이 닫힌다면 그것은 축복이 아니요 저주입니다. (눅16:19-) 교회의 사명은 예수님을 전해서 믿고 구원에 이르게 하는 일입니다.

2) 천국문이 열린 교회에서 이 축복에 동참하게 하기 위해서 해야 할 일들이 많이 있습니다.

교회에 까지 왔어도 해야 할 일이 있습니다.
① 회개하여 물과 성령으로 거듭난 자가 되게 해야 합니다. 회개(Repent)가 중요합니다. 지은 죄를 모두 하나님께 자복하고 용서받게 되는 일입니다. 세례요한도(마3:3), 예수님도(마4:17), 사도들도(행2:38, 요일1:8-9) 강조했던 회개하는 일입니다. 여기에 천국문이 열리게 됩니다.(눅13:1-9)
② 문이 되시는 예수그리스도 안에 있어야 합니다. (마25:10, 창7:26) 그런데 성경에는 문에 대한 교훈이 많이 있는데 특히 예수님은 넓은 문이(Wild Gate) 아니라 좁은 문(Narrow Gate)으로 들어가라고 하셨습니다.(마7:13) 예수님은 우리의 양의 문이 되시고(요10:7 I am the gate for the sheep) 예수님 이름 밖에는 다른 길이 없다고 해주셨음을 반드시 알아야 합니다.(요14:6, 행4:12)

2. 교회에는 주의 말씀을 통하여 전도하고 선교하는 문이 더욱 크게 열리게 되어야 하겠습니다.

천국문이 열렸으면 전도와 선교의 문이 열려야 합니다.

1) 말씀을 통하여 주어지는 축복과 성공의 문인데 빌라델비아교회에 주신 축복이었습니다.

① 작은 능력으로 주의 말씀을 지켜나가는 교회였습니다. 2010년에 교회는 하나님의 말씀을 지켜나가는 교회가 되어야 합니다. 작은 능력으로 큰일을 행하는교회가 되어야 합니다. 주의 말씀은 능력이 있습니다.(히4:12)
② 말씀을 지켜서 축복의 문이 열리기까지는 인내가 중요합니다. 때로는 하루아침에 이루어지지 않고 능력이 역사하는데 부단한 인내가 요구될 때가 있습니다. 빌라델비아교회는 인내하는 교회였습니다. 인내로서 사탄을 이겨야 합니다.

2) 열린문의 축복이 있는 것은 선교의 문이요 전도의 문이 됩니다.
지상교회의 존재 목적이 여기에 있습니다.
① 복음을 전할 때에 우선 개인이 성장하고 교회가 부흥합니다. 전도하지 아니하고 교회가 부흥할 수 없습니다. 또한 전도의 미련한 것으로 구원하시는 하나님이십니다. (고전1:21) 지상교회의 사명은 전도요, 선교입니다. 가족복음화(행10:1)부터 시작해서 모든 지인들을 모두그리스도께 인도해야 합니다.
② 내 집부터 시작해서 온 세계를 향해서 나아가야 합니다. 주님의 명령이요 분부입니다.(마28:18-20, 행1:8, 눅14:23) 교회에 전도와 선교의 문이 크게 열리게되기를 축원합니다.

3. 열린문이 있다는 것은 축복 중에 축복의 약속입니다.
빌라델비아교회는 축복 받은 교회였듯이 교회가 더욱 축복 받은 교회가 되도록 힘써야 합니다.

1) 빌라델비아교회에 약속하신 축복을 보겠습니다.
많은 것들 중에 몇 가지만 열거하면 이러합니다.(9-12)
① 주님과의 관계가 확인되는 축복입니다. 주님과의 관계가 확실한 확인은 축복입니다. 확인해 보시기 바랍니다.' 저희로 와서 네 발 앞에 절하게하고 내가 너를 사랑하는 줄 알게 하리라' 했습니다.

② 아무나 네 면류관을 빼앗지 못하게 하라고 했습니다. 면류관의 확실한 약속입니다. 면류관의 약속은 분명하고 상급 역시 분명합니다.(계22:12, 2:12, 벧전5:4, 딤후4:7, 살전2:19, 고전9:24-25, 마16:27)

2) 성경은 축복의 책입니다. 빌라델비아교회와 같은 교회가 되기를 원합니다.

① 보이는 가시적 축복을 받게 됩니다.(창12:1-4, 갈3:9, 창26:12, 31:1, 아7:13)

② 온 집안에 약속하신 축복입니다. (시128:1) 교회와 성도들에게 이 문이 열리는 역사가 있게 되기를 주의 이름으로 축원합니다.

결론 : 예수 안에서 문이 열리게 됩니다.

교회

교회의 사명은 기도와 말씀 전파
(골4:2-6)

세상에 존재하는 모든 일에는 그 목적과 사명이 존재합니다. 이름 모를 풀 한포기, 꽃 한 송이, 새 한 마리까지도 목적과 사명에 의해 생존해 나가게 됩니다. 볼펜 한 자루도 대가 있고 심이 있고 스프링이 있어서 하나의 볼펜으로서 기능을 다하게 되듯이 인간 역시 이 땅에 존재하는 목적과 사명이 있거니와 그 인간이 모여든 하나님의 교회 역시 이 세상에 존재하는 날까지는 반드시 해야 할 일이 있게 됩니다.

초대교회에 최초로 안수집사를 세울때에도(행6:1-4) 반드시 이러한 뜻 안에서 직분을 세웠고 교회가 부흥해 갔음을 보게 됩니다. 이방선교의 교두보 역할을 했던 안디옥교회 역시 사울과 바나바를 따로 세우고 이 일을 하게 하였습니다. 본문에서 사도바울은 골로새교회에 주신 말씀에서 이런 사실을 확실하게 하게 하였습니다. 2010년에 교회가 이런 말씀을 지표(指標)로 삼고 나가야 하겠습니다.

1. 교회의 사명은 전도요 선교에 있습니다.

교회의 최고 최대의 기능이 이것인데 상실하게 되면 곤란합니다. 지상교회들이 해야 하는 일들이 많이 있지만 그 중심은 선교와 전도입니다.

1) 전도는 지상명령이기 때문입니다.

전도하는 것은 세상에 교회가 존재하는 날까지 계속해야 합니다.
① 예수님이 명령하셨습니다. 마28:18-20에서 예수님은 마지막으로 분부하셨습니다. 제자 삼으라, 세례를 주어라, 가르치고 지키게 하라 하시면서 그 보증으로 성령을 주시마 약속하셨고(행1:8) 세상 끝날까지 항상 함께 있으리라고 약속해주셨습니다. (마22:1-)전도하는데 만나는 사람마다 데려다가 내 집을 채우라고 하셨습니다. 듣든지 아니듣든지 전해야 합니

다.(딤후4:1-5)
② 우리는 시대적으로 소리를 들어야 합니다. 지옥에 간 사람들의 소리를 들어야 합니다.(눅16:27) 세상에는 모세와 선지자들이 있으니 저들에게 사명이 있음을 분명하게 하셨습니다. (겔33:1-)파수군의 사명 역시 전도자의 사명입니다. 이것이 지상교회의 책임입니다.

2) 따라서 전도할 때에 전도할 문이 열리기 위해서 기도해야 합니다. 영혼 구원을 위한 사명입니다.
① 전도할 문이 열려야합니다. (3절) '우리를 위하여 기도하되 하나님이 전도할 문을 우리에게 열어 주사 그리스도의 비밀을 말하게 하시기를 구하라 내가 이것을 위하여 매임을 얻었노라' 했습니다. 바울은 이것을 위하여 모든 것을 배설물로 여겼다고 증언해주고 있습니다.(빌3:7-8)
② 세상에서 그 어떤 일보다 교회는 전도의 사명이 우선입니다. 제반적인 모든 일들은 전도하기 위한 방편이 되어야 합니다. 그래서 세상적인 시각으로 볼 때에는 전도하는 것이 미련하게 보이기 때문에 전도의 미련한 것을 가지고 구원하시기를 기뻐하셨다고 하였습니다.(고전1:21) 하나님은 빌립집사님을 통해서도 전도하셨습니다.(행8:26)

2. 교회의 사명은 또한 기도운동입니다.

생명을 건지는 전도는 기도가 뒷받침되어야 합니다. (막9:29)기도 밖에 없기 때문입니다.

1) 다른 일하기 전에 기도가 먼저 선행되어야 합니다.
기도보다 앞서지 말아야 합니다.
① 기도에 항상 힘써야 합니다. (2절) '기도에 항상 힘쓰고' 라고 하였습니다. (살전5:17)' 쉬지 말고 기도하라' (Pray Continually) 하였습니다. 예수님도 기도로 일관하셨습니다.(마4:4, 마14:19, 막1:35)
② 기도할 것을 강조하셨습니다. 예수님께서 세상에 계실 때에 기도하셨듯이 지상교회는 기도에 힘써야 합니다. (눅18:1-)항상 기도해야 하지만 낙심은 금물입니다. (약1:5)믿음으로 기도해야 합니다. (약5:15)믿음의기

도가 역사합니다.

2) 말세 때에 기도하는 것은 깨어있는 일입니다.
깨어있으라(wake up)는 말씀이 무슨 뜻이겠습니까?
① 말세 때에 깨어있으라 하셨습니다. 종말론을 말씀하시는 기사마다 주셨습니다.(마24:42, 25:42, 13) 그러므로 깨어 있으라(Therefore keepwatch) 이것은 기도하는 일입니다.
② 예수님은 마지막까지 기도하셨습니다. 공생애 시작도(마4:1), 마지막에도(마26:36, 눅22:44) 기도로 일관하신 예수님이 기도하라고 하셨습니다.
③ 기도하되 감사함으로 해야 합니다. 늘 감사 속에서(Thankful) 해야 합니다. 교만치 말아야 합니다. (눅18:9) 교회의 사명은 전도요 기도입니다.

3. 매사에 하나님의 뜻을 위하여 힘써야 합니다.
내 뜻(my will)이 아니라 하나님의 뜻((God's will)이 중요합니다.

1) 예수님이 그렇게 기도하셨습니다. 예수님의 기도는 견본입니다.
① 겟세마네동산에서의 기도를 보시기 바랍니다. (마26:39) '나의 원대로 마옵시고 아버지의 원대로 하옵소서'(Yet not as I will, but as you will)였습니다.
② 우리의 기도를 한번 분석해 보시기 바랍니다. 기도의 내용이 모두가 '내 뜻'만 꽉 차있습니다. 아버지의 뜻은 많지가 않음을 보게 됩니다.

2) 하나님의 백성은 하나님이 책임지십니다.
① 바울은 옥중에서도 감사하였고 기뻐하였습니다. 빌립보 옥중에서의 일입니다.(행16:25, 빌4:4)
② 교회는 해야 할 지상과제가 있습니다. 복음을 전하기 위해서, 복음 때문에, 기도해야 합니다. 개인과 가정과 사회와 국가와 세계복음화를 위해서 전도를 목적으로 기도하는 교회가 되시기를 축원합니다.

결론 : 지상교회의 사명을 다하는 교회가 되시기 바랍니다.

구원

삭개오에게 들린 예수님의 음성
(눅19:1-10)

이 세상은 소리로 가득 차있습니다. 그래서 현대사회는 '소리공해' 라는 말을 할 정도로 소리들 속에서 살아갑니다. 그런데 똑같은 소리라 해도 듣는 사람의 당시의 기분과 감정에 따라서 그 소리의 개념이 다르게 들려오게 됩니다. 좋은 명곡의 멜로디라도 슬플 때 듣게 되면 슬픈 노래가 되고 기분이 좋을 때 듣게 되면 좋은 소리로 들리게 됩니다.

언제나 무슨 소리든지 자기의 위치와 상황에 따라서 다르게 들리는 법입니다. 그래서 교회 생활 속에서 우리의 언어생활은 언제나 조심해야 합니다. 말에 대한 실수가 누구에게나 본의 아니게 있기 때문입니다. (약3:2) 바리새인들은 예수님께로 부터 책망을 받았는데 그 마음에 쌓은 악이 입으로 나오기 때문이었습니다.(마12:34-37)

예수님 당시에 누구든지 예수님을 만나서 예수님의 음성을 듣기만 하면 사람이 변화 받게 되었고 새롭게 되었습니다. 삭개오는 공직자로서 세리장이었고 직위가 높았지만 인기는 없었고 고독한 차에 예수님을 만나서 예수님께로부터 하나님께 구원받은 사람으로 칭함을 받게 되었습니다. 본문에서 은혜를 나누게 됩니다.

1. 삭개오를 부르시던 그 소리는 죄인을 찾아 부르시던 음성입니다.

옛날이나 지금이나 사람의 심리는 가까이 하고 싶은 사람과 멀리하고 싶은 사람이 있기 때문에 멀리하고 싶은 사람은 찾지 않는 것이 보편적 일입니다. 그런데 예수님은 달랐습니다.

1) 예수님은 주변에서 죄인 괴수들까지도 늘 가까이 하시며 관심 깊게 부르셨습니다.

① 그래서 유대인, 바리새인들은 예수님께 대해서 안좋은 정서를 가지고 죄

인과 세리들의 친구라고 비난했습니다. (눅15:1) "모든 세리와 죄인들이 말씀을 들으러 가까이 나아오니 바리새인과 서기관들이 원망하여 가로되 이 사람이 죄인을 영접하고 음식을 같이 먹는다 하더라"고 했습니다. 이때에 예수님이 하신 비유가 3가지 비유입니다.(눅15장)
② 예수님은 이 땅에 죄인을 불러 구원하시려고 오셨습니다. 건강하고 죄 없는 사람이 아니라 문제 있고 병든 사람을 불러 구원하시려고 오셨고(마9:12), 예수님의 주변 역시 병든 자들이 많았습니다. 오실 메시야의 모형이요 그림자인 다윗은 그의 주변에 문제 있는 사람들이 언제나 포진하였고 따라다녔습니다. (삼상22:1-2) 사백 명에서 육백 명 가량쯤 되었습니다.

2) 교회는 의인들이 모이는 곳이 아니요 죄인이 부름 받고 구원 받는 곳입니다.

그래서 교회는 일명 병원과 같은 곳입니다.
① 병이 있을 때에 병원을 찾듯이 문제가 있는 사람들이 예수님께로 오게 되고 예수님을 찾게 됩니다. 무화과나무에서 숨어있던 아담을 부르시던 하나님은 지금도 그 소리, 그 음성으로 찾고 계십니다. (창3:9) "네가 어디 있느냐"(But the LORD God called to the man, "where are you?" 그 음성은 갈릴리호수에서 고기 잡던 어부들도 부르셨습니다.(마4:18) 일곱 귀신들렸던 막달라마리아도 부르시고 고치셨습니다.(눅8:2-3) 그리고 부활 후 첫 번째로 만나주셨습니다.(요20:15)
② 예수님을 만나면 누구든지 변화 받는 모습을 삭개오를 통해서 보여주셨습니다. 본질상 진노의 자식이요(엡2:13), 죄인이지만 부르시고 살리신 바 된(엡2:1) 사람들이 성도들이요, 교회입니다. 예수님은 이를 위해서 오실 것이라 하셨고(사61:1-2) 그대로 하셨습니다.(눅4:18-) 예수님 이름 앞에서 그의 음성은 사람을 변화시키게 됩니다.

2. 삭개오를 부르시던 그 소리는 구원의 시급함 앞에서 구원해 주시는 음성입니다.

세상에 소리가 많지만 주의 음성은 다른 소리입니다.

1) 주님이 부르시는 소리를 들어야 합니다.

주님의 부르심에 응하게 될 때에 구원이 있습니다.
① "속히 내려오라" 하셨습니다. 속히 내려오라는 권면의 음성이요 부르심입니다. '속히'는 시급성, 시급함을 뜻하는 것으로서 빨리 내려오라고 하신 것입니다. 구원의 때(Time)가 있음을 뜻합니다.
② 사도 바울도 이를 강조했습니다. 구원의 때가 있다는 것입니다.(고후 6:1-2) "보라 지금이 은혜 받을만한 때요 보라 지금이 구원의 날이로다" 하였습니다.(I tell you, now is the time of God's fovor, now is the day of salvation) 어떤 이유로든지 구원의 소리를 물리치지 말아야 합니다.

2) 하나님의 기다리심이 무한대 한 것이 아닙니다.

삭개오와 같이 첫 음성을 듣고 빨리 영접해야 합니다.
① 마지막 결론에는 무서운 심판이요, 형벌이 있습니다. 그래서 회개를 촉구하시고 기다리십니다.(마4:17, 벧후3:8-10)
② 이 세상은 영원히 살 곳이 아닙니다. 삭개오는 다행히 주의 음성을 듣고 내려와서 구원 받은 사람이 되었습니다. 이것이 인생의 지혜입니다.(시 90:9-12)

3. 삭개오를 부르시는 소리는 돌아온 사람에게 구원을 확증해 주시는 음성입니다.

주의 음성을 듣고 돌아오게 될 때에 구원의 확증을 주십니다.

1) 구원의 선포의 과정을 보시기 바랍니다.

구원에는 과정이 있습니다.
① 주님의 음성을 들려주시고 그 소리에 순종케 하십니다.(롬8:29-30) 조직신학에서 구원의 차서라 말합니다. 예정부터 영원한 천국까지 모두가 과정입니다.
② 들려지는 소리에 순종해야 합니다. 뽕나무 위에서부터 자기 집에까지 예수님을 모셨고 순종했습니다. 옆에서 수군거리거나 말거나 상관치 말아야 합니다.

2) 예수님이 삭개오에 대해서 선포하셨습니다.
① 구원의 선포입니다. 세상에서 최고 축복의 음성이요 소리입니다. 구원 받았다고 선포하셨습니다.
② 신분 변화가 일어났습니다. 이 사람도 아브라함의 자손이다. 택한 백성의 총체적 이름이요 천국 시민권자의(빌3:20) 명단에 속합니다. 아무개야 하시면서 이 축복의 소리를 확인케 되시기를 주의 이름으로 축원합니다.

결론 : 주의 음성을 들으시기 바랍니다.

구원

구원 조건
(롬10:9-13)

인간이 세상을 살아가는 데는 나름대로 만들어 놓은 삶에 대한 구조 속에서 조건이 있습니다. 대학에 입학하기 위해서는 수능 시험을 치르고 그 점수에 따라서 해당 학교에 지원할 수 있게 됩니다. 또한 세상은 자격증 시대이기 때문에 어떤 일을 하기 위해서는 그 일에 대한 자격증이 필요하게 됩니다. 지금은 비자가 면제되었지만 예전에 미국에 입국하기 위해서는 미국 비자를 받아야 하는데 미국 대사관 앞에 긴 줄로 늘어서서 차례를 기다리고 서있는 모습을 어느 나라에서든지 보게 됩니다. 그리고 그곳에서 떨어지면 입국할 수가 없었습니다.

우주시대에 우주여행하기 위해서는 천문학적인 돈이 필요하고 또한 거기에 따른 건강부터 시작해서 모든 조건이 맞아야 합니다. 천국에 가는 길, 구원 받는 조건은 오직 하나 밖에 없습니다. 예수님이 나의 구세주임을 믿어야 합니다.(요1:12, 3:16) 모세의 놋뱀을 쳐다보았듯이(요3:14, 민21장) 예수그리스도를 믿는 믿음이 곧 구원이요 영생입니다. 본문에서 구원의 조건을 보시기 바랍니다.

1. 예수님을 구세주로 믿고 시인해야 합니다.

세상에 어떤 자격증이나 조건과 같이 복잡한 일이 아닙니다. 아주 간단하고 쉽습니다. (9-10절) '네가 만일 네 입으로 예수를 주로 시인하며 또 하나님께서 그를 죽은 자 가운데서 살리신 것을 네마음에 믿으면 구원을 얻으리니 사람이 마음으로 믿어 의에 이르고 입으로 시인하여 구원에 이르느니라' 하였습니다.

1) 마음에서 중심으로 고백이 중요합니다.

중심으로 예수그리스도를 고백해야 합니다.

① 마음에 대한 정의를 보시기 바랍니다. 사람의 모든 행동은 마음에서 나오게 됩니다. 그래서 마음은 모든 행동을 지시하는 인격적 중심지입니다. 마음 중심으로 예수그리스도를 믿고 그 믿은 바를 입으로 시인해야 합니다.
② 입으로 시인하는 것은 마음에서 나와야 합니다. (9-10) '네 입으로 예수를 시인하라' 하였고 (13절)' 주의 이름을 부르는 자는 구원을 얻으리라' 하였습니다. (13절)for, "Everyone who calls on the name of the Lord will be saved) 소리를 내야 합니다. 제아무리 좋은 악기라도 소리를 내지 아니하면 소용이 없습니다. '나는 구원 받았습니다. 나는 하나님의자녀입니다' 소리쳐야 합니다.

2) 떳떳하게 큰소리로 예수님을 시인해야 합니다.
예수님이 나의 구주이시다. 나는 구원 받았고 천국 백성이라 해야 합니다.
① 예수님께서도 사람들 앞에 시인하라고 하셨습니다.(마10:32-33) 12제자를 부르시어 전도 파송을 보내시면서 당부하신 말씀입니다. '누구든지 사람 앞에서 나를 시인하면나도 하늘에 계신 내 아버지 앞에서 저를 시인할 것이요 누구든지 사람 앞에서 나를 부인하면 나도 하늘에 계신 내 아버지 앞에서 저를 부인하리라' 하셨습니다. 미국 16대 대통령인 아브라함 링컨이 노예를 해방시켰다면 예수님은 그 정도가 아니라 영원한 사망에서 우리를 구원해 주셨습니다.
② 예수 이름을 부르는 일에는 차별이 없습니다. 예수님 당시에 제자들이나 죄인들의 친구이신 예수그리스도는(눅15:1) 유대인, 헬라인, 야만인이 상관없이 구원해 주십니다. 사도바울은 분명히 이런 복음을 외쳤습니다.(롬2:7-11) 그 예수님은 지금도 누구든이지 오라고 부르시고 계십니다(마11:28).

2. 예수그리스도의 이름을 부르는 곳에는 축복이 약속되었습니다.
세계 지도를 펴놓고 볼 때에 복음을 받아들인 나라와 그렇지 않은 나라의 살아가는 수준이 확연하게 다름을봅니다.

1) 예수님은 우리를 구원해 주실 뿐 아니라 부요케도 하십니다.

영적인 구원만이 아닙니다.(12절)

① 생명을 풍요롭게 하시는 능력의 주님이십니다.(요10:10) (엡2:4)풍성하신 하나님이라 하였습니다. (고후8:9) '우리 주 예수그리스도의 은혜를 너희가 알거니와 부요하신 자로서 너희를 위하여 가난하게 되심은 너희로 부요케 하려하심이니라' 하였습니다.

② 예수 이름을 부르고 믿으면 인생이 바뀌게 됩니다. 세계 노벨상을 탄 사람들의 통계를 보면 유대인이 20%, 그리고 기독교인이 64%를 차지하게 되는데 스웨덴, 스위스, 덴마크, 노르웨이, 미국, 영국, 독일 등입니다. 일찍부터 기독교 국가였던 그 국가에 축복하심의 증거이기도 합니다. 공부하는 목적을 하나님 영광에 두기 때문입니다.

2) 부요하신 축복을 내 것으로 받아들이시기 바랍니다.

우리의 의식구조나 생각이 바뀌어야 합니다. 부정적 사고는 버려야 합니다. 나는 안된다는 의식은 버려야합니다.

① 아브라함의 아들인 이삭은 한 해에 100배나 얻었습니다.(창26:12) 창조주 하나님께서 축복해 주실 때에 받은 복입니다.

② 야베스는 창대한 축복을 받았습니다.(대상4:8-9) 창조주 하나님께서 주신 축복의 역사입니다. 부요하신 축복입니다. 구원 받은 성도가 받은 축복입니다. 이것 또한 믿어야 합니다.

3. 예수그리스도의 이름을 믿으면 부끄러움을 당치 않습니다.

세상에서의 부끄러움은 잠깐이지만 지옥의 부끄러움은 영원합니다.

1) 예수그리스도의 이름을 부르는 곳에난 부끄러움이 없습니다.

예수그리스도의 의의 옷을 입었기 때문입니다.

① 예수님의 이름이 우리의 부끄러움을 가리워 주십니다. (11절) '성경에 이름과 같이 누구든지 저를 믿는 자는 부끄러움을 당하지 아니하리라' 하였습니다.(사28:16, 롬9:33)

② 창세기에서도 이 말씀이 예언되었습니다. (창3:21) '여호와 하나님이 아담과 그 아내를 위하여 가죽옷을 지어 입히시니라' 하였습니다. 가죽옷은 짐승이 죽어야 합니다.(창3:21)

2) 예수그리스도는 양으로서 희생하셨습니다.(요1:29)

세상 죄를 지고 가신 어린양이십니다.
① 예수님이 십자가에 죽으실 때에 우리의 모든 부끄러움을 지셨습니다. 그래서 다 이루신 것입니다.(요19:31) 모두 청산하시고 우리를 자유케 하셨습니다.(갈5:1)
② 믿는 사람은 영원히 살겠고 염려없습니다. 그래서 성도의 최종적인 목적지는 천국이요, 하나님 품입니다. 그리고 그 주님은 지금도 믿는 자와 함께하십니다.(마28:20) 구원의 조건은 오직 예수를 믿음입니다. 이 믿음을 굳게 간직하시고 영원한 천국의 주인공들이 되시기를 주의 이름으로 축원합니다.

결론 : 예수님의 이름만이 구원이십니다.

국가

택한 백성이 살길

(왕상8:33-36)

신구약성경을 모두 합해서 하나님 백성이 사는 길은 성경에 분명하게 제시해 놓았습니다. 개인이든 국가든 간에 마땅히 걸어야 할 길이 있는데 그 길을 벗어나게 되면 곤란을 겪게 됩니다. 자동차, 비행기, 물 위에 떠가는 배, 철로 위를 달리는 기차 등이 제 멋대로 가는 것이 아니고 가야 되는 길이 있습니다.

우리는 과거 이 땅위에서 벌였던 공산주의자들의 침략전쟁을 뒤돌아보면 그 흔적이 아직도 분단으로 남았고, 잠시 57년 동안 휴전상태로 있는 현재 상황에서 우리들이 살 길이 어디인지 생각하고 점검하여 후대에 올바르게 서가기를 원합니다.

전쟁을 모두 딛고 일어나서 세계선교에 크게 이바지 하고 세계 역사를 이루어가는 소망을 바라보면서 6.25를 생각하게 되는데 본문에서 그 은혜를 나누게 됩니다.

1. 하나님이 택한 백성은 반드시 하나님께 돌아와야 합니다.

전쟁, 기근, 타국에의 포로, 질병 등 곤역이 임하게 된 원인은 하나님을 떠난 결과이기 때문에 하나님께 돌아올 때만이 희망이 있고, 소망이 있게 됩니다.

(33절) "만일 주의 백성 이스라엘이 주께 범죄하여 적국 앞에 패하게 되므로 주께로 돌아와서 주의 이름을 인정하고 이 전에서 주께 빌며 간구하거든"이라고 하였습니다.

1) '주께 돌아와서' 라고 하였습니다.(they turn back to you)

① 주께 돌아오는 것이 중요합니다. 그릇되고 범죄한 자리에서 돌아와야 합니다. 생각을 바꾸고 마음을 돌이켜서 돌아와야 합니다. 후대의 일이지만 이사야 선지자를 통해서 분명히 말씀해 주셨습니다(사1:2-, 18절)이사야와 같은 시대에 사역했던 요엘 선지자도 분명히 촉구하였습니다.(욜

2:12-13) '마음을 다하여 내게로 돌아와(12절), 너희 하나님 여호와께로 돌아올찌어다'(13절)하였습니다.
② 여호와께 돌아온다는 것은 회개를 뜻합니다. 잘못하고 범죄 했어도 회개할 때에 용서하시고 다시 회복시켜 주시는 하나님이시기 때문입니다. 개인도, 가정도, 국가도, 회개하여 하나님께 돌아올 때만이 살 길이 열리게 됩니다. 하나님은 범죄한 아담에게도(창3:9), 가인에게도(창4:9)찾아 가셨고 직접 오셔서 회개를 촉구하셨습니다.(마4:17, 요일1:8-9)

2) 개인, 가정, 국가 모두는 예수님 이름을 불러야 합니다.

여기에 매사에 '주'(Lord)라고 번역되었는데 오실 메시야 예수 그리스도를 예언해 주시기도 한 말씀입니다.
① 세상에는 기독교 외에도 다른 종교들이 많습니다. 그러나 오직 생명을 주시고 영원한 소망은 오직 예수 그리스도 밖에 없음을 분명히 믿어야 합니다(요14:6, 행4:12) 종교성이 많은 것이 문제가 아니라(행17:23) 하나님께 돌아와서 예수 안에 있어야 합니다.
② 예수 이름만이 우리의 구원이 됩니다. 예수 이름을 부를 때에 구원이 있고, 영생이 있습니다.(롬10:11-13) 우리나라의 살 길은 예수이름 입니다. 북한이 공산주의를 버리고 예수 이름을 불러야 삽니다.

2. 하나님께 돌아왔으면 간구해야 합니다.

본문에서 분명히 가르치는 말씀이 간구, 기도입니다.(33, 38, 41절)

1) 지금은 하나님께 기도할 때입니다.

기도만이 살 길이기 때문입니다.
① 환난과 어려움에 있을 때 일수록 더욱 기도해야 합니다. 성경은 환난 때에 기도하라고 하였습니다. 예레미야도(렘33:1-3), 다윗도(시50:15) 어렵고 힘들 때에 기도 했더니 하나님께서 응답해 주신 기사를 읽게 됩니다.
② 기도할 때에 응답해 주시고 들어주신다고 약속하여 주셨습니다. 애굽에서의 이스라엘이 그랬고(출3:7) 히스기야왕도 기도할 때에 들으셨으며 (왕하19:25) 시편에서도 분명하게 말씀해 주셨습니다.(시94:9)

2) 응답받은 기도들을 보시기 바랍니다.

성경에서 분명히 밝혀 주시고 있습니다.(33절)

① 하나님이 들어 주시기 때문입니다. 택한 백성의 기도입니다. 이 약속대로 다니엘은 포로 중에 기도하였고 응답해 주신 결과로 해방되었습니다.(단6:10, 시126:1-6)

② 우리에게도 기도할 때에 기도역사가 응답으로 나타났고, 6.25 남침 때에 부산까지 피난 갔던 이승만 대통령과 교계 목사님들이 부산해운대 바닷가에서 비가 오는데도 간절히 기도하게 되었고, 드디어 UN이 개입되어서 인천 상륙작전이 성공하게 되었습니다. 기독교의 안티세력들이 득실거리는 작금에 와서 교회는 기도해야 합니다.

3. 살기 위하여 그릇된 길을 버리고 하나님 말씀 따라서 살아야 합니다.

이른 바 기도와 말씀의 생활하입니다.

1) 성경을 보시기 바랍니다.

본문에서 가르쳐 주고 있습니다(35절, 47절)

① 다윗이 다윗 된 것은 회개하고 돌아왔기 때문입니다. 회개 할 때에 기록된 것이 시편 51편인데 구구절절이 모두 죄에 대한 회개의 역사였습니다. 그리고 신약에서 유명하게 되었습니다.(마1:1)

② 사울이 패하고 망하게 된 것은 회개하여 돌이키지 아니하였기 때문입니다. (삼상13:13)월권적인 일들을 범하였고, (삼상15:23)불순종의 일을 지적하였습니다. 결국 사울은 망하게 되었습니다.

2) 응답받고 축복받는 때를 다시 기억해야 합니다.

애굽에서 나올 때를 기억하듯이 생각해야 합니다.

① 이 대한민국의 축복이 어디에서 왔습니까? 배고프고 어려운 시절을 다시 기억하며 여기까지 인도해주신 하나님을 회복해야 합니다. 그 분이 없으면 소망이 없습니다.

② 현재 축복이 그냥 온 것이 아닙니다. 나로호가 발사되고, G20의장국가, IT산업 및 조선산업이 발달하여 세계 바다에 떠있는 배의 60%가 한국에서 만든 배들이요, 자동차 산업, 원자력 사업, (Passport)여권 중에서 제일 가치 있는 여권이 한국여권이요, 어디든지 갈 수 있는 여권인 나라, 이런 축복을 주신 것은 선교하기 위함인 바 선교강국인 이 나라를 바로 지켜 나가기 위해서라도 하나님께 바르게 서기를 주의 이름으로 축원합니다.

결론 : 6.25를 잊지 말아야 합니다.

기도

기도하는 사람들에게(1)

(렘33:1-5)

　기도하는 일은 세상에 존재하는 모든 종교들이라면 하는 일입니다. 그러나 모든 종교들이 하는 종교적 행위로서의 기도(Prayer)는 기독교 신앙에서 말하는 기도와는 다릅니다. 기도의 대상, 기도의 내용, 기도의 형태가 다르기 때문입니다.

　그 대표로서 열왕기상 18장에 나타난 엘리야의 기도와 바알과 아세라신을 섬기는 850명의 기도의 대결에서도 볼 수 있습니다. 기독교에서 하는 기도는 예수님의 이름으로 하나님께 하는 기도입니다.

　예수님은 예수님 이름으로 기도하라고 하셨습니다. (요14:6, 13-14, 15:7) 기독교 신앙에서 기도는 영적인 호흡과 같다고 말합니다. 아이가 태어나기 위해서는 모태에서 10개월 가까이 자라게 되는데 탯줄에 의지해서 영양이나 산소를 모두 공급받게 되듯이, 우리는 세상에 살아가면서 기도의 탯줄이 그만큼 중요합니다. 그래서 예수님도 기도의 본을 보여주신 사건을 보게 됩니다.(마4:1, 막1:35, 마14:23, 요8:1, 마26:37, 막9:29, 눅18:1, 골4:2)

　본문에서 예레미야는 하나님의 뜻을 전하다가 현실법에 위배된다는 이유로 시위대 뜰 옥에 갇혀있었지만 부르짖게 되었고 응답을 받게 되었는데 여기에서 큰 은혜를 받게 됩니다.

1. 예수님께서는 하나님을 일하시는 분으로 말씀하셨습니다.

　창조 이래 지금까지 계속해서 일하시는 하나님이십니다. '예수께서 저희에게 이르시되 내 아버지께서 이제까지 일하시니 나도 일한다 하시매' (요5:17) 하셨습니다.(Jesus said to them, my Father is always at his work to this very day, and I, too, am working)

1) 하나님은 일하시고 계십니다.

일하시는 하나님이십니다.

① 창세기에서부터 하나님은 일하시고 안식하시는 분으로 나타내 보이셨습니다. '태초에 하나님이 천지를 창조하시니라'(창1:1)부터 계속해서 일하시는 하나님으로 보여주셨습니다. 본문에서 (2절) '일을 행하시는 여호와 그것을 지어 성취하시는 여호와'라고 하셨습니다. 예수님도 일하셨고(요5:17) 바울도 일하라고 강조했습니다.(살후3:10 If a man will not work, he shall not eat)

② 그런데 하나님께서 일하시는 분야에는 실수나 빈틈이 없습니다. 사람은 실수나 빈틈이 많은데 하나님은 실수하심이 없습니다. 지구상에 90억 명이 살다가 갔고 현재 70억 명 이상이 살고 있지만 그 모든 인생들은 물론이고 우주 공간에 떠 있는 다른 별들의 세계까지도 모두 통치하고 계십니다.(욥26:7, 37:14-15)

2) 하나님의 일하심에는 정확하게 하십니다.

우리는 다만 하나님께 기도할 뿐입니다.

① 비록 예레미야가 옥중에 갇혀있어도 일하시는 하나님께 기도하라고 하십니다. 까마귀 새끼 한 마리도 하나님께서 역사하십니다.(욥38:41, 마10:29)

② 믿음의 사람은 모든 일을 하나님께 맡기고 기도해야 합니다. 그래서 성경에는 모든 일을 하나님께 맡기라는 표현이 많이 있습니다.(시37:4, 벧전5:7) 맡기고 기도하면 일하시는 하나님께서 역사해 주십니다.

2. 부르짖는 자에게 하나님은 반드시 응답하십니다.

응답하실 때에는 확실히 응답해 주십니다.(계8:3-5)

1) 그래서 부르짖으라고 하셨습니다.

(3절) "너는 내게 부르짖으라 내가 네게 응답하겠고 네가 알지 못하는 크고 비밀한 일을 네게 보이리라" 하셨습니다.

① 하갈과 이스마엘의 부르짖음에서 보시기 바랍니다. (창21:19) 결과로 샘이 터지게 되었고 광야를 통과해서 큰 민족이 되었습니다. 삼손의 부르짖음에 샘이 터지게 되었고 곤비한 몸이 다시 새 힘을 얻게 되었습니다.(삿15:19)
② 부르짖어 기도하되 낙심하지 말고 기도해야 합니다. 예수님은 기도에 대해서 많이 말씀하셨는데 낙망치 말고 기도하고(눅18:1) 감사함으로 기도하라고 하셨습니다.(골4:2)

2) 성도는 날마다 기도해야 하고 교회에서는 늘 기도소리가 들려야 합니다.

기도소리가 없다면 죽은 교회요 잠자는 심령이 되기 때문입니다.
① 이사야 선지자를 통해서 말씀하셨습니다. 이것을 "내 집은 만민의 기도하는 집이라"(사56:7)고 예수님이 인용하셨습니다. (마21:13, 막11:17, 눅19:46) 그리고 예수님이 친히 기도의 본(sample)이 되셨습니다.
② 성도는 자신이 성전이기 때문에(고전3:16-17) 성도의 입에서 기도가 충만해야 합니다. 기도는 호흡이기 때문에 호흡이 끊어지면 죽게 됩니다. 개인과 교회에서 늘 충만하게 되시기 바랍니다.

3. 언제나 크게 역사하는 곳에는 기도가 큰 힘이 됩니다.

이 기도 없이는 다른 일을 할 수가 없습니다.

1) 예수님은 말씀하셨습니다. 그리고 기도하셨습니다.

우리는 예수님과 같이 기도하는 사람이 되어야 합니다.
① "기도 외에 다른 것으로는 이런 유가 나올 수 없느니라" 하셨습니다. (막9:29)예수님이 강조하신 부분입니다.(He replied, "This kind can come out only by prayer" 마태은 믿음을 강조했는데(마17:20) 합성해보면 '믿음의 기도' 라고 할 것입니다.
② 부흥되는 교회들을 보시기 바랍니다. 부흥하고 성장하는 교회들을 보시기 바랍니다. 남몰래 기도하는 기도의 입술들이 많은 교회가 역사하게됩니다. 믿음의 기도는 병든 자도 치료됩니다.(약5:15)

2) 기도 응답받은 사건들을 보시기 바랍니다.

기도에는 역사가 따르게 됩니다.

① 기도에는 국경이나 인종이나 환경을 초월해서 역사하며 응답하십니다. 부르짖게 될 때에 하나님이 보시고 들으십니다.(시94:9)

② 말세 때에 우리가 받아야 할 능력입니다. 성령의 능력도 기도하게 될 때에 임하십니다. (행1:14-15, 2:1-) 이것을 요엘서에서 이미 예언해 놓았습니다. (욜2:28) 우리 모두 기도하는 성도, 기도하는 교회가 되어야하겠습니다. 기도할 때마다 응답의 현장이 되시기를 주의 이름으로 축원합니다.

결론 : 기도는 역사하는 능력이 됩니다.

기도

기도하는 사람들에게(2)
(렘33:6-9)

이 세상에 존재하는 모든 종교들은 종교학적으로 고등종교든 하등종교든 간에 나름대로 자기들이 믿는 신관(神觀)이 있어서 그 신에게 기도하게 됩니다. 성경적으로 볼 때에 세상의 어떤 신들이나 신앙이 용납될 수 없고 사람이 임의로 만든 수공물이기 때문에(시135:15-21) 가치가 없고 실제적으로 그런 현장이 이른 바 갈멜산의 엘리야와 바알신, 아세라신을 섬기는 850명과의 영적 싸움에서 확실히 나타난 바 있습니다.(왕상18장)

세상에는 금은보석이 좋다 해도 오히려 그것이 본인에게 저주의 상징이 될 수도 있는 경우들이 있습니다. 바른 믿음과 바른 신관이 아니면 그것 때문에 망하는 경우도 많습니다. 그러나 우리가 믿는 하나님은 우리에게 분명히 약속하셨고 기도하라고 말씀하신바 본문에서 은혜를 받습니다. 부르짖고 간구하게 될 때에 어떻게 해주십니까?

1. 하나님은 고장나고 병든 것을 치료해 주시겠다고 하셨습니다.

하나님은 고치고 낫게 하시고 치료해 주십니다. (6절) "내가 이 성을 치료하며 고쳐 낫게하고 평강과 성실함을 그들에게 나타낼 것이며" 했습니다.

1) 사람이든 성읍이든 고치시고 치료해 주십니다.

여기에서 말씀하시는 성읍은 예루살렘성입니다.

① 성을 고치시고 낫게 하시겠다고 하셨습니다. 열국의 공주 되었던 자가 (렘애1:1) 바벨론에 70년 간 포로되어 가는 처지에 있을 때에(대하36:21) 다시 회복의 약속을 하신 것입니다. 이때에 부르짖었던 선지자가 예레미야는 물론 느헤미야, 학개, 스가랴 등 많은 선지자들이 있었고 그 기도에 대해서 약속을 주셨습니다.(슥4:6)

② 이 일은 기도 밖에 없습니다. 그래서 다니엘은 기도하게 되면 사자굴에 넣

어질 것을 알고도 이런 함정을 두려워하지 아니하고 계속해서 기도했던 사실을 읽게 됩니다. (단6:10) 위기 때일수록 기도 밖에 없음을 보여줍니다.

2) 육신적 병도 치료해 주시겠다고 약속해 주셨습니다.

낫게 하시고 치료해 주십니다.
① 하나님은 고치시는 분이십니다. 기계를 만든 자가 고치듯이 고치시며 치료해 주시는 하나님이십니다. (호6:1)' 오라 우리가 여호와께로 돌아가자 여호와께서 우리를 찢으셨으나 도로 낫게 하실 것이요' 하셨습니다. 창조주 하나님이시기에 능치 못하심이 없으십니다.(마19:26, 눅1:37, 창 18:14)
② 어떤 육신의 병도 치료해 주십니다. 치료의 하나님은 성경에 수없이 말씀해 주셨고 약속으로 남기셨습니다.(출15:26, 말4:2, 마16:17, 약5:15, 왕하20:5) 미국 조지타운대학교 의과대학교수인 데일 메츄스박사는 믿음이 병을 낫게 한다는 과학적 증명은 할 수 없지만 신앙은 사람을 평안케 만들고 질병을 치료할 수가 있다고 역설하였습니다. 그래서 흡연, 음주,마약, 운동부족 등의 사람보다 믿음을 가진 사람들의 회복 속도가 빠르다고 했습니다.

2. 하나님은 잃어버린 모든 일을 도로 회복케 하십니다.

(7절) "내가 유다의 포로와 이스라엘의 포로를 돌아오게 하되 그들을 처음과 같이 세울 것이며" 했습니다.

1) 바벨론 70년 노예생활에서 고토로 돌아오게 하시며 잃은 국토와 자유를 회복케 하신다고 하셨습니다.

① 주권의 회복입니다. 우리가 일본에 36년 간 주권을 잃었다가 회복하듯이 유다 역시 70년 만에 바벨론으로부터 자주국의 상실을 회복하게 하시겠다고 하셨습니다. 국토의 회복이기도 합니다. 이때에 주신 말씀이 시편 126:1-6입니다.
② 신앙의 회복입니다. 종교의 자유가 없어서 신앙이 어려웠지만 다시 회복하게 하시어 예루살렘에서 하나님을 경배케 하시겠다고 약속하셨습니다.

2) 역시 기도 밖에 다른 길이 없습니다.

이 역시 기도 밖에는 다른 길이 없다는 사실입니다.
① 예수님도 기도 밖에는 다른 길이 없다고 하셨습니다. (막9:29) "이르시되 기도 외에 다른 것으로는 이런 유가 나갈 수 없느니라" 하셨습니다.(He replied,"This kind can come out only by prayer"
② 그래서 본문에서 강조하시는 것이 기도입니다. 예레미야를 통해서 기도하라고 강조해 주셨습니다. 진리되시는 예수그리스도 안에는 자유가 있기에 기도해야 합니다.(요8:31, 갈5:1)

3. 하나님께서는 죄인이라도 용서하시겠다고 약속하셨습니다.

(1절) '내게 범한 그 모든 죄 앞에서 정하게 하며 그들이 내게 범하며 행한 모든 죄악을 사할 것이라' 하셨습니다.

1) 회개하는 자들을 용서하시고 병도 치료해 주십니다.
① 야고보서 5;16-17까지의 약속을 보시기 바랍니다. 이사야서의 약속을 보시기 바랍니다.(사1:18)
② 이스라엘백성의 죄상을 보면 크게 두 가지입니다. 첫째는 하나님을 믿지 않는 불신앙이요, 둘째는 하나님 대신에 우상을 숭배하는 죄입니다. 그래서 망했습니다.(렘15:4)

2) 이 모든 죄까지 사해주시겠다고 하셨습니다.
① 너희가 내게 범한 모든 죄를 사해주시겠다고 하셨습니다. 예수님은 우리의 모든 죄를 사해주십니다. (요8:3-)현장에서 잡힌 현장범도 용서하셨습니다. 용서하시고 사해주시는 분이십니다.
② 이것을 하나님의 은혜라고 일컫게 됩니다. 하나님은 은혜의 하나님이시요, 사랑의 하나님이시요, 축복의 하나님이시요, 기도에 의해서 응답하시는하나님이시니 간구하고 기도하여 응답받게 되시기를 축원합니다.

결론 : 응답을 준비해 놓으시고 기도하라 하십니다.

기도

기도하는 사람들에게(3)
(렘33:9-11)

믿음의 사람들이 세상을 살아가면서 반드시 해야 할 일들이 있는데 그중에 하나가 기도하는 일입니다. 기도는 매우 중요해서 호흡에 비유하기도 했습니다. 사람이 호흡이 멈추면 죽듯이 기도생활이 멈추게 되면 영적 생명에 문제가 됩니다. 그래서 초대교회에도 기도에 전혀 힘쓰게 되었으며(행1:14-15) 약속대로 성령을 받게 되었습니다. 현대인들은 매우 바쁘다는 이유로 기도생활에 소홀하기 쉽습니다. 세속적인 일에는 매우 분주하게 지내면서 영적생활은 시간 할애에 너무 인색하게 보내게 됩니다. 그래서 이사야선지자는 지적했습니다.(사55:1-5)

본문에서 예레미야선지자는 부르짖게 되었고 하나님의 약속을 말씀했습니다. 부르짖고 간구하는 사람에게는 약속했습니다.

1. 하나님께서는 부르짖는 자에게 평안을 약속하셨습니다.

세상에 살면서 '평안(peace)'이라는 용어만큼 중요한 말은 많지가 않을 것입니다. (9절) "이 성읍에 베푼 모든 복과 평강을 인하여 두려워하며 떨리라" 하였습니다.

1) 하나님은 평안을 주시는 분이십니다.

그래서 예수님은 이 땅에 평안의 왕으로 오셨습니다.
① 그리고 십자가로서 우리의 모든 죄의 담을 허셨습니다. 죄와 허물로 죽었던 우리를 살리셨으며(엡2:1) 중간에 막힌 담을 허셨습니다.(엡2:13-16) 하나님의 평안으로 대신 채워주셨습니다. 예수께서 십자가 위에서 피 흘려 죽으신 대가로 주신 것입니다.
② 예수님이 친히 약속하여 주셨습니다. (요15:7) "너희가 내 안에 거하고 내 말이 너희 안에 거하면 무엇이든지 원하는 대로 구하라 그리하면 이

루리라" 하셨습니다. 예수님 이름으로 구하게 될 때에 주시겠다고 약속해 주신 말씀입니다.(요14:13,16:23-24, 마7:7) 구하는 자에게 약속하신 응답의 확증입니다. 기도할 때에 천사들이 금향로에 기도를 받아서 하늘 보좌에 쏟아놓는다고 하였습니다. (계8:3) '쏟아 부을 때에 음성과 뇌성과 지진과 번개가 나더라' 하였습니다.

2) 하나님의 응답의 현장을 평안으로 나타내 주십니다.

그래서 하나님을 섬기는 개인이나 성에 평강을 얻게 하십니다.

① 하나님은 평강의 하나님이십니다. (시29:11) '여호와께서 자기 백성에게 평강의 복을 주시리로다' 하였고(The LORD gives strength to hispeople; the LORD blesses his people with peace) 평강의 약속이 있습니다.(사26:12, 요14:27,20:19)

② 사람이 주는 평안과 성격이 다릅니다. 세상이나 사람이 인위적으로 주는 것은 헛점이 많고 한시적인 것이지만 하나님께서 주시는 것은 영원합니다. 본래 예루살렘이라는 말은 이트(도시)와 샬롬(평화)라는 말의 합성어입니다. 하나님이 주시는 평안의 성입니다.

2. 부르짖는 곳에는 사람이 사는 소리가 나는 곳이 되게 하시겠다고 약속해 주셨습니다.

세상은 점점 갈수록 외롭고 적막한 세상이 되어 가는데 군중 속에 고독을 느끼고 홍수가 났는데 목마른 듯한 세상이 되어갑니다.

1) 부르짖고 기도하는 곳에는 사람 사는 소리가 들리게 하시겠다는 약속입니다.

전쟁으로 피폐해진 곳에 즐거워하고 기뻐하는 소리, 신랑과 신부의 소리가 들리게 하시겠다고 하십니다.(10-11절)

① 거리에는 사람 사는 소리가 나야 합니다. 현대사회의 문제 중에 하나가 웬만한 시골에서는 아이 울음소리가 들은 지 오래되었다는 심각한 문제입니다. 20년 만에 동네에 아이가 태어났다고 텔레비전에 방송까지 나왔습니다.

② 사람이 사는 곳에는 사람이 살아가는 소리가 들려야 합니다. 인적이 끊긴 곳은 유령도시화 되어가는 것과 같기 때문입니다. 지금 세상은 극단적인 이기주의 시대에 살아갑니다.

2) 유다 백성의 성읍이 황폐해졌지만 70년 만에 돌아와서 다시 사람이 사는 곳으로 만들어 주시겠다는 약속입니다.
① 기도하게 될 때에 응답의 축복입니다. 성읍이 다시 세워지고 사람이 많은 왕래가 있게 될 것입니다. 예루살렘의 회복입니다.
② 70년 간 예루살렘은 안식년을 누리는 것과 같았습니다. (느1:3)모두가 사로잡혀 가므로 인해서 남은 자들은 큰 환난과 능욕을 만나게 되었고 예루살렘은 훼파되었던 곳이지만 다시 회복의 축복을 약속하십니다.

3. 기도를 들으시는 하나님의 말씀에 귀를 기울여야 합니다.

선지서에는 언제나 '여호와의 말씀이 내게 임하여 가라사대' 라고 하였습니다.

1) 기도하는 사람은 하나님의 말씀을 들으라는 말씀입니다.

세상에 소리가 많지만 하나님 말씀을 듣는 것은 중요합니다.
① 들어야 할 말씀에 귀를 기울여야 합니다. 세상에는 영혼을 죽이는 소리도 많이 있습니다. 그러나 하나님 말씀을 들을 때에는 영혼이 살아나게 됩니다. 듣는 자가 복되며 살아나게 됩니다. (요5:25, 겔37:1, 요4:43)
② 지금도 하나님은 성경에서 말씀하십니다. 성경 말씀은 진리입니다. (렘 33;1, 10, 14, 17, 20, 23, 25)

2) 예수님은 말씀하십니다.

귀 있는 자는 들으라(마13:9)
① 교회에 주시는 말씀입니다. (계2-3장) 교회를 통하여 말씀하시는데 기도하는 사람은 마땅히 들어야 합니다.
② 개인도 들어야 합니다. (계1-3) 듣는 자가 복이 있습니다. 기도하고 승리하게 되시기를 축원합니다.

결론 : 기도하는 사람이 승리합니다.

기도

하나님을 신뢰한 하박국의 기도
(합3:1-2)

　세상을 살아가는 모든 인간은 나름대로 염원이 있고 바라는 바 소원이 있기 때문에 자기가 믿는 신(god)에게 기도하게 됩니다. 타 종교도 그러하겠지만 기독교 역시 기도하게 되는데 우리가 기도하는 대상은 하나님(God)이십니다. 마음의 소원을 이루어주시고(시37:4), 예수님 이름으로 기도할 때에 응답해 주시겠다고 약속해 주셨습니다.(요14:13, 15:7, 16:24) 그래서 쉬지 말고 기도하라고 하셨습니다.(살전5:17 pray continually) 그런데 기도는 신뢰(Trust)와 믿음(Faith)이 중요합니다. 하나님을 향하여 믿고 신뢰하게 될 때 응답받는 기도의 요소가 됩니다.

　본문은 하박국선지자의 기도입니다. 주전605년 애굽이 침몰되고 새롭게 강국이 되었던 바벨론에 의해서 조국 유다가 망하게 되는 목전에서 하박국의 기도는 애절했습니다. 하나님께 대한 믿음이 무너지고 도덕이 땅에 떨어지게 되고 결과적으로 국가가 망국이 되지만 하나님의 약속대로 다시 회복시켜주시고 일으켜 세워주시옵소서라는 기도입니다.(2절) 하박국의 기도를 보면서 우리의 모습을 생각해 봅니다.

1. 하박국은 하나님께서 하시는 일을 보고 확신에 찬 기도를 하게 되었습니다.

　모든 일은 하나님께서 하시는데 하박국은 '여호와여 주는 주의 일을'(2절)이라고 하였습니다.

1) 하나님의 절대주권을 고백하는 신앙고백이요 기도입니다.

　신학자 어거스틴(Augustine)은 하나님의 절대적 주권을 신학적으로 외쳤습니다.

① 성경에서 하나님의 절대적 주권을 읽게 됩니다. 미국의 건국이념이기도 합니다만 시127:1은 유명합니다. 그밖에 성경을 보시기 바랍니다.(잠 16:9, 마 10:28) 미물인 참새 한 마리도 하나님의 주권에 있음을 말합니다.
② 하나님의 주권하에 돌아가는 모든 일들을 보아야 합니다. 내 계획 내 생각도 하나님의 주권에 함께 맞추어야 합니다. 이것을 야고보는 이야기로 설명했습니다.(약4:13-17) 모든 주권이 하나님께 있기 때문에 그분에게 기도하십시오.

2) 국가를 비롯한 세계사의 흥망성쇠가 하나님의 주권하에 있습니다.

이 세상은 영원한 강대국도 없고 영원한 약소국도 없습니다. 어제의 강대국이 오늘에 힘이 없는 국가로 전락되기도 합니다.
① 느브갓네살왕의 꿈속에서 보여주셨습니다. 거대한 신상도, 거대한 국가도 뜨인 돌에 의해서 무너지게 되었고 장차 돌아올 영원한 국가를 예언했습니다. 바벨론은 반드시 무너지게 되고 영원한 국가가 세워집니다.(계18:2) 그 나라가 오면 세상은 질그릇 깨어지듯이 깨어집니다.(계2:27)
② 그 구원이 하나님께 있습니다. 불신세계에서는 믿지 아니할지라도 성경은 반드시 이루어지게 됩니다. 이것이 하나님의 주권입니다.(삼상2:10, 렘애3:38) 전쟁도 하나님께 속했습니다.(삼상17:47) 따라서 오직 하나님만 기뻐하고 즐거워해야합니다.(합3:18)

2. 고난이 왔지만 하나님께서 회복시켜 주실 것에 대한 확신과 믿음의 기도입니다.

비록 범죄의 결과로 인해서 국가가 망하지만 다시 회복시켜 주실 것을 믿고 확신에 찬 기도입니다.

1) 매사에 하나님의 시간(Time) 속에 살아갑니다.

이른바 하나님의 시간(Time of God)입니다.
① 하박국의 기도 속에서 믿었고 확인되었습니다. (2절) '이 수년 내에 부흥케 하옵소서' 였습니다. 비록 지금은 망국이지만 이 수년 내에 회복에 대한 소망(Hope)이요, 꿈(Vision)입니다.

② 범사에 때가 있기 때문입니다. 솔로몬은 전도서에서 전하였습니다.(전 3:1) 범사에 매사에 때가 있듯이 기도 속에서 하나님은 다시 회복 시켜 주실 것이라는 확신입니다.

2) 말세 때에도 반드시 하나님 말씀이 이루어집니다.

이제 성경의 예언은 그 종지부를 향해서 가고 있습니다. 그 끝마침(End)은 예수그리스도의 왕권을 가지고 재림하시는 일입니다.

① 그 예언이 이루어지고 있습니다. 그때를 향해서 신뢰와 믿음으로 기도해야 합니다. 예언대로 이루어지며(계10:7) 이것이 순교자들에게 위로한 말씀이기도 합니다.

② 그 약속을 믿고 기도해야 합니다. 믿고 신뢰하며 기도하게 될 때에 이루어주십니다. 유다는 약속대로 70년이 마치고 유다로 복귀될 때에 감격스러웠습니다.(시126:1-6) 기도는 응답됩니다.

3. 조국 유다가 다시 일어나서 부흥케 되는 믿음과 확신에 찬 기도였습니다.

하박국이 기도한 중요한 부분은 내용도 중요하지만 믿음이요 신뢰입니다.

1) '부흥케 하소서' 했습니다.

(2절) '주의 일을 이 수년 내에 부흥케 하옵소서' 입니다.(O LORD, Renew them in our day)

① 그냥 회복 단계로만 끝나는 것이 아니고 부흥을 위한 기도입니다. 믿음과 확신에 찬 기도입니다. 1967년 소위 6일전쟁 시에 보면 분명히 하나님은 하나님께 기도하는 자의 편임을 말해주셨습니다. 우리나라 역시 36년 만에 해방의 기쁨을 누린 것도 기도의 힘입니다.

② 하나님은 기도를 들으십니다. 다니엘을 비롯한 수많은 사람들의 기도를 들으셨고 주전536년에 대왕 고레스의 명에 의해서 유다는 해방되었습니다.

2) 믿음의 확신에 찬 기도가 중요합니다.

현실과 문제의 성벽이 높아도 문제될 것이 없습니다.

① 믿음의 선진들의 모습을 보시기 바랍니다. 유다가 해방될 것을 기도했던 사람들을 보십시오. 다니엘, 학개, 스바냐, 스가랴, 에스라, 에스더, 느헤미야 등 수많은 사람들의 기도가 살아있습니다.

② 오늘날 교회에 기도부대가 살아있는 한 하나님은 역사하십니다. 교회에 기도용사가 필요합니다. 가정, 교회, 목회, 국가 모두에게 기도의 절대적 후원이 요구됩니다. 기도밖에는 없기 때문입니다.(막9:29) 우리에게 하박국의 기도가 살아나기를 주의 이름으로 축원합니다.

결론 : 우리에게는 기도의 무기가 있습니다.

기도

구하는 자에게 주시는 약속

(요16:23-24)

이 세상은 어떤 약속에 의해서 살아가는 구조로 되어 있습니다. 시대마다 그 사회의 구성원들로써 그 약속을 지켜 나가게 되는데 예컨대 교통신호가 그 약속이요, 시간을 정해서 출퇴근 하는 것이 그 약속입니다.

중동에 가면 국가법에는 분명히 일부일처로 되어 있지만 국가법보다 위에 있는 종교법에는 일부다처로 되어 있기 때문에 문제가 됩니다. 국가법으로는 종교가 자유이지만 종교법으로는 다른 종교를 얻게 되면 사형이나 자기 골육에서 단절되게 만들었습니다.

세상적인 약속은 그 처지나 형편에 따라서 국가법이라도 변경 됩니다. 따라서 인간이 살아가는 지구촌에는 완전한 약속이나 법이 통하지 않을 때가 있습니다.

그러나 하나님의 약속은 절대적인데 죽으시고 부활하시고 지금도 하나님 우편에서 기도하시는 주님이십니다(롬8:34). 그래서 무엇이든지 예수 이름으로 구하면 주시겠다는 약속입니다(요15:7). 다시 한번 본문에서 은혜를 받게 됩니다.

1. 구하고 간구하면 응답해 주시는 약속입니다.

'구하라' 응답해 주시겠다는 약속입니다.

1) 먼저 예수님을 부를만한 주님과의 관계성이 중요합니다.

아무나 부르는 것이 아니라 주님과의 관계성(Relationship)이 설정되어 있느냐가 우선적으로 이루어져야 합니다.

① 내가 주님 안에 있느냐 입니다. 포도나무 비유에서 보여 주시듯이 원줄기에 가지가 붙어있느냐는 질문입니다. 이른바 예수 안에(in Jesus) 있는 것을 확인해야 합니다. 변전소에서 전기를 공급해도 스위치가 꺼져 있다면

전기불은 들어오지 않습니다. 수원지에서 수돗물이 와도 계량기에서 열어놓아야 물이 나옵니다. 신앙생활도 언제나 원리(Principle)가 같습니다.
② 벽의 좋은 자리에 좋은 성경구절을 걸어 놓는다고 응답이나 복이 오지 않습니다. 흔히 걸어놓는 구절들을 보십시오(욥8:6; 빌4:13; 요3서2절). 문제는 내가 예수 안에($\grave{e} \nu \tau\grave{o} \; X\rho\iota\sigma\tau\grave{o}\varsigma$) 있는 것을 확인해야 합니다 (고후13:5).

2) 예수 안에 있다는 것은 믿음으로 하나님의 자녀가 됨의 확증입니다.(요1:12, 3:16, 5:24)

① 예수 안에 있다는 것은 믿음으로 하나님의 자녀 된 신분변화의 모습입니다. 세상에는 마귀를 아비로 두는 사람이 많거니와(요8:44). 예수님은 그 마귀의 하는 일을 멸하시려고 오셨습니다.(요일3:8)
② 기도응답은 이렇게 예수 안에 있는 하나님의 자녀에게 응답해주시는 약속(Promise)입니다. 내가 하나님의 자녀 됨을 확인하였으면 기도하고 구하시기 바랍니다. 여기에는 응답이 약속되었기 때문입니다. 이번 40일 작정기도에서 또한 응답의 시간이 되시기 바랍니다.

2. 응답 받는 것은 필요(Need)에 따라서 해결되는 것을 뜻합니다.

1) 일에나 내용에 관계없이 '무엇이든지' 입니다.(요16:23)

예수님의 약속이 '내 이름으로' (in my name)입니다.
① 예수님을 떠나서는 아무것도 할 수가 없기 때문입니다. 요한복음 15장의 포도나무 비유에서 말씀하시듯이(15:5) '나를 떠나서는 너희가 아무것도 할 수 없음이라' 하였습니다.(apart from me you can do nothing) 아담 안에서는 죽었지만 예수 안에는 생명이 보장됩니다.(고전 15:22)
② 거듭나서 하나님의 자녀 된 사람이 구하게 될 때에 응답이 약속되었습니다. 예수님의 이름이 권능(權能)이요 능력(能力)입니다. 예수 이름 앞에 귀신도 떨며 도망하게 됩니다. 예수님은 평안도 보장해 주셨는데(요14:27) 미국 사람들 중에 마음의 불안정으로 심장 질환 환자가 많은 이유는 스트레스와 걱정 때문이라는 보고서도 있습니다. 왜 미국사람뿐이

겠습니까? 예수 안에 있지 않으면 시대적으로 이런 병에 시달리기 쉽습니다.

2) 예수이름으로 이제 본격적으로 구해 보시기 바랍니다.
이렇게 좋으신 예수님의 이름을 왜 부르지 않습니까?
① 구해서 체험해 보시기 바랍니다. 기독교는 체험의 종교라고 하는데 예수이름을 부르는 곳에 구원이 있고(롬10:13) 부끄러움을 당하지 않으며(롬10:11) 평안이 깃들게 되고(요14:27) 치유가 있습니다.(막16:17)
② 체험하였으면 다른 이들에게 알리고 나팔을 불어야 합니다. 이 중대한 사건을 혼자 앉아서 가지고 있지 마시기 바랍니다. 예수를 알리고 전파해야 할 사명이 있습니다.

3. 예수 안에 있으면 기쁨이 충만한 약속이 주어지게 됩니다.
먼저 지옥 갈 사람이 천국을 가게 되고 우울증 사람이 환해지기 때문에 기쁨은 자연적으로 예수 안에서 오게 됩니다.

1) 예수 안에서 기쁨이 충만합니다(24절).
'구하라 그리하면 받으리니 너희 기쁨이 충만하리라' 했습니다.(and your joy will be complete)
① 세상에서 이런 기쁨이 있습니까? 술과 담배와 온갖 향락들이 이런 기쁨을 줍니까? 몸과 마음이 결국 망가지고 더 병들게 될 뿐입니다. 반대로 옥중에서도 기뻐하였습니다.(행16:25; 빌4:4)
② 세상적 쾌락은 잠시 동안일 뿐입니다. 어렵게 대학에 입학해서 동아리 모임에 갔다가 술 때문에 죽는 일도 가끔씩 일어나게 됩니다. 이것이 세상입니다.

2) 예수 안에 주시는 기쁨을 보시기 바랍니다.

예수 안에서 주시는 기쁨과 평안은 누구도 빼앗을 수 없습니다.

① 샘이 솟기 때문입니다. (요4:13-14) 수가성 여인에게서 그 해답을 보았습니다. 세상 유명 인사들이 왜 자살 합니까? 그들에게는 예수님 안의 참 평안이 없기 때문입니다.

② 예수님 안에서 살아야 합니다. 여기에 응답과 참 기쁨과 평안이 약속되어 있습니다. 지금과 같이 혼란스러운 시대에(창1:2) 교회 성도들 모두가 예수 안에서 축복을 받기를 주의 이름으로 축원합니다.

결론 : 예수 안에 살아가야 합니다.

기도

기도하는 사람이 알아야 할 기초
(마7:7-12)

기독교인이라면 누구나 기초적 생활인 기도가 필수임을 알고 날마다 기도하게 됩니다. 호흡을 무심코 쉬는 것이 자동화 되어있듯이 기도 생활이 자동적으로 이루어져 있어야 합니다. 엘리야는 우리와 성정이 같은 사람이지만 기도의 위력을 체험한 선지자로써 신약에까지 그 교훈을 더해주고 있습니다.(약5:17-18) 또한 야고보는 기도하지 않는 것도 책망하지만 응답받지 못하는 이유도 설명해 주고 있습니다.(약4:3)

예수그리스도는 어제나 오늘이나 동일하신 분이신데(히13:8)(Jesus Christ is the same yesterday and today and forever), 기도의 기초는 예수 이름으로 기도하게 될 때에 응답해 주실 것을 믿고 확신을 갖는 일입니다.(요14:13, 막11:24) 칼빈은(J. Calvin) 하나님께서 응답하신다는 확신을 갖는 것만큼 중요한 것이 없다고 하였는데 본문에서 은혜를 나누어 봅니다.

1. 기도하게 될 때에 간절하고 절실한 마음으로 해야 합니다.

옛 속담에 '목마른 사람이 샘을 판다' 라는 말도 있거니와 다급할 때에는 간절하게 기도하다가도 어려운 일 지나고 나면 간곡한 기도가 사라지는 현상들이 있게 됩니다.

1) 다급하게 기도해야 합니다.

다급한 기도에 응답이 빨리 오게 됩니다. 구하라(ask), 찾으라(seek), 문을 두드리라(knock)고 하였습니다.

① 다급하게 기도하는 모습을 말합니다. (시42:1-)목마른 사슴이 시냇물을 찾아 갈급한 상태입니다. 처삼촌 벌초하듯 건성으로 하는 기도는 곤란합니다. 간곡한 기도에 응답해 주시게 됩니다.

② 구해야 하고 찾아야 하며 문을 두드려야 합니다. 이는 곤경에 처한 자의 모습

인 것입니다. 예컨대 앗수르왕 산헤립에게 포위당한 히스기야의 기도와 같고(왕하19:14-16), 죽을 병에 걸린 히스기야의 기도와 같습니다.(왕하20:5-) 비가 오기를 간절히 기도하던 엘리야의 모습과도 같습니다. (왕상18:42-43) 잃은 양을 찾고, 드라크마를 찾고, 아들을 찾는 모습입니다.(눅15:-)

2) 다급하고 긴급한 사람은 포기하지 않고 계속 기도합니다.
다급하고 긴급한 부르짖음에 응답이 있게 됩니다.
① 성경에서 보시기 바랍니다. (눅18:1-8)누명을 쓰고 억울한 일을 당한 과부의 예를 통해서 기도의 모습을 말씀해 주셨습니다. 항상 기도하고 낙망치 말라고 하셨습니다.(they should always pray and not give up)
② 하나님께서는 다급한 기도에 응답하시게 됩니다. (창21:14-21)하갈과 이스마엘이 광야에서 부르짖어 방성대곡할 때의 모습에서 보게 됩니다. 하나님은 다급하게 기도할 때에 응답해 주십니다.

2. 기도는 믿음입니다.
믿음의 기도가 다급한 기도의 기초임을 알아야 합니다.

1) 성경에는 기도를 강조할 때에 언제나 믿음을 말했습니다.
믿음의 기도가 위력이 있기 때문입니다.
① 기도의 응답이나 기적의 배후에는 언제나 믿음입니다. (히11:1)믿음이 무엇인가를 정의를 내려주셨습니다. 이 믿음이 없이는 하나님을 기쁘시게 할 수 없습니다. (히11:6) 예컨대 아브라함은 하나님을 믿을 수 없는 중에 믿었습니다. (롬4:18) 또한 믿음이 병을 고치게 됩니다.(약5:15)
② 현재 기도하는 것들도 믿으시기 바랍니다. 믿고 기도하게 될 때에 하나님께서 그 믿음을 보시고 역사해 주시고 응답하여 주시겠다고 약속하셨습니다. 공상영화들도 현실화되는 때에 믿음은 큰 역사가 나타나게 됩니다.

2) 믿음으로 기도했던 사람들을 보시기 바랍니다.
믿음으로 해결 받았던 사람들입니다.
① 믿음에는 질병도 고치게 됩니다. 불치병자들이 치유되는 현장들을 보시

기 바랍니다. (왕하5:14)아람나라 군대장관 나아만의 문둥병, (눅 17:10)10명의 나병환자의 나음과 (막21:1-5)중풍병자의 치유와, 그리고 (마8:20-)백부장의 하인의 치유며, (마9:28)믿음으로 소경이 눈을 뜨게 되었습니다.
② 믿음의 기도가 역사하는 힘이 있습니다. (약5:15-17) 따라서 믿음의 기도에 힘써야 합니다. 스펄전목사님에게 누가 묻기를 어떻게 그렇게 능력을 행하느냐고 할 때에 '그는 무릎을 꿇고 땀을 흘리기를 많이 하는 것'이라고 대답했습니다. (시107:9)사모하는 영혼에 만족을 주십니다.

3. 모든 기도의 목적은 하나님의 영광이 되어야 합니다.
(약4:3)정욕적이고 인위적 기도는 곤란합니다.

1) 이 모든 문제가 하나님의 하시는 일이나 뜻이 이루어지도록 기도해야 합니다. 하나님의 영광을 위한 기도입니다.
① 하나님의 하시는 일을 위해서 기도해야 합니다. (요9:1-8)소경이 눈을 뜨며 문제가 해결됨에는 뜻이 있습니다. (마6:9, 26:39)하나님의 거룩한 뜻이 이루어져야 합니다.
② 예컨대 하나님의 영광이 그 목적이어야 합니다. (고전10:31)자기 중심이 아닙니다. 기도의 절대적 목적이기도 합니다.

2) 하나님의 응답의 약속은 진실합니다.
공수표 날리시는 하나님이 아니십니다. 응답은 확실합니다.
① 내가 믿는 사람으로서 해야 할 일이 무엇인지 먼저 생각하고 점검해야 합니다. 주일성수를 비롯해서 순종입니다. 거기에는 응답과 축복이 약속되었습니다.
② 지속적으로 하는 인내의 기도에 응답이 약속되어 있습니다. 시126:1-6, 갈6:9을 읽어보시기 바랍니다. 하나님의 자녀이기에 지속적으로 인내로서 기도하여 응답받게 되시기를 축원합니다.

결론 : 기도의 기초에는 회개가 중심이 되어야 합니다.

믿음
태양에게 명령한 믿음의 사람
(수10:12-14)

명령(commend)이란 말은 높은 이가 낮은 이에게 하달하는 것이 명령입니다. 군대조직이나 경찰조직 같은 상하가 분명한 상황에서 이루어지는 일이 명령입니다. 따라서 인간과 인간과의 관계에서 이루어지는 현상이지 인간이 자연을 향해서 명령하는 일은 상식적으로 어려운 일로 생각할 수가 있을 것입니다. 그런데 성경에는 사람이 자연을 향해서 명령한 사건들이 기록되었습니다. 바람과 파도가 예수님의 명령 앞에 잔잔해지게 되었고(마8:31-34) 엘리야가 기도하게 될 때에 비가 오지 않기도 하고 다시 기도한 즉 비가 내리기도 하였습니다.(약5:17-18, 왕상17:1-, 18:43-)

본문은 여호수아가 가나안을 정복해 나가게 될 때에 벌어진 사건으로서 기브온과 아모리를 점령하기 위한 전쟁 중에 해가 지려하자 여호수아는 태양과 달을 향해서 명령을 내리게 됩니다. 결과적으로 여호수아가 아모리족속을 모두 정복하기까지 해와 달이 머무르게 되는 기이한 능력의 사건인데 여기에서 우리는 큰 은혜를 받게 됩니다.

1. 태양과 달을 향해서 소리친 이 소리는 믿음으로만 가능한 일이 었습니다.

공중에 떠있는 해와 달에게 명령한 이것은 철저한 믿음에서만 가능한 사건이었습니다.

1) 믿음의 정의를 성경에서 보게 됩니다.

믿음이 무엇인가를 분명히 정의를 내렸습니다. (히11:1)' 믿음은 바라는 것들의 실상이요 보지 못하는 것들의 증거니 선진들이 이로써증거를 얻었느니라' 하였습니다.

① 믿음으로 행동하였던 사람들에 대해서 히브리서 11장에는 자세히 열거

하였습니다. 아브라함(창12:1), 노아의 방주 짓기(창7장) 등 모두가 믿음에서만 가능했던 일들이었습니다.
② 이 믿음은 우리가 이 세대에 소유해야 할 믿음입니다. 이 믿음은 평상시보다 문제가 있고 어려울 때에 더욱 빛이 나타나고 능력이 나타납니다. 그러므로 우리는 문제 앞에서 떨 것이 아니라 예수이름으로 문제 앞에서 소리치고 외치며 명령(commend)해야 하겠습니다. 이것이 믿음입니다. 예컨대 귀신아 예수이름으로 물러가라, 병마야 물러가라, 문제야 예수이름으로 물러가라 명령하게 될 때에 문제가 해결되는 역사가 있습니다. 하나님께서는 모세에게 반석을 명령해서 물을 내라고 까지 말씀하셨습니다.(민20:8)

2) 예수님은 믿음을 강조하셨습니다.

예수님께서 역사하시는 가운데 믿음을 강조한 사건들을 보시기 바랍니다.
① 귀신을 내쫓으면서도 믿음을 강조해 주셨습니다. (마17:20) "가라사대 너희 믿음이 적은 연고니라 진실로 너희에게 이르노니 너희가 만일 믿음이 한 겨자씨만큼만 있으면 이 산을 명령하여 여기서 저리로 옮기라 하여도 옮길 것이요 또 너희가 못할 것이 없느니라" 하였습니다. '이 산을 명하여' 입니다.(you can say to this mountain)
② 이런 사실은 사람의 생각으로 할 수 있느냐 없느냐가 아니라 믿음의 여부에 있습니다. 사람의 생각대로 생각하고 판단할 성격이 아닙니다. 예수님은 말씀하셨습니다. (요11:40) "내 말이 네가 믿으면 하나님의 영광을 보리라" 하시고 죽은 나사로를 무덤 속에서 살아나오게 하셨습니다. 이것은 인본주의 생각으로 어떻게(How) 이런 일이 일어날 수가 있느냐가 아니라 믿음의 역사로 되는 하나님의 일입니다.

2. 태양을 향해서 외친 이 소리는 간절한 기도였습니다.

태양이 지고 다음 날 전투가 벌어지면 적에게 유리한 휴식시간이 주어지기 때문에 그 시간이 되기 전에 전쟁에 이김이 중요한 일입니다. 여호수아로서는 간절한 기도가 나올 수밖에 없었습니다. 마틴루터는 기도하다가 '이겼다! 이겼다!' 라고 외쳤습니다. 그리고 종교개혁을 승리로 이끌었습니다.

1) 여호수아는 하나님을 의지하고 이 말을 외친 것입니다.

여기에서 기도의 위력이 나타나게 됩니다.

① 기적을 이룬 선진들을 보시기 바랍니다. 모세의 기도(출32:32), 엘리야의 기도와 엘리사의 기도(왕상18:36-44, 약5:16-17), 다윗의 기도(시51:1-), 히스기야의 기도(왕상19-20장), 아브라함의 기도(창19:29)가 있는데 이런 기도는 기도를 시작할 때에 벌써 하나님은 가브리엘천사를 보내사 응답해 주십니다.(단9:23, 약5:15)

② 우리는 예수님 이름으로 무엇이든지 구하면 시행하시겠다는 예수님의 약속을 믿습니다. 예수님의 약속을 보시기 바랍니다. (마7:7, 요14:13-14, 15:7, 16:23-41, 요15:7) "너희가 내 안에 거하고 내 말이 너희 안에 거하면 무엇이든지 원하는 대로 구하라 그리하면 이루리라"고 하셨습니다.

2) 여호수아의 하나님은 지금도 살아계시며 역사하십니다.

성경은 이야기로 끝나는 것이 아니라 '사실' 입니다.

① 따라서 기도는 성도에게 주시는 능력이요 힘이 됩니다. 능력이요 힘이 되는 기도를 잘 활용해야 이기게 됩니다.

② 그 능력은 지금도 역사합니다. 믿으시기 바랍니다. 신앙인이 불신앙적으로 알고만 있고 실제로는 믿지 않는 불신앙의 죄를 범하기 쉽습니다.

3. 태양을 향해서 소리친 이 소리는 이스라엘의 소망이 하나님께만 있음을 보여준 사건입니다.

태양과 달을 향해서 소리치는 이 소리는 이스라엘의 전적인 소망이 하나님께 있음을 확인한 소리입니다.

1) 이스라엘의 소망이 오직 하나님께 있음을 보여주셨습니다.

① 여기까지 인도해 주신 분이 하나님이십니다. 애굽의 노예에서 430년 만에 이끄시고 광야의 40년을 거쳐서 여기까지 오게 된 것이 전적인 하나님의 역사였듯이 해와 달이 멈추는 이 사건도 하나님께서 함께 하신다는 확신이요 믿음입니다.

② 따라서 언제든지 소망(Hope)이 있으면 하나님 밖에 없음을 보여주는 사

건입니다. 소망이 없이 외쳤다면 미친 사람의 소망으로 밖에 볼 수 없었지만 이 사건은 미친 자의 소행이 결코 아닙니다.

2) 소망의 하나님께서 일하시게 해야 합니다.

소망을 전적으로 하나님께 두게 될 때에 가능한 일입니다.
① 태양이 머무르면서 온갖 기적이 나타났습니다. (11절)우박이 내려서 죽은 자가 많아지게 되었습니다. (13절)태양이 멈추고 달이 서게 될 때에 전적인 승리가 오게 되었습니다.
② 어려운 때일수록 성도의 기도는 역사합니다. 소망을 하나님께 두었기 때문입니다. 정치, 경제, 사업, 직장, 건강, 자녀 문제 모두가 내 힘으로는 한계가 있지만 하나님께 소망을 두시기 바랍니다. 해와 달이 멈추고 전쟁에 이긴 이 사건은 지금도 성도들에게는 위력이 있게 합니다. 문제 앞에 굴복 당하지 말고 문제를 향해서 외치게 되기를 축원합니다.

결론 : 믿음으로 큰 소리로 외쳐보시기 바랍니다.

믿음

믿음의 사람이 가지는 성공 전략
(잠2:1-8)

지구상에 살아가는 모든 사람들은 짧은 생애 동안에 성공적 인생이 되기를 바라고 일을 합니다. 그런데 문제는 모든 사람이 인생의 성공적인 삶을 사는 것은 아니라는 사실입니다. 육식동물들이 아프리카 초원에서 사냥을 하는데 사냥에 성공할 때도 있지만 몇 번 씩 실패의 쓴 잔을 마시며 심지어 상대방 동물에게 역공을 당해 목숨을 잃는 경우들도 있습니다. 우리가 신앙 생활하는 영적 생활에도 성공적이어야 하는데 언제나 성공만 있는 것은 아닙니다. 그 주권이 하나님께 있다고 성경은 강조합니다.(시127:1, 잠16:9) 따라서 인생을 살아가면서 하나님의 주권인 무대에서 하나님의 은혜가 중요합니다. 본문에서 은혜를 받게 됩니다.

1. 믿음의 사람은 언제나 분명한 목표를 정해야 합니다.

세상에서 매사에 우연하게 되는 일은 없습니다. 따라서 믿음의 성도들은 삶에 대한 분명한 목표가 분명해야 합니다.

1) 우선 목표가 설정되었으면 지혜가 필요합니다.

본문을 위시해서 잠언의 중심어인 '지혜'가 필요합니다.

① 지혜가 필요하기 때문에 왕이었던 솔로몬은 지혜를 구했을 정도로 지혜는 중요합니다.(왕상3:8-9) 한 국가의 왕으로서 필요한 일들이 많이 있겠지만 특별히 그중에 왕으로서 제일 중요한 것이 백성을 다스리기 위한 지혜였다는 사실입니다. 이 지혜를 구하게 될 때에 지혜는 물론이고 구하지 아니한 부귀와 영화까지 얻게 되었습니다.

② 신앙생활의 성공적 길을 걷기 위해서도 지혜가 꼭 필요합니다. 열정은 좋은데 때로는 지혜가 부족해서 문제가 생기는 경우들이 있게 됩니다. 그래서 야고보는 지혜를 후하게 주시는 분에게 지혜를 구하는데 믿음으로 구하라고 강조했습니다.(약1:5-6)

③ 예수님도 지혜를 얻으라고 강조하셨습니다.(마10:16) 열두제자들을 고을마다 파송하시면서 강조하신 말씀 중에 하나가 지혜였습니다. 순결하기는 비둘기같이 해야 되고 지혜롭기는 뱀같이 하라고 하셨습니다.(Therefore be as shrewd as snakes and as…) 본문에서 6-8절을 보시기 바랍니다.

2) 왜 내가 이런 목표를 세워야 하고 그 결과를 어떻게 해야 하는지 생각해야 합니다.

우리는 일반적인 사람이 아니고 믿음의 사람이기 때문입니다.
① 예컨대 장사해서 돈을 벌어도 왜 벌어야 하는지 분명한 이유와 목표가 있어야 합니다. 일반적이고 보편적인 이유들이 아니라 보다 영적이고 신령한 뜻에서 생각해야 합니다. 이것이 불신자와 성도, 믿음이 있는 사람과 없는 사람의 차이점입니다.
② 따라서 목표가 자주 변경되거나 바뀌어도 곤란합니다. 하나님께서 주신 목표와 가는 길이 세워졌다면 인내하며 꾸준하게 나가게 될 때에 축복이 있게 됩니다. 그 목표는 오직 하나님의 영광을 위해서입니다.(고전10:31)

2. 믿음에 성공적이고 승리한 사람들은 어떤 것이든 간에 바른 관계를 유지해야 합니다.

성공하고 유명할수록 바른 관계가 중요합니다.

1) 바른 관계를 생각해야 합니다.

세상을 살아가면서 여러 가지 관계가 있습니다.
① 먼저 하나님과의 관계가 바르게 성립되어야 합니다. 하나님과의 관계가 약하거나 부실하다면 문제입니다. 특히 세상적으로는 소위 출세를 하였거나 성공했다고 해도 하나님과의 관계가 부실하다면 진정한 성공이 아닙니다. 그래서 무명에서 유명해 질 때에 하나님과의 관계가 무너지는 경우들이 많게 되는 것은 큰 문제가 됩니다.
② 자기 관리가 잘 되어야 합니다. 타인과의 관계에서 관리요, 신앙 중심에서 흔들리지 않는 자기와 타인과의 관계가 이루어질 때에 오래 가게 됩니다. 세상에서 돈이나 명예나 다른 어떤 것도 이것이 잘 이루어질 때에

성공이라고 할 것입니다.

2) 관리가 부실하면 주신 것도 안개처럼 사라지게 됩니다.

따라서 우리가 하나님께 기도하며 구하는 것이 많은데 문제는 관리할 능력이 있느냐도 따져보아야 합니다.
① 영적인 은사 역시 잘 관리해야 합니다. 관리가 부실하면 주신 은사도 무용지물이 됩니다.
② 철저한 믿음과 말씀 안에서의 사용입니다. 우리는 달란트 비유에서 깨닫게 됩니다.(마25:14-27)

3. 믿음의 사람은 언제나 영적으로 생각해야 합니다.

신앙 안에서 벗어나면 문제가 됩니다.

1) 하나님을 사랑하는 관계 속에서 살아야 합니다.

본문에서 1-2절을 숙지하시기 바랍니다.
① 하나님 말씀 따라서 사는 길입니다. 예컨대 주일성수 문제(사58:13-14)며, 십일조 문제(말3:10, 마23:23) 등에서 예를 들 수 있을 것입니다.
② 기도하며 순종하느냐에 따라서 영적인 성패가 있습니다. 언제나 기도하며 순종하는 생활을 해가시기 바랍니다.
③ 성령께서 인도하심 따라서 나아갈 때에 성공적입니다. 성령께서는 지금도 우리를 위해서 기도하십니다.(롬8:26, 34)

2) 영육 간에 성공적인 시간은 그냥 오지 않습니다.

매사에 우연은 없습니다.
① 성공의 배후에는 성공할 수밖에 없는 이유가 있습니다. 성공의 이유를 배워서 실천해야 합니다.
② 성공의 원리는 성경이 지금도 우리에게 가르치고 있습니다. 하나님의 뜻은 하나님의 자녀들이 성공하기를 원하십니다. 예수 안에서 모두가 승리케 되시기를 축원합니다.

결론 : 우리는 성공자들입니다.

믿음

믿음이 성공하는 비결
(빌4:13)

우리가 세상에서 어떤 일이 잘되면 '대박났다, 성공했다' 고 합니다. 어떤 일을 하든지 성공하기를 바라지 실패를 꿈꾸는 사람은 없습니다. 공부, 사업, 직장 등 세상의 모든 일이 성공이어야 하고 그러기를 바라고 그 일에 투신을 하게 되고 뛰어들게 됩니다. 그런데 일반적인 것만 그런 것이 아니고 영적이고 신령한 믿음의 세계에서도 성공자가 되어야 합니다. 다른 일은 세상에서 끝이 나지만 신앙생활은 영원한 세계에까지 계속적으로 연결되기 때문입니다. 그래서 이 일은 반드시(must) 성공자가 되어야 합니다. 믿음에 대박이 터지기 위해서는 먼저 그 나라와 그 의를 구해야 되고(마6:33) 하나님 말씀을 믿고 의지하고 따라야 합니다.(눅5:5, 요2:5-) 믿음의 선구적 성공자인 바울은 고백하였습니다. '내게 능력 주시는 자 안에서 내가 모든 것을 할 수 있느니라' (I can do everything through him who gives me strength) 예수님은 믿음을 강조하셨는데(17:20) 사도바울이 고백한 본문에서 은혜를 받게 됩니다.

1. 믿음에는 어떤 것에 대한 목표가 분명해야 합니다.

일반적으로는 무엇에 대한 목표라면 신앙적이고 영적인 면에서는 마음속에 영적인 것을 그려야 합니다. 글을 쓰는 자가 글을 쓰고, 작품을 만드는 자가 마음에 드는 작품을 바라보며 작품을 만드는 원리와 같습니다.

1) 믿음에는 자기가 세우는 분명한 목표가 있어야 합니다.

(히11:1) '믿음은 바라는 것들의 실상이요 보지 못하는 것들의 증거니 선진들이 이로써 증거를 얻었느니라' 하였습니다.

① 어떤 계획과 목표가 세워지게 되고 기도하게 될 때에 하나님께서 도와주십니다. 영적이고 신령한 면에서 그림을 그리고 꿈을 꾸어야 합니다. '바라는 것들' (we hope for)이 있어야 합니다. 목표를 세우고 그것을 성

취하려고 불타는 소원을 가질 때에 그 사람은 그 목표에 다다르기 위해서 끌려가듯 달려가게 됩니다. 그래서 분명한 목표를 세우고 기도하며 달려가는 것이 중요합니다.(빌3:13-14)
② 본인들의 간증이 체험을 통하여 분명히 나타나야 합니다. '믿음은 바라는 것들의 실상' 이라 하였는데 믿음으로 살았고 제각기 달려온 기간만큼 무엇인가 체험적이고 간증할만한 일들이 있어야 합니다. 그래서 여기에는 날마다 어떤 목표를 놓고 기도하는 일이 중요합니다. 믿음과 기도생활은 비례하기 때문입니다. 그리고 기도 외에 다른 것으로는 이런 일이 일어날 수가 없습니다.(막9:29)

2) 목표가 이루어지기까지는 고난과 시련도 연단과 함께 따라옵니다.

이 모든 일들을 이겨나가야 합니다.
① 매사에 할 수 있다고 해야 합니다.(I can do) 할 수 없다(I can not)고 하면 곤란합니다. 올림픽경기에서 메달리스트들이 최선을 다하듯 최선을 다해야 합니다. 그 결과로 목에 메달을 걸게 됩니다.
② 목표가 이루어질 때까지는 수많은 고난과 역경이 올 수도 있음을 잊지 말아야 합니다. 예컨대 창세기 37-50장까지의 주인공으로 소개되는 요셉의 일대기는 우리 모든 성도들의 표본이고 모델입니다. 어릴 때에 하나님께서 요셉에게 주신 꿈을 이루기 위한 한 평생의 경주였습니다.

2. 매사에 긍정적인 신앙이 중요합니다.

중요한 것은 생활과 믿음의 용어(用語)입니다.

1) 내게 능력주시는 자 안에서 모든 것을 할 수 있다고 해야 합니다.

환경이나 상황이 부정적이더라도 믿음은 긍정적이어야 합니다.
① 세계를 빛내었던 사람들은 모두가 긍정적이었습니다. 부정적인 신앙은 그 입의 열매대로 할 수가 없기 때문입니다. 긍정적 신앙의 대가인 로버트슐러목사님은 말하기를 '내게 불리한 조건이 있다는 잠재의식을 나는 거부한다' 고 했습니다. 여기에서 많은 사람들의 성공 실패가 갈라지게 됩니다.

② 위대한 업적을 남긴 사람들은 부정적인 사고를 뛰어넘은 사람들이었습니다. 비행기를 발명한 라이트형제가 비행기를 연구하고 꿈을 꿀 때만해도 사람들은 비웃었지만 지금은 비행기 없는 세상은 상상도 할 수 없습니다. 독일의 과학자인 에코노모(Economo)는 사람의 뇌세포가 316억 개쯤 되는데 아인슈타인은 그중에 0.6% 밖에 활용하지 못했다고 했습니다.

2) 영적 믿음을 두텁게 가져야 합니다.

하나님께서 나 같은 존재를 사랑하시고 구원해 주시고 사용하심을 믿어야 합니다.

① 하나님이 하신다고 믿어야 합니다. 하나님의 무한하신 능력을 나에게 기준을 맞추면 곤란합니다. 긍정적인 책으로 인기를 모은 노르만 필박사(Norman V. Peale)는 '성공은 불가능이란 말을 하지 않는 사람을 가리킨다'고 했습니다.

② 우리의 생각이 부정적에서 긍정적으로 바뀌어야 합니다. 다시 말하지만 부정적인 내 생각과 계산속에 하나님의 무한하신 능력을 제한시키면 곤란합니다. 다만 믿어야 합니다. 한 번 명령할 때에 귀신이 나가고 병든 자가 일어나는 일들은 인간의 생각과 계산으로는 그릇에 담을 수가 없습니다.

3. 부정적인 감각이 아니라 긍정적인 감각을 잘 활용해야 합니다.

축구나 농구선수들의 감각적 슛이 있듯이 우리의 믿음도 분명해야 합니다.

1) 영적인 감각을 긍정적으로 살려야 합니다.

민수기 13-14장의 12명의 정탐꾼 사건에서 배우게 됩니다.

① 축복 받는 모습도 그림으로 그려보는 믿음이 있어야 합니다. 그리고 말씀 따라 기도하고 말씀 따라 행동해야 합니다. 믿고 기도한 것은 받게 됩니다.(막11:24)

② 본인에게 어떤 믿음이 있는지 확인할 필요가 있습니다.(고후13:5) 노르만 필박사(Norman V.Peale)는 목표를 달성하는 비전을 세 가지 제시했습니다. 하나는 그림을 그리는 것이고(Picture), 또 하나는 기도하는 것

이며(Pray), 마지막으로는 믿고 깨달은 것을 실천하는 것이다.(Realize or Actualize) 아브라함을 보시기 바랍니다.(창13:14-15)

2) 약속을 믿으면 기도는 필수과목입니다.

예수님이 기도의 본이 되셨습니다.
① 기도하되 줄기차게 기도해야 합니다. 성경은 기도의 역사입니다.(마 17:20, 막9:29)
② 늦게 응답이 오더라도 하나님을 의심치 말아야 합니다. 항상 기도해야 합니다.(눅18:18) 감사 속에 기도해야 합니다.(골4:2) 믿음의 꿈이 이루어지기를 주의 이름으로 축원합니다.

결론 : 믿음이 성공하게 해야 합니다.

믿음
광야와 사막 같은 세상에서
(사 40:3-8)

사람이 세상을 살아 갈 때에 세상에 대한 표현들이 많은데 '고해'와 같다느니(불교 용어) '나그네와 행인'(히 11:13, 벧전 2:11)같다느니, 안개와 같다(약 4:14)는 등 많은 표현들이 있습니다. 불안전하고 문제투성이의 정함이 없는 인생길을 말합니다.

야곱은 요셉을 따라서 애굽으로 내려가게 되고 바로왕에게 알현하는 자리에서 이렇게 말했습니다. '내 나그네길이 일백삼십 년이나 험악한 세월을 보내었나이다'(창 47:8-9).

일백이십 세를 살았던 모세는 기도 할 때에 '사람이 살면 70이요 강건하면 80이라도 그 년 수의 자랑은 수고와 슬픔뿐이요 신속히 가니 우리가 날아가나이다'(시 90:9-10)라고 했습니다. 유다백성이 BC(주전) 586년에 바벨론에 70년간 포로 되어 가게 되는데 이때를 예언하면서 이사야 선지자를 통해서 내 백성을 위로하라고 하십니다. '너희는 내 백성을 위로하라' Comfort, comfort my people, says your God (1절).

70년의 고난은 마치 광야와 사막 같다면 지금 세상 역시 광야와 사막 같은 세상인바 하나님의 절대적 위로와 함께 하심이 요구되는바 여기에서 은혜를 받게 됩니다.

1. 인생은 광야와 사막 같은 세상을 살아갑니다.

이 세상에서 부귀영화를 누리든, 가난 속에서 살든, 세상은 역시 사막과 같은 험난한 곳입니다. 마치 타국에 지배받는 피압박 속에 사는 것과 같은 길입니다.

1) 외치는 자는 광양에서 외치는데 여호와의 길을 예배하는 길이었습니다(3절).

① 광야와 같은 세상에서 복음이 절대 필요합니다. 복음만이 유일하게 살 수 있는 생명의 길이기 때문입니다. 메시야를 약속하셨는데 메시야 되시는 예수 이름 밖에는 살 수 있는 다른 길이 없습니다.(요 14:6, 행 4:12) 광야와 사막은 비가 거의 없는 메마른 곳인데 갈수록 더욱 사막화가 됩니다. 인생길에서 예수님만 생수가 되십니다.(요 4:13-14)
② 사막자체는 불모지와 같고 생명이 없는 곳입니다. 나그네가 쉬어갈수 있는 여관이나 호텔이 없는 곳이 광야요 사막입니다. 광야와 같은 세상에서 사람들은 서로 다투고 싸우는 연속성 속에 살아가게 됩니다. 이런 곳에도 하나님은 복음 주시며 위로하라고 하십니다. 그리고 새 일을 약속하셨는데 예수 안에서 가능한 일입니다.(사 43:18-19)

2) 광야요 사막이요 어두운 세상이지만 예수 그리스도 안에는 빛나는 희망이 약속되어 있습니다. 그리고 찬송하게 하십니다.사 43:21)

① 사람이 계산할 때에는 살기가 어렵지만 예수그리스도 안에서는 얼마든지 희망이 있고 소망이 있습니다.(롬 15:13) 그래서 유대인에게 본문에서 외치기를 소망을 주시는 것입니다. 세상은 지금 흑암으로 어두운 세상입니다. 그러나 예수 안에서는 빛이 있습니다. 예수님은 생명의 빛이 되시기 때문입니다.(요 1:1-4)
② 물질문명이 발달하지만 사람들이 가치관이 왜곡된 때에 살아가고 있습니다. 가치관의 정체성(Identity) 이 왜곡되고 혼돈되기 때문에 더욱 광야와 사막이요 어두운 세상입니다. 이런 곳에 하나님은 소망을 약속하셨습니다.(사 35:7, 43:19)

2. 인생이 살 수 있는 길을 하나님이 예비해 주셨습니다.

창세기에서 이미 죽은 존재(창 2:17)들입니다. '정녕 죽으리라' 하셨습니다.(for when you eat of it you will surely die) 인류의 역사요 종말입니다.

1) 그래서 하나님께서는 또 다른 길을 예배해 주셨습니다.

지금 이사야 선지자는 그 예언을 하게 되는데 세례요한을 통해 예수 그리스도의 오실 길을 예비하는 예언입니다.

① 하나님이 예비하신 사는 길입니다. (3절) '여호와의 길을 예비하라 하나님의 대로를 평탄케 하라' 하였습니다. 예수님은 우리가 사는 길입니다.(요14:6, 고전15:22)
② 다른 길은 없습니다. 광야와 같고 사막과 같은 막막한 곳에서 살길을 예비하신 예수그리스도의 길 뿐입니다. 다른 길이 있다는 말에 속지 말고 예수 믿어야 합니다.

2) 세상의 모든 것은 사라지고 소멸되지만 천국 가는 예수 그리스도의 길은 영원합니다.(벧전 1:24-25)
① 한 번 예비하신 이 길은 영원히 없어지지 않습니다. 세상의 부귀영화의 모습도, 가난한 모습도 그림자처럼 지나가버리지만 예수 믿고 천국 가는 길은 영원히 존재하는 길입니다.
② 예수 안에서 천국을 바라보고 나아가는 길만이 영원히 사는 길이기 때문에 이사야 선지자는 예언하였습니다. 이조실록에서 보면 드라마를 통해서 재현해 내는데 많은 사람들 중에 장희빈이나 기타 영화의 중앙에 있던 사람들도 욕심을 부려 보지만 결국 안개처럼 사라져 갔습니다. 예수 안에서 바라보면서 내 백성을 위로하라는 하나님의 말씀만이 영원한 생명이 되십니다.

3. 이 길을 전해야 합니다.

많은 사람들이 신기루나, 무지개 잡듯이 세상적인 것에 매여서 속아서 살아가고 있습니다. 영원히 사는 길을 모르고 살아갑니다.

1) 이 길에 대해서 외치라고 하고 있습니다.
(6절) '말하는 자의 소리여 외치라' 했습니다.(A voice says, "Cry out")
① 이 예언대로 세례요한이 와서 외쳤습니다.(마3:11-12) 예수님보다 6개월 먼저 와서 요단강에서 외치며 세례를 주었을 때에 많은 사람이 회개하였습니다. 예수님이 천국 가는 길이라고 외쳤습니다.
② 예수 믿는 이 길은 세상에 그 무엇과도 비교 할 수 없습니다. 세상에 유명한 병원이나 음식점을 잘 하는 곳만 있어도 선전하게 되는데 예수전하

는 것이 이런 것에 비하겠습니까? 김정일 사진이 비 맞는다고 닦으면서 연기하던 그들과 비교가 되겠습니까? 예수 믿는 사람들이 정신 차리고 외쳐야 합니다.

2) 사막과 광야의 길에서 사는 길이 있음을 외쳐야 합니다.

① 이렇게 외쳐야 합니다. 이사야 선지자가 유대백성들을 향해 외치듯 외쳐야 합니다. 바울이 전하고 외치듯이 전하고 외쳐야 합니다.(딤후 4:1-5) 믿음의 선진들이 전하고 외치듯이 전하고 외쳐야 합니다.

② 사는 길은 서로 외치는 길이기 때문입니다. 지금 세상은 죄악으로 가득하여 인생이 살 수 없는 광야와 같고 사막과 같은 세상입니다. 고민하며 죽어가는 인생들에게 사는 길이 여기에 있다고 위로하며 외치는 교회가 되시기를 주의 이름으로 축원합니다.

결론 : 사는 길은 예수님 믿는 길입니다.

부활

부활의 증인들

(눅24:44-49)

　세상에서 과거 역사는 증인들에 의해서 후대에 전하여지게 됩니다. 그래서 수많은 역사적 기록문들이 과거사를 입증해 주는 자료가 됩니다. 이조시대, 고려시대 그리고 고구려시대를 넘어서 태고적부터 내려오는 역사는 중요하게 됩니다.
　성경역사는 과거 성경시대의 모든 일들을 제공해주게 됩니다. 당시의 정치, 경제, 사회, 문화 등 흥망성쇠의 일대기가 기록되었기 때문입니다. 세상 역사는 오기나 오도의 자료도 있을 수 있지만 성경은 정확합니다. 성령으로 감동하여 기록된 하나님 말씀의 책이기 때문입니다(딤후3:16). 예수님의 십자가 죽으심과 부활의 역사는 사실이요 진실입니다. 과거 2000년 간 계속하여 믿어왔고 고백되어 왔습니다. 타인의 새 차만 보면 못으로 긋고 흠집 내려는 나쁜 마음들이 있듯이 예수그리스도의 십자가 죽으심과 부활까지도 흠집 내려는 그릇된 시대에 살지만 우리는 오늘도 부활의 증인들입니다.

1. 예수님의 십자가와 부활은 증인들에 의해서 전해지게 되었습니다.

2000년 간 지내온 이 사건은 확실합니다.

1) 십자가 사건과 부활의 증거자들을 보시기 바랍니다.

수많은 예들이 있지만 몇 가지 예를 보겠습니다.
① 예수님의 십자가와 부활은 천사들이 증거하였습니다. 마28:1- 에 나타난 사건인데 주일날 새벽에 예수님의 무덤을 찾아갔던 제자들에게 천사가 증거한 내용입니다. (막16:5-6)천사들이 분명히 부활하신 예수를 증거했습니다. (눅24:4)찬란한 옷을 입은 천사로 표현했습니다. '어찌하여 산 자를 죽은 자 가운데서 찾느냐 여기에 계시지 않고 살아나셨느니라' 했

습니다(Why do you look for the living among the dead?).
② 뒤늦게 복음을 받았던 사도바울의 증언을 보시기 바랍니다. 사도바울은 고린도전서 15장에서 분명한 부활을 논증해 나가게 됩니다. 바울이 받은 복음 속에는 분명히 성경대로 죽으시고 성경대로 살아서 잠자는 자들의 첫 열매가 되셨다고 했습니다. 수많은 제자들과 오백여 형제와 만삭되지 못해서 난자와 같은 바울에게도 보이셨다고 하였습니다.
③ 다른 제자들의 증언을 봅니다. 4복음서 외에 사도행전에서 증거했습니다. (행2:32)' 이 예수를 하나님이 살리신지라 우리가 다 이 일에 증인이로다' 했습니다(God has raised this Jesus to life, and we are all witnesses of the fact). (행3:15)' 우리가 이 일에 증인이로다' 했습니다.
④ 그 새벽에 무덤을 찾아갔던 여인들의 증인입니다. 평상시에 예수님의 제자였던 몇 명의 여인들이 예수님의 시신에 향유라도 바르려고 가던 중에 무덤에 이르러 예수님의 부활하신 모습을 고지받게 됩니다.

2) 십자가와 부활을 믿으면 구원을 얻게 됩니다.
왜 예수님의 십자가와 부활이 중요합니까?
① 예수님의 십자가와 부활을 믿을 때에 구원이 있습니다. 이는 성경의 확실한 약속이요 언약입니다(롬6:9, 10:9).
② 성경의 교리서인 로마서에서 다시 확인합니다. (롬4:25) '예수는 우리의 범죄함을 위하여 내어줌이 되고 또한 우리를 의롭다함을 위하여 살아나셨느니라' 했습니다. 십자가와 부활이 곧 우리의 영생이요 부활의 증거입니다.

2. 예수님의 부활은 일찍부터 예고되었습니다.
전혀 모르는 일이 아니라 예수님이 일찍부터 고지해주셨습니다. 3년 간 공생애를 통하여 예수님이 말씀하신 것입니다.

1) 예수님의 대속적 죽음을 예고하셨습니다.
신구약 여러 곳에 예고해 주셨습니다.

① 대표적으로 이사야 53:4-에서 예고하십니다. 우리의 속죄를 위해서 당하신 고난이시라고 하셨습니다.
② 신약에서도 예고해 주셨습니다. 마16:21, 눅24:36 등에서 예수님은 죽으실 것을 예고하셨고 다시 살아서 갈릴리에서 만날 것까지 말씀해 주셨는데 그대로 되었습니다.

2) 예수님의 부활의 예고도 보시기 바랍니다.
죽은 자가 살아나는 것은 하나님만이 하시는 일입니다.
① 아론의 싹난 지팡이에서 예고해 주셨습니다. (민17:-)구약의 사건은 신약의 예고요 그림자가 됩니다. 이 사건은 예수님 부활의 예고요 예표였습니다.
② 예수님 자신이 예언해 주셨습니다. 마28:6, 10, 눅24:26 등에서 예수님이 말씀하신 바와 같습니다. 그래서 부활한다고 하는 말 때문에 무덤을 병사들을 동원해서 지켰습니다(마27:63).

3. 예수님의 부활은 우리 믿는 자의 부활의 첫 열매가 되십니다.
예수님이 부활의 첫 열매가 되십니다.

1) 예수님이 부활하심으로 예수 믿는 나를 부활케 하시는데 우리의 믿음의 중요한 사건입니다.
① (요11:25)죽어도 살게 됩니다.
② (고전15:23)아담 안에서 죽은 것 같이 예수 안에서 삽니다.
③ (살전4:13-17)주님 재림 시에 죽은 자들이 먼저 일어납니다.
④ (계20:13)마지막 부활시에 생명의 부활과 심판의 부활이 예고되었습니다. 예수님의 부활은 모든 믿는 사람들의 부활의 소망이요 약속이 됩니다.

2) 믿는 자는 부활을 믿고 부활을 증거하는 증인들이 되어야 합니다.

① 예수님이 우리에게 증인이 되라고 하셨습니다. 본문 48절 '너희는 이 모든 일에 증인이라' 했는데 증인이라는 말은 헬라어로 말튀스($μάρτυρες$)로서 순교자(Martyr)로 살면서 성령 받아 증거하는 사람입니다(마28:18-20, 막16:15, 요20:21, 행1:8).

② 이 세대의 증인은 우리 믿는 모든 성도들입니다. 지상교회의 존재목적은 이 땅위에 전도요 선교입니다. 스데반도 순교하였고(행7:60), 안디바도(계2:13) 순교하였습니다. 지상교회의 존재목적인 십자가와 부활을 증거하기 위해서입니다. 부활의 증인들이 모두되시기를 주의 이름으로 축원합니다.

결론 : 우리는 십자가와 부활의 증인들입니다.

부활

부활하신 예수님께 대한 고백
(요20:24-29)

　세상을 살아가면서 때때로 어떤 문제에 대하여 고백해야 할 때가 있습니다. 청춘남녀는 사랑을 고백해야 되고 사람들은 정의와 불의의 사이를 말해야 되는 때가 있습니다. 역사의 지난 무대에서 볼 때에 로마의 안토니우스와 이집트의 클레오파트라 사이의 사랑 고백으로 인해 역사가 바뀌게 되는데 클레오파트라의 코가 조금만 낮았다면 역사가 달라지게 되었을 것이라고 말하게 됩니다.
　우리는 하나님께 대한 바른 고백이 중요하고 필요합니다. 그래서 우리에게 먼저 찾아오신 분이 하나님이십니다. 타락된 아담을 먼저 찾아오셨고(창3장), 믿음의 선진 아브라함을 찾아오셨으며(창12:1), 타락된 핍박자 사울을 찾아오시고 부르신 분도 하나님이십니다(행9:1-15). 그리고 너희가 나를 택한 것이 아니고 내가 택하였다고 하시며(요15:16) 사랑도 내가 먼저 사랑하였다고 하셨습니다(요일4:19).
　본문에서 볼 때에 3년간이나 가르치셨고 여러 가지 기적을 보여주셨지만 의심 많은 도마는 예수님의 부활을 믿지 못하고 의심하였습니다. 그러나 도마에게 보이신 예수님 앞에서 도마는 예수님께 대한 바른 고백을 하게 되었고 오순절 때에 성령 받아 사도로써 끝내는 순교자가 되었는데 여기에서 큰 교훈을 받게 됩니다.

1. 12제자 중에 도마는 예수님의 부활을 의심했던 사람입니다.

　12제자 중에 특히 의심이 많은 도마였는데 마침 예수님이 오신 자리에 도마가 없었습니다.

1) 도마의 의심하는 모습을 보시기 바랍니다.

　(25절) '내가 그 손의 못 자국을 보며 내 손가락을 그 못 자국에 넣어보지

않고는 믿지 아니하겠노라' 하였 습니다. 의심 많은 도마에게는 죽은 자가 산다는 것이 납득이 가지 않았습니다.
① 그동안 죽은 자가 살아나는 모습을 여러번 보여주셨습니다. 요11장에서 나사로가 살아나게 되었고, 눅7장에서 나인성 과부의 아들이 살아나게 되었으며, 막5:43에서 야이로의 딸이 살아나는 모습을 보여주셨습니다. 그리고 예수님 자신이 미리 살아나실 것을 예고해 주셨던 것도 분명합니다(마26:32 But after I have risen, I will go ahead of you into Galilee). 그러나 당시로서는 그것이 무슨 뜻인지 모르고 있었습니다. 지금도 불신앙자들이나 자유주의의 그릇된 신학자나 신앙인은 예수님의 부활을 믿지 않는 경향이 있습니다.
② 먼저 보았던 제자들의 증언마저 믿지 아니하였고 의심했습니다. 제자들이 말할 때에 '무슨 소리야! 내가 분명히 무덤에 들어가는 것을 목격했는데 어찌 살아난단 말이야!' 하는 식이 되어버렸습니다. 그릇된 과학적 지식이나 상식이 신앙을 망가뜨리는 경우들이 있습니다. 자기가 제일 잘난 지식인인 듯이 착각하지 말아야 합니다. 깨달아야 합니다(사6:9). 지금도 그릇된 병자들이 많이 있습니다.(요5:1-)

2) 신앙은 모든 것을 뛰어넘어야 합니다.

내가 가진 모든 상식, 지식, 생각의 틀을 뛰어넘어야 합니다.
① 도마는 그때까지 상식 밖을 벗어나지 못했습니다. 그래서 직접 보고 , 만져보고, 하는 식이 되어버렸습니다. 영적 장애자에서 빨리 벗어나야할 문제입니다. 과학시대에 망원경이 제 아무리 좋아도 천체 모두를 볼 수가 없듯이 영적 세계와의 관계가 역시 그러합니다.
② 신앙은 글자 그대로 믿는 것입니다. 베드로도 고백했습니다(벧전1:8-9). 지식수준이 아무리 높아도 믿음이 없다면 천국은 갈수가 없습니다. 오직 믿는 믿음으로만 가는 곳이 천국이기 때문입니다. 과학자요 철학자인 파스칼(Pascal)은 기독교 신앙은 증명하고 믿는 것이 아니고 믿고 들어갈 때에 증명된다 하였습니다.

2. 너는 본고로 믿느냐 보지 못하고 믿는 자가 더 복이 있다고 하셨습니다.

26절에서 예수님은 확실히 보여주셨습니다.

1) 도마는 보고 믿는 사람의 대명사가 되었습니다.

예수님을 직접 뵈옵고야 고백하는 신앙입니다.

① 예수님을 보는 순간에 바뀌었습니다. 말씀 한마디에 믿는 신앙이 더 큰 믿음입니다. 보는 순간에 변화가 일어나게 되었고 고백하게 되었습니다 (Thomas said to him, "My Lord and my God!").

② 이 시간에 도마와 같은 변화가 일어나기 바랍니다. 2000년 전 예수그리스도이시지만 하나님의 시간은 지금 역사하시는 예수그리스도이십니다. 시간과 공간을 초월하시는 하나님이시기 때문입니다.

2) 의심과 불신앙의 고백이 아니라 믿는 확신에 찬 신앙의 고백이 중요합니다.

죽으시고 부활하신 예수님을 고백해야 합니다.

① 예수그리스도는 어제나 오늘이나 동일하십니다(히13:8 Jesus Christ is the same yesterday andtoday and forever). 그러므로 지금도 우리의 고백이 중요하며 유효하게 됩니다.

② 우리의 믿음은 언제나 현재적이어야 합니다. 이 믿음만이 구원의 조건이기 때문입니다(요1:12, 롬10:9-10, 마10:33).

3. 부활하신 예수님을 만난 도마는 순교도 두렵지 않는 평안을 주셨습니다.

(26절) '너희에게 평안이 있을찌어다' 하십니다.(said, Peace be with you)

1) 변화 받은 도마의 모습을 봅니다.

부활하신 예수님을 만난 이후에 변화 받은 모습입니다.

① 도마에게는 이보다 더 큰 부활의 축복이 없었습니다. 부활하신 예수님이 우리에게 평안을 주시기 원합니다.
② 예수님 십자가 사건으로 인해서 엄습해 왔던 모든 공포가 사라지게 되었습니다. 이제는 평안이 가득하게 되었습니다. 부활의 축복입니다.

2) 이제 이후에 도마는 순교까지 하는 믿음의 사도가 되었습니다.
① 오순절날에 성령 받은 사도가 되었습니다. 이제 의심 따위는 상관이 없게 되었습니다. 예수님을 만났기 때문이요 약속하신 성령을 받았습니다.
② 순교의 제물이 되었습니다. 의심하는 제자 도마가 아니라 부활을 증거하는 제자요 사도인 도마가 되었습니다. 인도에는 지금도 도마의 순교지가 존재해 내려옵니다. 예수그리스도에 대한 올바른 고백이 확실하시기를 주의 이름으로 축원합니다.

결론 : 믿는 자가 되시기 바랍니다.

사명

한국교회여! 불이 꺼지지 않게 하라

(레6:12-13)

　인간 역사가 발전해 오는 중에 제일 큰 발전은 불의 발견과 거기에 따른 발전이 될 것입니다. 현대에 와서 모든 분야에 불이 없으면 모두가 멈추게 되고 원시로 돌아갈 수밖에 없을 만큼 불은 중요합니다. 집에서 사용하는 취사용 불부터 시작해서 거대한 용광로와 비행기와 우주선에까지 모두가 불이 없다면 움직일 수 없는 사실입니다. 인간 역사 중에서 불(Fire)이 중요하듯이 영적이고 신령한 면에서도 불은 중요한바 육적이고 물리적인 불이 아니라 영적이고 신앙적인 측면에서 불이 또 중요합니다. 예수님 자신이 이 땅에 오신 것이 불을 붙이려고 오셨다고 하셨습니다(눅12:49).
　본문은 구약시대의 모든 제사법에서 모든 제물이 불을 통과해야 하는바 이 불은 사람의 인위적인 불이 아니라 하나님께서 처음으로 주신 그 불을 가지고 언제나 불씨를 살려서 이동하게 되고 그 불이 꺼지지 않게 하라고 강조하셨습니다.
　만약 불이 꺼지거나 소홀히 하면 뒤집지 않은 전병이 될 것이고(호7:8), 만약 인위적인 다른 불을 사용한다면 다른 불로 제사를 드리다가 즉사한 나답과 아비후가 될 것이기 때문에(레10:1)안 됩니다. 불이 꺼지지 않게 하라고 하였는데 본문에서 은혜를 나누게 됩니다.

1. 이 불은 성령 불입니다.

　개인과 사회나 모든 삶속에서 불이 요긴하듯이 영적인 측면에서도 불이 반드시 필요합니다.

1) 불이 꺼진 신앙이 된다면 큰일입니다.
　불이 꺼진 채 냉냉한 신앙은 어느 것 하나 할 수 없습니다.

① 불 꺼진 채로는 영적생활에 어느 것도 기대 할 수 없게 됩니다. 불이 꺼진다면 어느 것 하나 할 수가 없듯이 신앙생활의 모든 일들은 성령불이 임재한 가운데 해야 합니다. 그래서 예수님은 불을 붙이러 오셨고, 가시면서도 보혜사 성령을 약속하시는데 그 성령은 '불'로 임하셨습니다(행 2:3 They saw what seemed to be tongues of fire that separated and came to rest on each of them). 성령 받지 아니하면 역사가 절대 나타날 수 없습니다. 그래서 구약에도 언제나 조석으로 불을 점검했습니다(레 6:12-13).

② 신약시대 역시 불로써 하나님께 드려지는 예배가 되었습니다. 불의 기능(Function)중에 여러 가지가 있지만 뜨거움이요 날것을 익히는 일입니다. 우리의 신앙이 성령으로 뜨거워야 합니다. 에베소 교회는 뜨거운 처음 사랑을 잃어버리고 책망을 받았듯이 한국교회에 경종을 주시는 시대에 살고 있습니다.(계2:4) 교회가 인위적이고 인본주의적이며 지적이며 상술로 가득 한 채 성령의 불과 뜨거움을 외면 한다면 큰일입니다.

2) 하나님께서 응답하셨던 예배는 불로써 드린 예배요 그 예배 속에 불로 응답하셨습니다.

① 가인과 아벨의 예배에서 엿보게 됩니다(창4:1-; 히11:4). 아벨은 믿음으로 드렸고 하나님이 받으셨습니다. 믿음으로 심령이 뜨거워야 합니다.
② 솔로몬의 제단에 불로 응답하셨습니다(왕상8:10-11). 불로 응답하신 현장은 마치 모세의 시내산과 방불한(출19:9) 역사와 같습니다.
③ 엘리야 제단 역시 불로 응답 받게 되었습니다(왕상18:38). 제단에 놓인 모든 것을 불로 태웠고 응답해 주셨습니다. 한국교회가 교회와 더불어서 이 불이 타올라야 합니다.

2. 불같은 성령이 역사 하실 때에 능력이 나타나게 됩니다.

구약에도 신약에도 불로 역사하신 하나님이십니다.

1) 성령불이 역사 하실 때에 나타난 기적들을 보시기 바랍니다.

성령이 역사하게 될 때에 반드시 기적이 나타납니다.

① 회개의 역사가 나타나게 됩니다. 그래서 베드로도(행2:38), 바울도(행19:1-4) 성령과 회개를 강조 했습니다.
② 성령이 임하시게 되면 각종 기적이 나타나게 됩니다. 질병이 치유 되는데 성령불입니다(말4:2; 막16:17; 행3:1-).

2) 성령불이 임하실 때에 복음이 전파됩니다.
성령불이 불의를 태우게 됩니다.
① 죄와 불법을 태우는 역사가 벌어지게 됩니다. 그리고 하나님의 거룩하신 뜻과 의가 나타나게 됩니다. 모두 성령의 뜨거운 역사입니다.
② 추운 겨울일수록 따뜻함이 요구 되듯이 신앙생활이 어려울 때 일수록 성령불 받아야 합니다. 교회신앙, 개인신앙 모두가 성령불이 중요합니다. 교회는 불이 꺼지지 않고 더욱 타올라야 합니다.

3. 성령충만 하고 불 붙는 교회가 되려면 방법을 알아야 합니다.
불붙는 신앙생활과 교회가 되기 위해서 알아야 합니다.

1) 성경에는 성령충만한 비젼을 제시해 주셨습니다.
몇 가지만 나열해 보면 다음과 같습니다.
① 날마다 회개가 이루어져야 합니다. 회개할 때에 성령이 임하시게 되고 (행2:38), 이미 믿고 그리스도를 영접한 사람은 발만 씻어도 깨끗합니다 (요13:10) 원죄, 자범죄 모두 하나님께서 용서해 주셨습니다(요일1:8-9).
② 날마다 기도에 힘써야 합니다. 신앙생활의 성공은 기도에 있습니다. 언제나 기도가 끊어지지 않게 해야 합니다. 개인도, 교회도, 기도의 불이 타올라야 합니다(행1:14, 2:4, 3:1). 하나님의 말씀은 불과 같습니다(렘23:29 Is not my word like fire).

2) 시대적 상황이 불 꺼진 시대입니다.
개인도 교회도 마치 기름 없이 꺼져 가는 등과 같습니다(마25:1-8). 교회가 불 꺼지면 퇴락하기 시작합니다.

① 과거의 교회들의 부흥시대를 보시기 바랍니다. 성령불이 강하게 불던 시대이지만 산업사회가 이룩되면서 점점 불이 꺼져만 가는 안타까운 시대입니다.
② 진짜 성도와 교회는 성령불을 확인하고 다시 타오르게 해야 합니다. 교회 여러분들이여 제발 부탁합니다. 불이 꺼지지 않게 해야 합니다. 교회는 주님오실 때까지 언제나 불이 타오르게 되기를 주의 이름으로 축원합니다.

결 론 : 불을 확인해야 합니다.

사명
닫힌 옥문이 열린 기적
(행 12:5-12)

　세상에는 때때로 옥문과 같이 꼭 닫혀 있고 감옥의 담장과 같이 겹겹이 쌓인 문제들이 많이 있습니다. 현대적 감옥으로 설명한다면 성벽 같은 담장, 그리고 곳곳마다 서있는 보초들이 지키는 감옥인데 당시에는 감옥 안에서 쇠사슬로 묶인 상태였습니다.
　(6절) '두 쇠사슬에 매여'(bound with two chains)라고 하였습니다. 바울과 실라도 그런 적이 있었는데(행 16:24-28) 베드로 역시 지금 그런 상황 중에 있습니다. 그러나 하나님은 베드로도, 바울과 실라도, 하나님의 특별한 은총으로 그들을 탈옥 시키시고 나가서 복음을 전하게 하셨습니다. 바울의 경우에는 유라굴로 풍랑에서도 건지심을 입게 되었고(행 27:18-21) 제자들은 파도치고 바람이 부는 위기에서도 주님의 명령 한 마디에 구원을 받게 됩니다(마 8:23-27). 아직 사명이 크게 남은 베드로를 적어도 16명이상의 간수들이 지키고 있었지만 베드로는 그곳에서 기적같이 빠져나오는 광경이 본문인바 본문에서 몇 가지 교훈을 얻게 됩니다.

1. 사명이 남아 있는 한 죽지 않기 때문에 안에서는 베드로가 밖에서는 성도들이 믿음을 보이며 끝까지 포기하지 않았습니다.

　당시의 상황으로 볼 때에 이쯤 되면 자포자기 할 수도 있었는데 끝까지 포기하지 않았던 모습을 보게 됩니다.

1) 사명을 위해서 포기하지 않은 흔적을 봅니다.
　(5절) '교회에는 그를 위하여 간절히 하나님께 빌더라' 고 하였는데 왜 기도하였습니까? 소망 중에서 포기하지 않았기 때문입니다.
　① 성도는 어떤 문제가 있을 때에 소망 중에 포기하지 말아야 합니다. 불호령 같은 정치적 세력인 헤롯왕이 구금한 감옥에도 교회는 베드로를 향해

서 포기하지 않고 기도하였습니다. 우리 주변에 질병, 사고, 사업관계, 등 쉽게 포기하는 경우들을 보게 되는데 끝까지 인내하며 소망을 가져야 합니다. 욥도 인내로 포기하지 않았고(욥 23:10), 다니엘(단 6:10), 요셉(창 37-50장)도 끝까지 인내하며 포기하지 않았습니다.

② 쉽게 버리고 포기할 일과 지켜나갈 것의 구분이 필요합니다. 전자에 말하였듯이 끝까지 인내하며 포기하지 말아야 할 일도 있지만 빨리 포기해야 할 성격의 것도 있습니다. 육신적이고, 죄 된 것이며 불신앙 적인 것들은 축복받는데 방해가 됩니다. 예컨대 육에 속한 죄들의 모습은 버려야 합니다.(롬 1:28-32) 그래야 개인 영혼이 잘되고 교회가 건강하게 성장해 나가게 됩니다.

2) 여기에서 우리는 초대교회의 긍정적 신앙을 배우게 됩니다.

극단적인 어려움 속에서도 긍정적인 신앙을 간직했습니다.

① 때때로 어려운 일 앞에서도 긍정적이어야 합니다. 아테네 올림픽에서 마라톤 선수 앞을 가로막고 뛰지 못하게 한 일이 있었습니다. 그래도 그 선수는 끝까지 잘 뛰어서 3위를 차지한 일이 뉴스거리로 등장한 일이 8년 전에 있었습니다. 사도 바울도 끝까지 잘 싸운 흔적을 남겼습니다(딤후 4:6-8). '조엘 오스틴'(Joel Ostine)은 「긍정의 힘」이라는 책에서 '부정적이지 말되 특히 아이들 앞에서 부정적이지 말라' 하였습니다.

② 부정적인 말과 그 결과는 크게 다르다는 사실입니다. 초대 교회에서는 어려운 환경 가운데에서도 긍정을 보였습니다. 그래서 낙심치 않고 하나님의 영광을 크게 나타나게 됩니다. 사업가들의 성공 배후에도 긍정적인 사고가 그의 사업을 크게 일으켰음을 많은 성공자들의 입에서 듣게 됩니다. 덴마크의 동화작가 '안데르센'은 부친의 방탕과 그릇된 삶에서 그의 작가의 지혜가 생겼다고 말해주기도 합니다.

2. 초대교회 성도들은 사명을 가지고 끝까지 기도했습니다.

사명은 무서운 존재입니다. 여자는 약하지만 아이를 향한 어머니의 힘은 위대하게 작동됨을 보게 됩니다.

1) 인간 개인은 약하지만 사명이 주어질 때 그는 강한 힘과 능력이 생기게 됩니다.

초대교회 성도들은 약하지 않았습니다.

① 주께서 주신 '땅 끝까지 내 증인이 되리라' 는 사명 때문입니다. 감옥에 있던 베드로도, 밖에 있는 성도들도 이 사명에 충실하게 될 때에 포기할 수가 없습니다. 이 사명에 충실하게 될 때에 포기할 수 가 없었습니다. 그래서 기도했습니다.

② 기도의 현장은 기적으로 나타나게 됩니다. (5절) '교회는 그를 위하여 간절히 하나님께 빌더라' 하였습니다(but the church was earnestly praying to God for him). 바울과 실라도 옥에서 기도하였고(행 16:25) 국가가 위태로울 때에 히스기야 왕도 기도했습니다.(왕하 19:14)

2) 교회사는 기도의 역사(History of pray)입니다.

기도하는 곳에 하나님께서 역사하기 때문입니다.

① 현재 어려운 일이 산처럼 버티고 있나요? 이것은 기도하라는 신호탄인줄 아시고 기도하시기 바랍니다. 지금도 기도의 위력은 계속 작용합니다.

② 성령의 역사는 모두 기도 속에서 이루어졌습니다. 예수님이 기도의 본이 되셨고(막 1:35) 특히 새벽기도입니다. 새벽에 하나님이 도우십니다(시편 46:5). (God will help her at break of day) 기도하세요.

3. 닫힌 옥문이 열리고 베드로가 나온 것은 하나님이 하신일입니다.

하나님은 일하시는 하나님이십니다. 옥에서도 일하십니다.(렘 33:1-3)

1) 일은 하나님이 하십니다.

누가 하신다구요? 하나님이십니다. (7절) '홀연히 주의 사자가 곁에...' 하였습니다.

① 천사들을 보내시고 일하셨습니다. (8절) '따라오라' (follow me) 베드로는 따라만 갔을 뿐인데 역사가 일어났습니다. 하나님이 하신 일입니다.

② 이렇게 일하신 분이 누구라고요? 하나님이십니다. (사 8:10) '…놀랄 자를 삼으라' 하셨습니다. 실로 하나님은 놀라우신 분이십니다. 다니엘 핑크(Daniel Pink)라는 사람은 '디자인' 이라는 책에서 하나님께서 나를 디자인하셨다고 했습니다.

2) 주여 내 인생을 디자인해 주옵소서 해야 합니다.
① 하나님께 내 인생이 있기 때문입니다. 성공 실패의 모든 권한이 하나님께 있습니다.(시편 128:1; 잠 16:9)
② 내 힘과 능력으로 무슨 재주가 있어서 굳게 닫힌 문을 열수가 있습니까? 오직 하나님만 굳게 닫힌 문도 열수가 있습니다. 그래서 기도하고 하나님을 의지하시기를 주의 이름으로 축원 합니다.

결론 : 닫힌 문이 열리게 해야 합니다.

사명

사랑하는 이가 부르는 소리
(아5:2-8)

이 세상에는 각양각색의 다양한 소리들이 가득합니다. 들을 수 없는 소리를 비롯해서 듣다 못해서 공해로 여기는 소리들도 있습니다. 천둥소리, 비 오는 소리, 낙엽 밟는 소리, 나뭇가지들이 부딪히는 소리며 각양각색의 짐승들의 소리들이며 새의 소리도 있습니다. 사람들이 사람에게 하는 소리도 있거니와 사람이 하나님께 드리는 소리도 있는데 기도 소리요 찬송소리입니다. 그 많은 소리들 중에 제일은 사람의 소리라고 봅니다.

본문에서 부귀영화가 제일이었던 솔로몬 왕이 흑인 여자 술람미를 향해서 부르는 이 소리는 주님이 죄인된 나를 부르시는 음성이요 소리이기 때문에 천하에서 제일 아름다운 소리입니다. '아가서' 라는 말은 히브리어로 '쉬르하시림' 인데 그 뜻은 '노래 중에 노래' 라는 뜻입니다. 삼천년 전의 솔로몬의 이 노래는 예수그리스도께서 나 같은 죄인을 부르시며 구원하시는 음성이며 소리이기에 더욱 큰 의미가 있기에 다시한번 본문에서 은혜를 받게 됩니다.

1. 이 소리를 듣는 것은 축복 받는 영적 기회이기 때문에 귀합니다.

세상에는 종류를 헤아릴 수 없는 수많은 소리들이 있습니다. 그러나 그중에서 솔로몬이 술람미 여인을 부르는 이 소리는 만왕의 왕 예수께서 죄인 중에 괴수인 나를 부르시는 음성입니다.

1) 주님의 이 귀하신 음성이 들려 올 때에 들어야 합니다.

(2절) '나의 누이, 나의사랑, 나의 비둘기, 나의 완전한 자야 문열어다오 내 머리에는 이슬이, 내 머리털에는 밤이슬이 가득하였다 하는구나' 라고 하였습니다.

① 언제나 주님은 문이 열리기를 위해서 부르시고 계십니다. 왜냐하면 주님이 사랑하시는 사람이기 때문입니다. (계2:20)라오디게아교회를 향해서 부르시는 주님의 소리와 같은 경우입니다. 라오디게아교회가 나름대로는 주님을 가까이 한다고 했지만 주님은 문 밖에 계셨습니다. 지금도 주님의 성령에서는 우리에게 동일하게 말씀하십니다. 이 부르시는 소리를 듣고 응해야하겠습니다.
② 주님의 부르시는 이 소리에 응했던 사람들을 보십시오. 여기에 구원이 있고 축복과 천국의 상급이 보장되어 있습니다. 핍박자였던 사울이 부르심 받고 바울 사도가 되었고(행9:15) 어부였던 베드로, 안드레, 요한 야고보 모두가 사도가 되었으며(마4:18-) 탕자였던어거스틴(Augustine)이 부르심 받고 돌아와서 성자(Saint)가 되었는데 그때에 회심한 성경구절이 분명합니다.(롬13:11)

2) 솔로몬왕은 술람미여인을 행하여 부르며 찾고 있습니다.

(2절) '나의 누이, 나의 사랑, 나의 비둘기, 나의 완전한 자야 문 열어다오 내 머리에는 이슬이 내 머리털에는 밤이슬이 가득하였다 하는구나' 하였습니다.
① 예수님께서 하늘 보좌를 버리시고 이 땅에 오셔서 낮고 천한 우리를 부르시는 모습이기도 합니다. 사랑에 눈이 어두운 솔로몬왕의 모습은 주님의 모습을 보여주시는데 우리를 부르시는 모습이기도 합니다. 여기에 영생이 보장되어 있는데 주님 손에서 빼앗을 자가 없다고 하셨습니다.(요10:28, 요6:27)
② 따라서 왕 되시는 예수 그리스도의 부르심에 응하게 될 때 그 소리 속에 생명이 보장되고 축복이 약속되었습니다. 그래서 부르시는 소리에 응하므로 기회(opportunity)를 잃지 말아야 합니다. 언제나 하나님은 부르시는데 아담도 부르셨고, 가인도 부르셨습니다.(창3:7, 4:9) 문제는 하나님의 부르시는 소리에 어떤 반응을 보이느냐가 중요한 일입니다. 여기에 회개와 영접이 따라야 합니다.

2. 주님의 소리를 들을 때에 갈등이나 망설임을 이겨야 합니다.

인생이기에 누구나가 올 수 있는 문제입니다. (3절)술람미여인이 고민에 빠져있음을 보게 됩니다. '내가 벗 었으니 어찌 다시 입으며 내가 발을 씻었으니 어찌 다시 더럽히랴' 했습니다.

1) 갈등을 딛고 주님의 부르시는 소리에 응해야 합니다.

321장 찬송의 크로스비(Crosby)는 외쳤습니다. '주님의 소리를 들어보라 주님의 소리를 들어보라 그 이름믿는 자 복 받으리 어서 곧 일어나라'고 했습니다.
① 주님의 소리를 들을 때에 세상적이고 육적인 갈등이 생깁니다. 신앙은 이 모든 갈등을 이기고 일어서는 일입니다.
② 육신의 편리주의를 따라가면 주님의 소리를 들을 수가 없습니다. 혹시 편리주의나 세속으로 가다가도 마음 한 구석에서는 주의 소리에 민감히 반응이 됩니다. (2절) '내가 잘지라도 마음은 깨었는데 나의 사랑하는 자의 소리가 들리는구나' 했습니다. 주님의 소리에 민감해야합니다.

2) 복 받고 살 사람은 모든 갈등을 이기고 주께 손을 듭니다.

(4절) '나의 사랑하는 자가 문틈으로 손을 들이밀매 내 마음이 동하여서' 했습니다.
① 주님의 음성을 듣고 갈등이 왔다는 뜻입니다. 그렇지 않은 척해도 마음 중심에는 성령께서 감동을 주시고 움직이게 하시는 사람은 택한 백성입니다. 용기가 필요합니다.
② 영적 갈등을 이기고 나면 믿음과 함께 영생과 축복입니다. 죄 사함 받게 되고 주님의 백성으로 풍요가 오게 됩니다. 예수 그리스도의 부르심에 응하는 축복을 받으시기 바랍니다.(창12:1-4)

3. 주님의 부르시는 소리는 결국 축복의 통로가 됩니다.(아7:13)

부르심에는 진통도 있지만 결국 영적 성장과 축복이 옵니다.

1) 만왕의 왕이 되시는 예수그리스도의 부르심이기 때문입니다.

아이들이 성장하듯이 영적 성장이 예약되어 있습니다.

① 주의 부르시는 소리를 듣고 그 음성에 순종이 요구됩니다. (6절) '내가 나의 사랑하는 자 위하여' 라고 했습니다. (7-8절)성산에서 부러워하는 자들이 많이 생기게 됩니다.
② 병이 날 정도로 부르시는 주의 음성입니다. 410장 찬송의 휘틀(D. W. Whittle)처럼 하나님의 은혜입니다.

2) 솔로몬이 부르는 이 소리는 주님이 우리를 부르시는 음성입니다.

모든 택한 자의 상징이기 때문입니다.

① 죄로 말미암아 검고 무익한 우리 자신들의 모습입니다. 이 소리에 귀를 기울여야 합니다.(마13:9,계2:7)(He who has ears, let him hear)
② 사랑하시는 주님의 음성을 듣는 자가 되시기 바랍니다. 세상 소리는 귀를 막고 주님의 음성에는 귀를 열어놓아야 합니다. 이런 복된 귀가 되시기를 주님의 이름으로 축원합니다.

결론 : 어떤 소리를 듣습니까?

상급

면류관의 주인공들
(딤후4:6-8)

세상의 모든 역사와 그 역사 속에 살았던 주인공들은 삶의 결과가 아름답게 되기를 위해서 살았습니다. 봄에 농기구를 정리하는 농부의 마음과 고시촌에서 공부하는 수험생들이나, 계절이나 명절도 잊어버리고 선수촌에서 땀 흘리며 운동에 몰두하는 선수들은 오직 결과를 바라보며 나가는 사람들입니다. 사도바울은 고린도교회에 전하는 복음에서 '이기기를 다투는 자마다 모든 일에 절제하나니 저희는 썩을 면류관을 얻고자하되 우리는 썩지 아니할 것을 얻고자 하도다' (고전9:25) 하였습니다. 결국 종착역을 생각해야 하는데 모든 인생 역시 종착역이 중요한 일입니다.(벧전1:24)

본문은 주후 66년 네로 박해 때에 복음 전하던 바울이 이제 순교를 직전에 두고서 전한 신앙고백입니다. 의의 면류관이 준비되어 있는데 바울 뿐 아니라 바울처럼 주의 나타나심을 사모하는 모든 자에게 약속한 축복입니다.

1. 영적 싸움에서 이긴 사람에게 주시는 면류관입니다.

세상 모든 일들은 전쟁과 같은데 우리 생활 역시 싸움이요 전투이기 때문에 중요합니다.

1) 신앙생활은 영적 전쟁입니다.

이 전쟁은 어떤 전쟁보다 중요한 영원한 전쟁입니다.

① '내가 선한 싸움을 싸우고 '라고 하였습니다.(I have fought the good fight) 영적 싸움이요, 영적 전쟁인데 이것을 존맥아더(Jhon MacArthur)는 진리전쟁(The Truth War)이라고 하였습니다. 믿는 사람은 영적전쟁에서 이겨야 하기 때문에 영적 전신갑주를 입어야 합니다.(엡6:10-17) 이 싸움에서 예수님이 이기셨고(요16:33, 골2:15) 이기라고 하셨는데 다윗은 어디로 가든지 이겼다고 했습니다.(대상18:6-13)

② 천국은 이 영적싸움에서 이긴 사람들의 것입니다. 천국에 입성하는 일들이며 그 천국에서 상급이나 면류관을 얻는 일은 매우 중요한데 영적싸움에서 이긴 사람들이 들어가서 얻게되는 곳이 천국입니다. 소아시아 일곱교회에 말씀에서 언급해 주셨는데 천국은 이긴 자의 것입니다.(계2:7, 11, 17, 26, 3:5, 12. 21)

2) 전쟁은 이겨야 하듯이 영적 일에도 이겨야 합니다.

운동경기에서도 이겨야 하고 전쟁에도 이겨야 하듯이 영적인 전투에서도 이겨야 합니다.
① 예수님이 이기셨고 이기라고 하셨습니다.(요16:33, 골2:15) 십자가로 이기시고 승리하셨습니다.
② 본문에서 바울사도 역시 이기게 되었고 승리를 말했습니다. 바울의 일대기는 이김의 역사를 남기게 되었습니다.
③ 이 세대에 나도 이겨야 한다는 영적 결단과 각오가 필요합니다. 이것은 세상적인 싸움이 아니라 영적인 싸움이요 전쟁입니다. 천국은 이긴 자의 것이기 때문입니다.(마11:12)

2. 영적 경주에서 승리자에게 주시는 면류관입니다.

(7절) '나의 달려갈 길을 마치고' 했는데 마땅히 달려가는 경주(Race)의 코스입니다. 마라톤 같으면 42.195km입니다.

1) 이것도 역시 하나님의 은혜로 된 것입니다.

사도 바울은 전적으로 하나님의 은혜라고 하였습니다.(고전15:10)
① 문제는 경기에 참여했다고 해서 모두 면류관을 얻는 것은 아니라는 사실입니다. 올림픽(Olympic)때에도 메달이 다르듯이 상급도 급에 따라서 달라지는 일입니다. 천국 상급 영적 면류관 역시 천국에서 그 상이 달라집니다.
② 따라서 기왕에 예수 믿는 일인데 천국에서 면류관의 주인공으로 살아가는 것이 중요한 일입니다. 세상 썩을 면류관도 따내기 위해서 여간 노력이 필요하듯이 천국의 상급도 그냥 주어지는 것이 아닙니다.(고전9:15)

2) 사도바울은 오직 한가지 복음 전하는 일을 위해서 달음박질 했다고 간증하였습니다.

예수님 때문에 모든 일을 포기하고 달려가게 되었습니다.
① 심지어 생명까지도 버리고 달려가게 되었습니다. 사도행전에서 간증하였습니다.(행20:24) 사명이요 그 사명은 복음 전하는 일이요 그 길을 위해서는 목숨도 내놓았다고 했습니다. 핍박자로서 살던 30여년 전의 사울이 아니라 완전히 바꾸어진 30여년 후의 바울입니다.
② 언제부터 시작하였고 출발하였던지 간에 우리의 사명적인 이 길은 시종일관해야 합니다. 어린 시절에 부름 받든지(렘1:4), 늦게 부름을 받았든지(창12:5, 출3:1, 눅2:36) 도착지는 천국이요, 상을 얻는 자가 되어야 합니다. 그리고 법대로 달려가야 합니다.(딤후2:5) 그래서 바울은 디모데에게 특별히 부탁하였습니다.(딤전1:18-19)

3. 영적 신앙에서 절개 지키며 수절한 자에게 주시는 면류관입니다.

(7절) '믿음을 지켰으니' 라고 하였는데 '지키다' 는 마치 여인이 절재를 지키듯, 초병이 자기 자리를 지키듯, 한다는 뜻입니다.

1) 바울은 믿음의 절개를 지켰습니다.

우리의 신앙은 바울과 같이 지켜야 합니다.
① 믿음을 지킨 사람들을 보시기 바랍니다. 역사적으로나 주변에 많이 간증되어집니다. 폴리캅, 주기철 그밖에 순교자들의 발자취에서 봅니다.
② 이 믿음이 귀한 보배입니다. 세상에서 그 어떤 것보다 더 귀한 보배입니다.(벧전1:7, 엡2:8, 롬1;17, 히11:6) 믿음은 보배이기에 지켜야 합니다.

2) 예수 믿는 성도라면 믿음의 목표가 분명해야 합니다.

이 믿음에는 능치 못하심이 없게 됩니다.
① 사도바울은 오직 상 얻기 위해서 달려간다고 했습니다. 이 상은 주님이 주시는 칭찬입니다.
② 인생 목표를 어디에 두고 살아가십니까? 썩을 면류관이라면 빨리 수정해야 합니다. 천국의 면류관의 주인공들이 되시기를 축원합니다.

결론 : 우리의 목표는 천국입니다.

성령

성령이여 임하소서
(행1:4-8)

　세상을 살아가면서 어떤 일이든지 간에 그 일에 대한 본질이 있고 부수적 일이 있음을 보게 됩니다. 모두가 중요하지만 본질을 잃은 채로 부수적 일에만 매여 있다면 큰 문제가 될 수밖에 없을 것입니다. 씨(Seed)에는 껍데기도 중요하지만 그 껍데기 속의 생명력이 더 중요하듯이, 우리의 기독교 신앙은 교회에 다니는 것도 중요하지만 더 중요한 일은 성령으로 거듭나게 되는 일과 성령 안에서의 신앙이 더 중요한 일입니다. 에베소교회 사람들은 성령을 받지 못하였으며(행19:1-6) 성령 없는 물세례만 받았을 뿐이었습니다. 예수님은 일찍이 예수님 이후에 대해서 예언하시기를 보혜사성령을 약속하셨고(요14:16-17, 26) 부활하신 후에 승천하시면서도 또 다시 강조하시기를 성령이 임하실 때까지 기다리라고 하셨습니다.
　그리고 성령이 임하시게 되면 너희가 권능을 받고 예루살렘과 온 유대와 사마리아 땅 끝까지 이르러 내 증인이 되리라고 하셨습니다. 오순절 날에(행2:1), 120문도에게(행1:14-15), 성령이 임하셨으며, 회개의 역사(행2:38), 각종 방언과 은사들이 나타나게 되었으며(행2:4), 질병이 낫게 되고(행3:1), 큰 기적과 능력들이 나타나게 되고(행2:22), 큰 부흥이 일어나서 삼천 명(행2:41), 오천 명(행4:4)으로 부흥되었고 담대하게 죽음을 각오하며 복음을 전하였습니다(행4:19). 성령의 역사와 성령을 받는 일은 성도의 기본이요 본질에 속합니다. 이 시간 성령강림주일에 즈음해서 본문에서 은혜를 받게 됩니다.

1. 성령의 역사는 기독교신앙의 기본입니다.

　잘못 인식하면 '성령 받으라' 하면 알레르기반응을 일으키는 사람들도 혹 있겠지만 그것은 그릇된 자들만 보았기 때문이지 진정한 성령의 역사는 기독교신앙의 본질입니다.

1) 예수님은 성령을 받으라고 하셨습니다.

(4절) '약속하신 것'(for the gift my Father promised) 이라고 하셨는데 이미 약속하신 바 있습니다.(요14:16-17, 26, 요20:22) 부활하신 후에도 나타나셔서 '성령을 받으라' 고 하셨습니다.(said, "Receive the Holy Spirit")

① 기독교 신앙의 역사는 성령의 역사입니다. 예정된 사람(엡1:3-14)을 부르시는 내적 부르심과 외적 부르심 모두의 역사(롬8:30)와 회개(행2:38), 거듭남(요3:1-9), 의롭게 하심(롬8:29-30), 양자의 특권(롬8:15-16), 성화의 과정(고후7:10-11), 성령의 인 치심(겔9:1, 엡1:13, 4:30, 요3:33-)을 비롯해서 도우심의 일이 모두 성령의 역사이십니다(롬8:26).

② 성령 받지 아니하면 진정한 그리스도인이 아닙니다. 성령론을 말하게 되면 아직도 마음에 알레르기 반응을 보이는 사람도 있지만 분명한 사실은 성령 받지 아니하면 진정한 그리스도인이 아니라는 사실입니다. 비기독교인(non-Christian)입니다.(롬8:9, 요14:17, 유19절) 그러므로 성령을 받아야 합니다.

2) 성령은 지금도 계속 역사하십니다.

온 땅에 복음이 전파되고 예수님께서 재림하실 때까지는 성령께서 계속 일하시게 됩니다.

① 오순절 때에 임하신 성령이십니다(행2:1). 그 성령께서 지금도 계속해서 역사하시고 계십니다. 목적은 십자가 복음을 전해서 영혼을 살리는 일입니다.

② 나는 성령을 받은 자인가를 자기 자신에게 확인해야 합니다. 성령으로 회개하였으며(행2:38), 성령으로 거듭났으며(요3:5), 성령의 인(印)을 맞았으며(엡9:13), 성령을 받았는가(행19:2)를 확인해야 합니다.(Did you receive the Holy Spirit when you believed?) 확인해야 합니다.(고후13:5)

2. 성령께서는 여러 가지 형태로 역사하십니다.

같은 성령으로 역사하십니다(고전12장). 각 사람에게 유익하도록 하시기 위해서입니다(고전12:7).
① 성령의 상징적 의미들을 보시기 바랍니다. 성령께서 기름과 같이 역사하시고(마25:1), 바람(요3:5), 비둘기(마3:16), 생수(요7:37-38),불(행2:1) 등 수많은 상징적 뜻을 가지고 역사하십니다.
② 특별히 성령의 나타남을 주심은 유익하게 하시기 위해서입니다. 성령 받게 되고 은사 따라서 신앙생활을 하게 될 때에 유익하게 됩니다.(고전12:7) 언제 성령이 임하셨습니까? 기도할 때에(행1:14-15), 회개할 때에(행2:38), 안수하게 되고 말씀을 들을 때에(행19:6, 행2:37)

2) 성령께서 떠나시면 불쌍한 자가 됩니다.

성령 충만을 받을지언정 성령을 근심되게 말아야 합니다.(엡4:30)
① 성령의 순종자가 되어야 합니다. 성령께서 감동 주실 때에 순종자가 되어야 합니다. 기도순종, 봉사순종, 전도순종(행7:29), 헌금순종 등 무수한 일입니다.
② 성령께서 떠나시면 불쌍한 존재가 됩니다. (삼상16:7)사울의 경우에서 봅니다.(삼상10:10, 8:10) 그래서 다윗도 범죄한 것을 회개하면서 성신이 떠나지 않기를 기도한 모습을 봅니다.(시51:11) 결국 다윗은 늙도록 부하고 존귀하게 되었는데 역사가들은 말하기를 미국 부호인 록펠러나 카네기보다 더 부 했다고 합니다.(대상29:28)

3. 성령 충만한 사람과 성령 받지 못한 사람의 차이는 비교할 수 없습니다. 그만큼 크기 때문입니다.

1) 성경에서 보시기 바랍니다.

① 베드로의 경우는 예수님을 부인했습니다.(마26:35, 75) 위기를 극복할 수가 없습니다.

② 성령 받은 베드로는 달라졌습니다.(행4:19) 성령의 역사로 담대히 전도자가 되었습니다.

2) 성령 받은 목회자와 성령을 받지 않은 목회자도 구별됩니다.
① 성령 없이 목회를 할 수는 있으나 불행합니다. 성령으로 목회하고 성도 역시 성령으로 신앙생활을 해야 합니다.(슥4:6)
② 기독교의 참 신앙은 성령의 역사 없이는 불가능합니다. 그래서 이 세상에 성령께서 오셨고 지금까지 역사하십니다. 성령 받은 성도들이 모두 되시기를 축원합니다.

결론 : 성령이시여! 이 시간에 충만케 하소서.

성령

성령이 임하시면
(행1:8)

　세상의 모든 일에는 그 일에 대한 대원칙이 있기 마련입니다. 그래서 그 원칙대로 하게 될 때에 승리를 얻고 열매가 풍성케 됩니다. 영적인 경주인 신앙생활에도 마찬가지로 신앙생활의 대원칙이 있습니다. 그것은 바로 성령 받고 신앙생활을 해야 한다는 원칙입니다. 사도행전의 지적과 같이(행19:1-) 에베소교회는 처음에 성령이 있는 줄도 모르고 성령이 무엇이냐고 질문했는데 그때까지 세례요한의 물세례만 알고 있었습니다. '너희가 믿을 때에 성령을 받았느냐'(and asked them, "Did you receive the Holy Sprit when you believed?") 성령 받지 아니하고 교회를 다닐 수는 있지만 그 사람은 진정한 그리스도인이 아닙니다. 그리스도의 영이 계시지 아니하면 참그리스도인이 아니라고 하였기 때문입니다.(롬8:9)

　본문은 예수님께서 부활하시고 40일 간 제자들과 함께 계셨다가 승천하시기 직전에 주신 말씀인바 가시면서 성령을 약속하시고 성령께서 오실 때까지 기다렸다가 성령이 오시면 나의 증인이 되라고 하신 말씀인바 오늘은 성령이 임하신 기념주일입니다. 승천하신 후 10일이요, 부활 후 50일 째 되는 날에 마가의 다락방에 임하신 성령은 지금도 역사하시는데 지식과 경제는 발달하지만 영적으로 피폐해가는 이 시대에 다시한번 말씀에서 은혜를 나누어 봅니다.

1. 성령을 받아야 합니다.

　성령 받을 때에 참그리스도인이 되기 때문입니다. 참그리스도인이 되는 것은 무슨 뜻입니까?

1) 성령께서 오셔서 회개시키시고 거듭나게 하십니다.
　말씀을 들을 때에 깨닫게 하시고 감동감화하사 아멘하게 하십니다.
　① 사도행전에 나타난 성령의 역사를 보시기 바랍니다. (2:1)오순절날에 임하였습니다. (2:37-38)회개의 역사들이 나타나게 되었고 능력이 임하였

습니다. (행 19:1-7)에베소교회는 성령을 알지 못했다가 바울을 통하여 은혜를 받게 되었습니다.
② 오늘날에도 교회라는 이름은 붙어있으나 실상은 성령을 인정하지 않는 무리들이 있습니다. 개인도 교회도 성령을 충만하게 받아야 합니다. (엡 5:18)술 취하지 말라 이는 방탕한 것이니 오직 성령의 충만을 받으라 했습니다.(Do not get drunk on wine, which leads to debauchery. Instead, befilled with the Spirit) 성령 받아야 합니다. 이는 예수님께서 약속하신 바입니다. 그래야 올바른 그리스도인이기 때문입니다.

2) 따라서 예수님께서는 성령을 약속하셨으며 이 약속하신 성령을 받은 후에 전도하라고 명령하신 것입니다.

① 교회가 세워지고 선교가 이루어지기 위해서는 선행조건이 성령 받는 일입니다.(행1:4-5) 그래서 일찍부터 약속하신 분이 예수님이십니다.(요14:16) 그리고 지상교회를 고아와 같이 버려두지 않이겠다고 하셨습니다.(요14:18)
② 성령께서 오셔서 참그리스도인이 되도록 인도해 주십니다. 성령 안에 열심히 있고(롬12:11), 성령 안에 평안이 있으며(요14:27), 성령 안에 생수가 있으며(요7:38), 성령 안에서 인치심이 있습니다.(엡1:13-) 빈 수도꼭지를 가지고 있다고 해서 수돗물이 나오지 않습니다. 성령 안에서 예수 그리스도와의 연결이 중요합니다.

2. 성령께서 오시면 지상교회의 사명이 감당됩니다.

세상에 존재하는 모든 존재는 그 존재목적이 있듯이 교회의 존재목적이 반드시 있게 됩니다.

1) 교회만이 영혼구원의 기능이요 교회만이 구원의 방주입니다.

교회 밖에는 구원이 없습니다.
① 이 교회는 예수님이 세우셨습니다. (마16:18) "내가 이 반석 위에 내 교회를 세우리니" 했습니다.(and on this rock I will build my church) 교회의 머리는 곧 예수님이요 교회는 그의 몸입니다. 피 값으로 사셨으며(행20:28), 진리의 기둥과 터입니다. (딤전3:15) 그런데 이 교회는 성령께서 역사하십니다.

② 그러므로 예수님은 성령을 약속하셨으며 그 분이 오실 때까지 기다리라고 하셨는데 120문도가 기다리며기도했습니다. (행1:14-15) 기도하는 곳에 성령께서 역사하십니다. 그때가 곧 오순절 날입니다.(행2:1)

2) 성령 안에서 온갖 능력이 나타나게 됩니다.

역시 신앙생활은 성령의 능력을 받아야 합니다.
① 온갖 능력이 나타나게 됩니다. 예수님이 약속하신 온갖 능력이 나타나게 됩니다. (막16:17) 예수님보다 더 큰 것도 나타나게 된다고 약속하셨습니다. (요14:12) 베드로와 요한은 앉은뱅이도 일으켜 다니게 했습니다.(행3:1)
② 성령 받을 때에 믿음으로 세상을 이기게 됩니다. 실제적으로 제자들을 보시기 바랍니다.(행4:19, 요일5:4) 지상교회의 승리는 바로 성령 받을 때에 가능한일입니다.

3. 성령을 따라서 행할 때에 신앙생활에 열매가 맺게 됩니다.

1) 신앙생활에는 열매가 중요합니다.

① 예수님도 열매로 그 나무를 안다고 하셨습니다. (마7:16) 신앙생활을 하면서 어떤 열매를 맺고 있습니까?
② 성령을 받게 될 때에 열매가 풍성해지게 됩니다. 회개에 합당한 열매입니다. (마3:8-9) 성령께서 하시는 일들입니다. 찬미의 열매입니다.(히13:15) 성령의 9가지 열매입니다. (갈5:22) 이 열매들은 피동적이 아니고 자동적인 열매들입니다.

2) 성령의 역사가 육체의 뜻을 제어합니다.

① 성령의 소욕대로 살아야 합니다. (갈5:16) 그래야 육체의 소욕을 제어할 수 있게 됩니다. 성령을 따라서사십시오.
② 교회 역사는 곧 성령의 역사입니다. 개인 신앙도 곧 성령의 역사입니다. 여기에서 승리가 보장됩니다. 교회 성도들이여 모두가 성령충만 하시기를 주의 이름으로 축원합니다.

결론 : 성령 받았습니까?

성령

성령의 임재
(행2:1-4)

　모든 일에는 그 시작이 있기 마련인데 국가도 시작한 건국일이 있고 어느 기업이나 단체든지 생일이 있습니다. 교회의 거대한 강물줄기는 예수님이 십자가에서 대속적 죽음을 죽으시고 삼일 만에 부활하시어 40일 동안 함께 계시다가 승천하시게 되는데 승천하신 후 열흘 만에 오십 일째 되는 때에 약속하신 성령이 임하시게 되는데 성령이 오신 때에 교회가 시작되었습니다. 예수님이 승천하시기 전에 예루살렘을 떠나지 말고 약속하신 보혜사성령이 오실 때까지 기다리라 하셨는데 여기에는 몇 가지 의미가 있는바 제자들의 단결력, 약속한 성령의 기다림(요7:39, 14:16, 15:26, 16:7-11), 신앙의 비전을 제시하는 듯이 있었음을 보게 됩니다. 그때 임하신 성령의 역사는 이천 년이 지나오도록 계속 역사하시어 복음을 전파하게 하셨으며 오늘은 2010년의 성령강림주일인데 다시한번 은혜의 시간과 함께 성령을 확보하는 시간되기 바랍니다.
　세속주의(Secularism)와 하나님을 버리는 인본주의가 판을 치는 시대에 그리스도의 영이 없으면 그리스도의 사람이 아니기 때문인 바(롬8:9) 다시한번 성령충만을 확인해야 하겠습니다.

1. 보혜사성령이 임하시므로 발생한 사건들을 보시기 바랍니다.
　약속하신 보혜사성령이 임하시므로 놀라운 일들이 일어났습니다. 교회의 탄생이라는 점에서 놀라운 사건들이라고 믿습니다.

1) 이것은 예수님께서 수차례나 약속하신 일이요 보혜사라고 말씀하셨습니다.
　① 보혜사(paravklhto")는 돕는 자(Helper)라는 뜻인데 환자에게는 의사, 간호사요, 학생에게는 선생님이요, 죄수에게는 변호사요, 어린이에게는 보모와 같은 개념이 돕는 역할이듯이 성령도 그러하십니다. 성령은 우리

에게 외롭지 않게 하시며(요14:18), 우리 연약함을 도와주십니다.(롬 8:26) 이와 같이 역사하시는 그분의 성령을 받았는지 확인해야 합니다.(행19:1-)
② 회개의 역사가 나타나게 됩니다. 성령이 오시면 마음의 죄들이 드러나게 되고 따라서 회개의 대역사가 일어나게 됩니다. 성경은 회개를 강조했습니다.(마3:8, 4:17, 요일1:8-9) 오늘 악한 마음을 부수고, 불태우고, 성결케 하시는 성령이시오, 말씀의 역사입니다.(렘23:29)
③ 각종 은사들과 방언으로 말하게 되었습니다. 여러 가지 은사들이 각 사람에게 필요를 따라서 나타나게 되는데 그중에 방언의 역사가 두드러지게 나타났습니다. 그래서 각 지역에서부터 온 사람들이 알아듣도록 말이 나오게 되었고 놀라움과 함께 복음이 전파되었습니다.(행2:9)
④ 은사 중에 두드러진 것은 병든 사람에게 손을 얹을 때에 병자들이 낫게 되는 일들이 나타나게 되었습니다. 대표적으로 앉은뱅이가 일어나서 걷게 된 사건입니다.(행3:1)

2) 이 모든 일은 성령님만이 하실 수 있는 일이었습니다.
성령은 하나님의 영이시기 때문입니다.
① 성령은 그리스도의 영, 즉 하나님의 영이 되십니다. 그래서 성령이 없으면 그리스도의 사람이 아닙니다.(롬8:9) 예수님은 이를 포도나무 비유로 설명해 주셨습니다.(요15:1-7)
② 성령께서 오셔서 내가 하나님의 자녀임을 확실히 증거 해주십니다. (롬8:16) '우리가 하나님의 자녀인 것을 증거하시나니'(we are God's children)하였습니다. 그래서 성령이 임하실 때에 구원의 확신이 옵니다.(엡1:13-14)

2. 성령 받기 위해서 해야 할 일이 있습니다.
성령께서 내 안에 임재하시고 충만하기 위한 일입니다.

1) 약속을 믿고 기도하는 무리와 함께 기도해야 합니다.
교회는 기도하는 곳입니다.(사56:7-, 마21:13, 막11:17, 눅19:46) 내 아버지 집은 만민의 기도하는 집이라고 하셨습니다.
① 기도할 때에 함께 기도해야 합니다. 기도하지 아니하면 마음의 성전(고전3:16)이 강도의 소굴(마21:13)이 됩니다. 오늘날 교회들이 기도가 약화되었습니다.
② 전혀 기도에 힘써야 합니다.(행1:4) 120문도가 기도에 힘쓰는데 그곳에 성령께서 오셨습니다. 성령은 기도하는 곳에 역사하시고 임재하십니다.

2) 회개하게 될 때에 충만하게 임하십니다.
성령께서 오시면 어두움으로 가득한 마음이 밝아집니다. 그리고 회개가 이루어지게 됩니다.
① 주님은 성령으로 문밖에서 마음의 문을 두드리십니다. 마음 문을 열고 영접하며 그릇된 모습을 회개해야 합니다. 라오디게아교회의 모습을 보시기 바랍니다.(계3:19-20)
② 주님의 말씀을 믿는 사람들이 모일 때에 일어났습니다. 예수님이 가시면서 말씀하심을 믿고 모여서 기도했는데 500여 무리가운데(고전15:5) 모두 임하시지 않고 120 문도에게 임하셨는데 380여 문도는 어디로 갔는지 의문입니다. 10여일을 견디지 못하고 자리를 이탈했다면 큰 문제가 됩니다. 끝까지 믿고 견디게 될 때에 성령께서 역사하십니다.

3. 성령께서 오시면 전도와 선교에 힘쓰게 됩니다.
성령께서 이 땅에 오신 목적이기도 합니다.(행1:8) 주님의 증인이 되는 일입니다.

1) 성령께서 임하시는 목적이 분명합니다.
그 위로 교회는 전도와 선교에 목숨까지 내어놓고 일했습니다.
① 복음을 전하게 될 때에 온 예루살렘이 뒤집히게 되었습니다. 성령의 역사이기 때문입니다. 1907년 길선주 목사님을 비롯한 최권능 목사님들이 전도할 때에 평양의 술집이 문을 닫게 되었습니다. 성령의 역사는 놀랍게 역사하십니다.

② 후에 돌아온 바울을 중심으로 선교현장마다에는 놀라운 일들이 벌어지게 되었습니다. 선교 교육의 일입니다.(행11:19-25) 교회는 선교와 전도가 목적이 되어야 합니다.

2) 성령이 임하시게 될 때에 구원 받은 숫자가 더해갔습니다.

날마다 더하는 교회부흥의 현장이 된 것입니다.
① 숫자들을 보시기 바랍니다. 12제자, 120 문도(행1:4), 3000명(3:41), 5000명(행4:4) 날마다 더하여 갔습니다.(행3:47)
② 그 성령님은 지금도 우리와 함께 계십니다.(마28:20) 떠나지 않으시고 지금도 함께 계시는 그 성령님을 충만히 받아서 전도 선교의 사명을 다하는 교회가 되시기를 축원합니다.

결론 : 성령충만 받아야 합니다.

소망

주님을 찾는 갈급함의 온도
(시42:1-6)

세상의 모든 일에는 그 하는 일에 대한 열정이나 그 일에 대한 관심들을 표시할 때에 온도계를 예로 들어서 '몇 도'라고 말하게 됩니다. 사회 통념으로 보아서 그냥 지나치는 일도 있지만 과하게 될 때에 도가 지나친다고 말하게 됩니다. 우리의 영적 일에는 기준미달이 되면 곤란합니다. 성경에는 열심히 주를 섬기라고 하였습니다.(롬12:11) 영적인 일에는 무엇이든지 열정적이고 뜨거워야 합니다. 소아시아 일곱 교회 중에 라오디게아교회는 차지도 아니하고 더웁지도 아니하여 입에서 토하여 내치겠다고 하셨습니다.(계3:15) 우리가 하나님을 사모하고 신앙하는 데는 열심과 뜨거움이 있어야 합니다.(시109:9)

본문에서 다윗은 아들 압살롬에 의해서 잠시 동안이지만 반역을 당하게 되고 쫓겨 다니는 압박 속에 있을 때에도 하나님을 향한 뜨거움과 열정을 잊지 아니함을 나타내 주었습니다.

(1절) '하나님이여 사슴이 시냇물을 찾기에 갈급함 같이 내가 주를 찾기에 갈급하나이다' 하였고 (3절) '사람들이 종일 나더러 하는 말이 네 하나님이 어디 있느뇨' 라는 영적인 고통도 털어놓게 됨을 보게 됩니다. 어려운 때일수록 우리의 영적 뜨거움이 요구되는데 본문에서 은혜를 나누게 됩니다.

1. 하나님을 신뢰하고 믿는 신앙의 온도입니다.

어려운 때일수록 하나님을 믿고 신뢰해야 하는데 몇 도나 됩니까?

1) 하나님을 향한 우리 믿음의 간절함입니다.

간절함이 몇 도나 되는지 생각해 봐야 합니다.

① 하나님은 살아계신 하나님이시기 때문입니다. 우리 하나님은 세상 신들(gods)과 달라서 살아계신 하나님(God)을 믿습니다. 열방의 우상은 사람들이 만든 수공물입니다.(시115:4-) 하나님은 살아 역사하시는 하나님

이시며 모든 창조물을 통치하시는 하나님이십니다.
② 그분을 향하신 믿음의 열조들의 열정과 간절함의 온도를 성경에서 분명하게 보게 됩니다. 왕상 18장에서 엘리야의 열정적인 뜨거움은 850명의 이방신을 섬기는 자들을 온전히 제압하였고 불로 응답받게 됩니다. 그리고 3년 6개월 만에 비가 내리게 하였습니다. 왕하18-20장까지의 히스기야왕의 기도는 국가의 위기에서 건지게 되었고 본인의 죽을 병에서 치유받는 기적이 일어나게 되었습니다. 뜨겁고 열정적인 기도 앞에 하나님이 역사하셨습니다.

2) 우리는 살아계신 하나님을 믿습니다.
누가 말하듯이 죽은 하나님이 절대로 아닙니다.
① 다윗은 살아계신 하나님을 확실하게 믿었고 의지하였는데 그 뜨거움이 열정적이었습니다. 그래서 잠시동안 압살롬에 의해서 쫓겨나지만 낙심하지 아니하였고 살아계신 하나님께 기도하게 될 때에 결국 승리하게 되었습니다. 하나님은 살아계십니다.
② 그런데 당시의 상황은 그렇게 쉬운 상황이 아니었습니다. 압살롬에게 잡히게 되면 죽을 수밖에 없었던 생사가 갈리는 위기의 순간이었습니다. 그래서 '원수의 압제'(9-10절)라고 하였습니다. 우리의 믿음이 평상시에는 잘 알 수가 없지만 위기(crisis)가 닥쳐왔을 때에는 증명이 됩니다. 우리의 열정이 위기 때에도 나타나는 뜨거움이 필요합니다. 다윗은 위기 때에 그의 믿음이 더욱 뜨거웠듯이 우리의 믿음이 그러해야 합니다.

2. 하나님을 사모하고 사랑하는 온도입니다.
평상시에도 고백해야 하겠지만 힘든 일이 있을 때에 믿음을 고백하고 하나님께 대한 사랑을 나타내야 합니다.

1) 하나님을 간절히 사모해야 합니다.
(1-2절) '사슴이 시냇물을 찾아서 사모하듯이 사랑해야 합니다.

① 형편이 어렵고 힘든 때일수록 하나님을 사모하고 사랑을 고백해야 하겠습니다. 부부의 애정이 평상시보다 위험한 순간에 더욱 고백해야 하듯이 하나님을 향한 성도의 고백 역시 그러합니다. 하나님을 향한 원망이나 불신앙적 표현보다 사랑의 고백이 필요합니다.

② 다윗은 극단적인 어려움 속에서도 하나님을 사모하게 되고 사랑고백 때문에 모든 일을 극복하게 되었습니다. 사람이 70-80을 살아도 수고와 슬픔이 가득하기 때문에(시90:9-10) 언제나 하나님을 향한 사랑 고백이 뜨거울 때 세상을 이기고 극복하게 됩니다. 다윗이 보여주는 큰 교훈이 되겠습니다.

2) 물이 없이는 살 수가 없듯이 다윗의 생애도 하나님 없이는 살 수가 없음을 고백했습니다.

① 모든 생물은 물이 없으면 살 수가 없게 됩니다. 헬라의 철학자 탈레스(Tales)는 모든 만물의 기원이 물에서 왔다고 할 만큼 물이 귀중한데 인생은 하나님 없이는 살 수가 없기에 물보다 더 사모해야 합니다.

② 하나님을 사랑하는 사람은 언제나 예배를 중히 여기게 됩니다. 예배를 통해서 하나님과 교통하기 때문입니다. (4절)' 하나님의 성전에서 성일을 지키는 무리와 함께 기쁨과 찬송을 부르는 예배' 라고 시인했습니다. 예배의 성공자가 되십시오. 2010년 우리의 예배 생활을 중요시 여겨야 하겠습니다.

3. 쫓겨난 환난 중에서 전체 소망을 하나님께만 두는 뜨거운 온도입니다.

아들에게까지 쫓겨났으니 소망이 어디에 있겠습니까?

1) 이때의 소망은 오직 하나님께만 두었는데 그 뜨거움이 용광로입니다.

소망을 오직 하나님께 두었기 때문입니다.

① 어려운 때일수록 소망을 하나님께 두어야 합니다. (5절) '내 영혼아 네가 어찌하여 낙망하며…너는 하나님을 바라라' 소망을 하나님께 두는 열정입니다.

② 하나님을 앙망하기 때문에 오히려 평안이 오고 이기게 됩니다. 하나님을 앙망하게 되면 위기 때라도 역사가 나타나게 됩니다. 믿을 때에 영광이 나타나게 됩니다.(요 11:40)

2) 힘들고 어려운 때에 소망을 어디에 두시겠습니까?

그 소망을 하나님께 두어야 합니다.

① 하나님께서 반드시 도와주시겠다고 약속해 주셨습니다. 다윗의 간증을 읽어보시기 바랍니다.(시35:1-2)

② 소망을 하나님께 두었던 다윗을 이길 자는 없었습니다. 정치, 경제, 군사 모든 생애가 하나님께로부터 왔습니다. 결국 다윗이 승리하였습니다. 하나님께 소망을 두는 자는 승리케 됩니다. 이런 승리가 있게 되기를 주님의 이름으로 축원합니다.

결론 : 이김은 여호와께 있습니다.

승리

성도의 칠전팔기의 신앙
(잠24:16)

　칠전팔기(七顚八起)하면 옛날 권투선수 중에 홍수환선수가 적지에 가서 7번 KO당하고 여덟 번째 일어나서 적을 KO로 이긴 이야기가 유명합니다. 각 분야마다 전쟁이 아닌 것이 없는데 지금은 영적 전쟁이요, 존맥아더(John Mac Arthur)가 말하듯이 진리전쟁(The Truth War)시대입니다. 이 책에서 그는 교회가 목숨 걸고 지켜온 것이 성공과 행복인가, 아니면 진리인가? 라고 꼬집어 말하면서 모든 것이 상업주의로 나가는 것을 비판했습니다.
　초대교회 기독교 시대를 살았던 이그나티우스(Ignatius)나 폴리캅(Porycarp)은 진리를 위해서 목숨을 걸었던 신앙의 지도자였습니다. 교회시대를 올라갈수록 순교자들은 목숨을 걸고 진리를 위해서 싸웠고 이겼습니다.
　본문에서 성경은 악한 자들이 만연하게 되고, 반역자들이 형통하게 되는 때에도 의인은 일곱 번 넘어져도 다시 일어나게 된다고 하였습니다. 의인을 향하신 징계와 훈련의 장소로 알고(벧전1:7, 히12:5-13) 더욱 굳게 서는 이 시대의 교회들과 성도들이 되어야 하겠기에 본문에서 은혜를 나누게 됩니다.

1. 일곱 번 넘어져도 또 승리하는 것은 하나님의 오른손이 견고히 붙들어주시기 때문입니다.

　하나님의 손이 없이는 사망의 골짜기요(시23:4) 가시밭의 눈물골짜기(시84:6)이지만 이기게 됩니다.

1) 하나님의 의로운 오른손으로 붙들어주시기 때문입니다.
　욥의 경우에서 분명히 고백되었습니다.(욥23:10)
　① 하나님의 의로우신 오른손이 내 손을 붙잡아 주십니다. 성경 여러 곳에서 밝히 봅니다.(사41:10, 13) 의로운 오른손입니다.(with my righteous right hand)

② 강한 손으로 붙드시기 때문입니다. 애굽의 바로왕 같은 포악한 정치인이 괴롭게 하여도 그곳에서 다시 일어나는 것은 하나님의 강한 손이 함께 하시기 때문입니다.(출6:1, 13:3)
③ 하나님의 손바닥에 우리의 이름이 기록되었기 때문입니다. 어느 부모가 자기 자식의 이름을 손바닥에 기록하고 기억하겠는가? 그런데 하나님은 그렇게 하신다고 약속해 주셨습니다. (사49:16) "내가 너를 내 손바닥에 새겼고 you on the palms of my hands)
④ 믿음이 약하거나 믿음이 작아서 세상 물결에 빠져들어 갈 때에 가까이 오셔서 일으켜 세워주시는 주님의 손입니다. (마14:31)물에 빠져가던 베드로의 손을 잡아주신 손입니다. (눅22:31-32)사단이 밀 까부르듯 하려 했으나 주님이 잡아주시어 다시 사도로써의 훌륭한 길을 가게 하신 주님의 손입니다.
⑤ 내 죄 때문에 십자가에 못 박히신 손입니다. 십자가에 달리실 때에 내 죄를 위하여 많은 속박과 피 흘리신 그 손입니다. (요20:25)의심하던 도마에게 나타나시어 못 자국 난 손을 내밀며 믿으라고 하시던 주님의 손입니다.

2) '의인은 고난이 많으나 여호와께서 붙드시는도다' 하셨습니다.

여호와께서 붙드시기 때문에 칠전팔기 입니다.
① 모든 고난에서 건져주십니다. 그리고 이기게 하시며 승리케 하십니다.(시34:19-20, 시37:17)
② 끝내 승리는 하나님이 붙드시는 성도에게 있습니다. 능력의 손길로 붙잡아 주시기 때문입니다. 성경은 이를 분명히 말씀했습니다.(시37:24, 28)

2. 하나님께서는 그의 자녀들에게 언제나 눈을 향하고 계시기 때문입니다.

왜 영영히 실족치 않습니까? 하나님의 보호의 눈이 가까이 지켜보시고 계시기 때문입니다.

1) 여호와의 눈은 성도에게 향하십니다.

이것이 성경의 약속입니다.
① (시34:15) '여호와의 눈은 의인에게 향하시고 그 귀는 저희 부르짖음에 기울이시는도다' 하였습니다. 그래서 성도가 복을 받습니다.
② 문제는 누가 의인인가? 하는 것입니다. 성경은 그 예들을 보여주셨습니다. 그리고 이김도 보여주셨습니다.(대하16:9, 욥36:7)

2) 하나님의 관심과 눈이 내게 돌리게 하시기 위해서 해야 할 일이 있습니다.
① 위기 때마다 부르짖고 기도해야 합니다. 성경을 보시기 바랍니다.(마14:31, 렘33:1, 요16:24)
② 충성스러운 자에게 역사하십니다. 오늘도 하나님의 눈은 충성을 보십니다.(시101:6, 행7:55-56)

3. 의인은 여호와께서 사랑하시기 때문입니다.
그 의인이 칠전팔기하게 됩니다.

1) 70억이 넘는 인생 무리에도 하나님은 아십니다.
사랑하실 자와 미워하실 자로 여깁니다.(말1:1-3)
① 야곱과 에서를 예로 들었습니다.(말4:2) 사도 바울은 이를 인용하였습니다.(롬9:13)
② 하나님 보시기에 합한 자가 되어야 합니다. 다윗과 같은 인물입니다.(행13:22)

2) 하나님이 함께 하시기 때문에 결국 승리자가 됩니다.
① 이를 사도들이 노래했습니다. 이김을 주시는 하나님을 찬송함입니다.(고전15:57, 요일5:4)
② 문제는 끝까지 흔들리지 말아야 합니다. '주의 일'(to the work of the Lord)에 힘써야 합니다.(고전15:58) 이것은 믿는 일(요6:29)입니다. 예수님 안에서 언제나 이기는 칠전팔기가 있게 되기를 주의 이름으로 축원합니다.

결론 : 성도는 언제나 이기는 자가 되어야 합니다.

승리
끝까지 흥하는 사람이 되라
(대하 26:5)

　세상을 살아가면서 '시종일관' 이라는 말이 있는데 처음부터 끝까지 어떤 일을 해내는 일관된 사람을 가리킬 때에 사용합니다. 마라톤선수가 끝까지 완주하듯이 어떤 일에 대해서 잘 달려가는 사람입니다. 신앙생활에도 이 용어가 필요한데 성경에서 볼 때에 사도바울과 같은 사람을 예로 들게 됩니다. (딤후 4:7) 그렇지 아니하고 처음에는 잘 하다가 어느 시점에서부터 무너지게 되는 경우들도 많이 있게 되는데 성경의 예를 보면서 영적으로 큰 교훈을 얻게 됩니다.
　본문은 남쪽 유다 왕들 중에 웃시야에 대한 말씀으로써 저가 처음에는 잘하였으나 중도에 교만하게 되고 그릇된 길로 접어들게 되는데(대상26:8, 15) 후에는 문둥병에 걸려서 평생을 불행하게 지낸 사람으로 남게 됩니다. 여기에서 우리는 영적이고 신앙적인 면에서 큰 교훈을 얻게 됩니다.

1. 흥하다가 중도에 망한 사람들에게서 교훈을 얻습니다.
　차라리 처음에는 어렵다가 중도 이후에 잘되면 더 교훈적인데 반대의 현상이 주어지게 됩니다.

1) 흥했다가 망한 사람들의 기사를 예를 들게 됩니다.
　그 시대 뿐 아니라 후대에까지 큰 교훈을 주게 됩니다.
　① 이스라엘 초대 왕인 사울에게서 보게 됩니다. 초대왕으로서 처음에는 백성을 사랑하였고 하나님께 인정받아 훌륭한 왕으로써 뽑힘을 받았습니다. 한 가정의 아들로써 부모에게 효도하는 사울의 모습도 보게 됩니다 (삼하 9:1-4). 하나님의 신이 충만하여 예언까지 했던 사람입니다(삼상 10:12). 그러나 왕위에 올라서 교만하게 되었고 불순종하여(삼상 15:12,15) 결국 불행하게 버림받은 왕이 됩니다(삼상 15:26; 행13:22).
　② 요아스왕입니다(대하 22:10; 왕하11-12장). 그때에 '여호야다' 라는 훌륭

한 제사장이 있어서 초창기에는 훌륭하게 나아가지만 후에는 역시 실패자가 됩니다. 성전도 수리하고 (대하 24:2; 22:4) 신앙적으로 성공적이었는데 후에 교만하게 되고 우상주의에 빠지게 되었습니다. 이때부터 사실상 망조가 되어 유다는 BC 586년 바벨론에 의해서 망하게 되었습니다. 이때에 죽임당한 스가랴에 대해서 예수님이 언급 하셨습니다(마 23: 35).
③ 웃시야왕을 보시기 바랍니다(대하 26장) 처음에는 유다 나라에 농사와 군사와 여러 가지 면에서 훌륭하게 영향을 끼치게 되지만 교만하여 하나님의 제사장들이 하는 일에 대해서 월권하게 되고 결국 문둥병이 들어 죽을 때 까지 별궁에 거하게 되는 불운의 왕입니다.
④ 히스기야왕을 보시기 바랍니다(왕하 18-20; 대하 29:2-3). 왕위에 올라서 오직 하나님 중심으로 살게 되고 모든 우상을 타파해서 부수게 되었고 기도해서 국가 위기에서도 건지게 되고 병에서도 낫게 됩니다. 그러나 그가 교만한 때가 있었고 (대하 32:20-26) 그로인해 진노가 내리자 회개하지만 그 죄로 말미암아 아들 대에 유다가 바벨론에 포로가 되어가는 결정적 원인을 제공하게 됩니다.(렘15:4) 그러므로 두렵고 떨림으로 구원을 이루어야 합니다(빌2:12)

2) 이들이 흥하다가 망한 이유가 무엇이었습니까?

잘나가다가 망하는 이유는 반드시 원인이 있습니다.
① 교만입니다. 이구동성으로 교만때문에 망하게 됩니다. 성경 역시 교만이 패망의 선봉이라고 했습니다(잠3:34; 약4:6, 벧전5:5) 겸손해야 합니다.
② 죄를 지을지라도 회개가 뒤따라야 하는데 회개가 없거나 빈약합니다. 전자에 말한 인물이 그랬습니다. 성경을 보시기 바랍니다.(시138:6; 잠16:18; 18:12; 요일1:8-9)

2. 끝까지 흥하는 사람들이 있습니다.

축구선수가 골을 넣듯이 멋지게 신앙으로 승리합시다.

1) 성경에서 그 예를 보시기 바랍니다. 믿음의 선조들이 그랬습니다.

① 에녹입니다(창5:22). 300년간 자녀를 낳으며 성공적으로 하나님과 동행

을 하였습니다.
② 노아를 보시기 바랍니다(창6:7) 종말 때에 상징적으로 보여주는 때가 노아의 때입니다(마24:37). 방주 짓는 일에 믿음으로 행하였던(히11:7) 노아와 같은 믿음이 우리에게 있어야 합니다.
③ 요셉입니다(창37-51장) 야곱의 11번째 아들이지만 실질적으로 장자가 된(대상5:1-2) 요셉의 성공사례는 만세에 길이 빛나는 견본이 됩니다. 그래서 요셉은 오실 메시야이신 예수님의 모형이 됩니다.

2) **끝까지 흥한 사람들은 어떻게 하였는지 보아야 합니다. 모두가 이유가 있었습니다.**
① 처음 하나님 만날 때의 신앙을 변치 않았습니다. 이른바 첫사랑입니다 (계 2:4; 엡6:23-24).
② 말씀에 절대 순종입니다. 순종을 그 어떤 일보다 우선순위에 두어야 합니다. (삼상15: 22) 그리고 월권하지 말아야 합니다. (욘1:12, 고전14:3; 삼상13:8-14)

3. 영적 경주에서 성공하고 완주자가 되어야 합니다.
영적으로 성공자가 되어야 하는 것이 우리의 목적입니다.

1) **모든 일에 감사하는 신앙으로 달려가야 합니다.**
① 감사가 없으면 욕심이 생기고 여기에서 망합니다. (약1:15)성경은 교훈해 주었습니다.
② 감사가 없을 때에 불신앙이 생기게 됩니다. 성숙한 신앙은 감사하는 신앙입니다.

2) **우리는 천국에 가기까지 완주하는 사람들입니다.**
① 중도에 하차하게 되면 곤란합니다. 영적 생활에서 성공자가 되시기를 바랍니다.
② 하나님은 모든 것을 아시고 이끌어 주십니다. 겸손한 자도 아시고 교만한 자도 아십니다. 끝까지 경주가 성공이시기를 주님의 이름으로 축원합니다.

결론 : 영적 성공자가 되십시오.

신앙의 사람

이 산지를 내게 주소서 하는 믿음

(수14:6-15)

　이 세상을 살아가는 동안에 모든 것들이 변하게 됨을 봅니다. 산천초목도 변하게 되고 사람이 살아가는 환경도 변하게 됩니다. 그래서 예부터 전해 내려오기를 10년이면 강산이 변한다고 합니다. 환경만 변하는 것이 아니고 마음들이 변하며 사람의 외형도 변하기 때문에 세월의 흐름을 따라서 젊은이가 노인으로 변하게 됩니다. 그런데 세월이 아무리 많이 흘러가도 변하지 않고 더욱 좋아진 형태의 모습을 보는데 여호수아와 갈렙의 신앙의 모습입니다.
　본문에서 갈렙의 모습은 영적 신앙이 더욱 좋아진 모습을 보여줍니다. 40년 전 여호수아와 함께 고백하였던 그 신앙이 85세의 고령의 나이가 된 후에도 변치 않아서 난공불락의 성인 아낙자손이 있는 산지를 점령할 믿음이 있기에 '이 산지를 내게 주소서' 라고 고백하며 점령하게 되는데 그곳이 헤브론입니다. 당시에 헤브론은 '아르바' 가 통치하는 막강한 곳이었으나 갈렙의 믿음에 의해서 점령되고 유명한 헤브론 성지가 되었는데 본문에서 큰 교훈과 은혜를 나누게 됩니다.

1. 갈렙은 세월이 흘렀어도 확고한 믿음이 변치 않고 고백했습니다.

　대개 젊을 때에는 젊은 혈기에 의해서 어떤 일에 쉽게 고백하고 말할 수 있지만 85세의 고령에도 변치 않는 신앙고백이 그대로 되는 믿음이었습니다.

1) 40년 전의 신앙고백이 변치 않고 살아있는 것입니다.
　여호와하나님은 40년 전 가데스바네아에서 여호수아와 갈렙에게 약속하셨습니다.(6절) 그 약속을 기억하십니까?

① 약속을 기억하십니까?(Promised of God) (9절) '네 발로 밟는 땅은 영영히 너와 네 자손의 기업이 되리라' 하였습니다. 모세를 통하여 약속하신 이 말씀을 믿고 변치 않았습니다. 이사야선지자는 유다백성들에게 외쳤습니다. (사26:3)' 주께서 심지가 견고한 자를 평강에 평강으로 지키시리니 이는 그가 주를 의뢰함이니라' 하였습니다. 성도는 믿음의 심지를 견고하게 해야 합니다. 갈렙은 40년 전의 믿음의 심지(민14:24, 신1:36)가 40년 후인 본문에서도 계속되었던 믿음의 사람이었습니다.

② 여기에는 믿음의 2가지 요소가 돋보이는 부분입니다. 갈렙의 이 믿음은 두 가지 요소로 요약됩니다. 하나는 민14:24의 말씀 중에서 보면 '그 마음이 그들과 달라서 나를 온전히 좇았은즉' 이라고 하신 부분인데 믿음의 중요한 요소가 온전히 따라가는 일입니다.' 반신반의' 하면 곤란합니다. 사람들의 믿음이 반신반의하다가 중간에 하차하게 되는데 곤란합니다. 또 하나는 온전한 순종입니다. 신1:36에서 '갈렙은 온전히 여호와를 순종하였은즉' 이라고 하였습니다. 믿음의 사람 아브라함은 언제나 순종의 사람이었습니다.(창12"1-5, 21:14, 22:1-9) 사울왕은 불순종으로교만 하다 망했습니다.(삼상15장)

2) 하나님은 약속을 변치 않으십니다.

세월이 가고 모두가 변해도 하나님의 약속은 분명하십니다.

① 갈렙은 40년이 지나도 이 약속이 변치 않고 이루리라고 믿었습니다. 그러하듯이 우리의 믿음 또한 변치 말아야 합니다. 갈렙은 세월이 지났어도 그 말씀이 이루어지리라고가슴 속에 믿었습니다. 믿음의 정의와(히 11:1-2), 예수님의 약속을 보시기 바랍니다.(막11:22-24)

② 신약에서 믿는 자에게 약속하신 바를 보시기 바랍니다. (행1:4, 2:38)성령을 주실 것을 약속해 주셨습니다. (요일2:25)생명의 약속을 하셨습니다. (마28:20)영원히 함께 하실 것을 약속해 주셨습니다. (요10:28)절대적인 보호의 약속입니다. (마24:44)재림의 약속입니다.(행1:11) (요14:1-6)예수 안에서 영원한 천국을 약속해 주셨습니다. 갈렙은 이 산지를 내게 주소서라고 하였는데 우리의 믿음이 약해지지 않고 믿어야 합니다.(눅18:8)

2. 갈렙은 세월이 지났어도 영적인 담대함과 능력을 잃지 않고 간직했습니다.

사람이 젊었을 때에는 그럴 수 있다고 해도 나이가 들면 나약해지기 쉬운데 갈렙의 나이 85세에도 약해지지 않았습니다.

1) 영적 담대함을 잃지 말아야 합니다.

'이 산지를 내게 주소서'(Now give me this hill country) 이 영적 담대함을 회복해야 합니다. 순교자 폴 리캅(Polycarp)은 순교할 때도 담대했습니다.

① 믿음에는 연령에 관계없어야 합니다. 이때 나이 85세였습니다. 성경에서 유명인들이 쓰임 받을 때 나이를 보시기 바랍니다. (창12:4)아브라함은 75세에 부르심 받았습니다. (출3:4-)모세는 80세 때에 부르심을 입었습니다. (눅 2:36)안나는 100세가 훨씬 넘었을 때 주님을 전했습니다. 믿음에는 영웅적 기질이 때때로 요구됩니다.

② 나이가 들면 경험적으로 영적 기질이 더욱 강해야 합니다. 11-12절에서 자세히 보시기 바랍니다. '모세가 나를 보내신 날과 같이 오늘날 오히려 강건하니 나의 힘이 그때나 이제나 일반이라 싸움에나 출입에 당할 수 있은즉 그날에 여호와께서 말씀하신 이 산지를 내게 주소서' 했습니다. 이것이 갈렙의 모습이었습니다.

2) 하나님은 믿음대로 역사해 주십니다.

예수님께서 세상에 계실 때에 누누이 강조하신 것이 믿음입니다.

① 믿음대로 된 현장을 보시기 바랍니다. (마9:22) '딸아 안심하라 네 믿음이 너를 구원 하였느니라' 했습니다.

② 때로는 믿음의 용장이 되어야 합니다. 믿음의 용장은 나이, 직업, 학력, 환경을 초월합니다. 무디(D. Moody)는 구둣방 직공에서 대부흥사가 되었습니다. 믿음의 용장들이 되시기를 바랍니다.

3. 믿음의 용장 갈렙이 가는 곳에는 어떤 적군도 막을 수 없습니다.

민14-15장에 나타난 때부터 시작해서 85세의 갈렙에게는 어떤 적군도 당할 수가 없었습니다.

1) 믿음의 사람이 가는 곳에는 염려가 없습니다.(12절)

아낙자손이요, 철병거가 있고 견고한 성읍도 문제가 되지 않았습니다.
① 믿음의 현장에서 다윗을 보시기 바랍니다. (삼상17:47) 골리앗과의 싸움에서 이겼습니다.
② 적이 아무리 강해도 염려 없습니다. 하나님이 함께 하시기 때문입니다.(왕하6:16-) 이와 같은 영안이 열려야 합니다.

2) 우리에게 믿음의 영적 기질이 요구됩니다.

영적으로 나약하면 곤란합니다.
① 85세의 나이에도 기질이 변하지 않았습니다. 나는 할 수 있다(I can do)고 나아가야합니다. 나는 할 수 없다(I can not)가 아닙니다.
② 하나님께서 이기게 하셨기에 가능한 싸움이었습니다. 믿는 자에게 이기게 하시는 하나님이십니다. 언제나 이기는 곳에 '나' 가 있기를 주님의 이름으로 축원합니다.

결론 : 여호수아와 갈렙이 요구되는 때입니다.

신앙의 사람
예수님이 보신 세례요한
(요3:22-30)

세상을 살아가면서 사람은 누구나가 누군가에게는 보이게 되고 특별히 눈에 띄게 되어 있습니다. 그래서 잘 보이려고 노력합니다. 운동선수는 감독에게 잘 보이고, 배우 역시 감독에게 잘 보여야 선택되어서 영화를 찍게 됩니다. 박지성 선수는 2002년 한일월드컵이 낳은 좋은 선수인데 히딩크의 눈에 발탁되어서 일약 세계적 선수가 되었습니다.

신앙생활 역시 운동선수로 비유 했는데(고전9:25), 감독되신 예수그리스도에게 잘 보이는 것이 중요합니다. 주님이 우리를 선택하시고 사랑하셨다고 했습니다.(요15:16, 요일4:19) 예수님보다 6개월 먼저 와서 사역했던 세례요한은 예수님께서 극찬을 아끼지 아니하신 사람입니다. 선수로 말하면 초 일류급 선수라고 볼 수 있을 것입니다.

본문에서 뿐 아니라 세례요한이 등장하는 기사에서 우리는 은혜를 받게 됩니다.(요10:40-42, 눅7:24-28)

1. 세례요한은 예수님만 전파한 능력의 사람이었습니다.

세상에서 능력별로 나누어 볼 때에 제각기 자기 위치에서 사명에 충실한 사람이 많이 있습니다만 세례요한 역시 그 분야에서 두드러진 사람으로 칭찬을 받게 됩니다.

1) 세례요한의 활동에는 회개 시키는 능력이 있었습니다.
많은 사람들이 그 앞에 나와서 회개의 세례를 받게 되었습니다.
① 유대인들은 역사적으로 '선지자' 라 하면 능력을 요구했습니다. 능력이 없으면 선지자로서 그 주가가 떨어지게 되었습니다. 능력있는 선지자하면 구약에서 엘리야를 으뜸으로 봅니다.(왕상17:18장)그리고 그 선지자는 신약에도 예를 듭니다.(약5:16-17) 헬라인들은 전통적으로 지혜를 구

한다고 했습니다.(고전1:20) 그래서 헬라인들에게는 철학이 발달되었습니다.
② 구약에는 엘리야라면 신약이 시작되면서 제 2의 엘리야인 세례요한입니다. 말라기 선지자는 엘리야가 올 것이라고 예언했는데그 엘리야는 (말4:5) 다름 아닌 세례요한이라고 예수님이 해석해 주셨습니다.(마11;14, 막9:11, 눅1:17) 그러나 사람들은 예언대로 온 능력의 선지자 세례요한을 임의로 대우하였고 죽였습니다.(막9:11-12)

2) 세례요한은 능력의 사람이었습니다.
사람들이 대개 생각하는 능력이란 개념은 병든 자가 일어나고 귀신이 나가고 하는 등의 개념을 생각하지만 그것만이 능력이 아닙니다.
① 예수 그리스도는 우리의 힘이시며 능력이 되십니다. 히브리사람들은 대개 가시적이고 의학적 기적을 나타낼 때에 능력이라고 하지만 신약의 개념은 다릅니다. (고전1:24) '오직 부르심을 입은 자들에게는 유대인이나 헬라인이나 그리스도는 하나님의 능력이요 하나님의 지혜니라' 하였습니다. 죄에서 영원히 죽었던 우리를 살리는 능력이 곧 그리스도이십니다. 그래서 능력의 예수만 바라보아도 살게 됩니다.(요3:14)
② 하나님의 말씀이 곧 능력이요 권능이 됩니다. 이 말씀은 세상을 창조하신 말씀이요(요1:3), 살았고 운동력이 있습니다.(히4:12) 성령이 임하시면 이 능력이 임하게 된다고 하셨습니다.(행1:8) 성령이 임하시면 이 능력이 임하게 된다고 하셨습니다.(행1:8) 세례 요한은 이 말씀을 전파한 능력의 사람이었습니다. 정의가 죽고 불의가 판을 치는 시대였습니다

2. 세례 요한은 불의와 죄악의 세상을 향해서 정의와 공의를 외친 황야의 소리와 같은 능력의 사람이었습니다.
정의가 죽고 불의가 판을 치는 시대였습니다.

1) 불의한 시대에 불의에 대해서 불의하다고 외쳤습니다.
악한 시대에 악을 보고도 잠잠한 것이 세상 역사였습니다.

① 세례 요한은 불의 앞에서 외친 사람입니다. 이 사실이 일찍 400년 전에 말라기를 통해서 예언되었는데 그 예언대로 되었습니다.(말3:1)
② 세례 요한이 전한 소리의 내용을 보시기 바랍니다. 세례 요한은 누구 앞에서도 담대히 외쳤던 모습을 봅니다. (마3:7, 마14:4-10) 헤롯왕 앞에서도 담대히 전하다가 목 베임을 받게 되었습니다.

2) 예수그리스도에 대한 올바른 소개로 일관한 사람입니다.

대개 자기가 인기가 있고 주가가 높아지면 상대방을 배반하는 사례가 많은데 세례 요한은 자기의 인기를 무시하고 예수님만 전했습니다.
① 예수님은 하나님의 어린양이라고 외쳤습니다.(요1:29) 이는 다름 아닌 메시야요 인류 죄를 위해서 십자가에 죽으실 대속주로서의 예수님을 소개한 것입니다.
② 예수님은 심판주요 불로서 세례를 주실 분이심을 소개했습니다. 자신은 다만 물로 세례를 주는 것 뿐이지만 예수님은 불로 세례를 주실 것이며 타작마당을 정하시고 심판하실 분이시라고 했습니다.(마3;11) 세례 요한의 이런 말을 들을 때에 그들은 회개하였습니다. 말씀을 들은 자세는 실로 중요합니다.(살전2:13)

3. 세례요한은 예수님이 칭찬을 아끼지 아니한 사람입니다.

예수님이 극찬을 하신 사람이 되었습니다.

1) 여자가 낳은 자 중에 세례요한 보다 큰 이가 일어남이 없다고 하셨습니다.

① 하나님께서 크다고 하신 사람이 큰 사람입니다. 욥과 같은 사람입니다.(욥1:3 He was the greatest man among all the people of the East) 욥은 하나님이 인정하신 큰 사람이 되었습니다.
② 세례 요한은 인정된 큰 사람이 되었습니다.(눅1:15) 저가 주 앞에 큰 자가 될 것이라고 하였더니 그대로 되었습니다. 그리하여 저로 말미암아 많은 사람이 예수를 믿게 되었습니다.(요10:42)

2) 세례요한은 예수님 앞에서 자기 자신을 알았습니다.

사람이 자기를 모르고 사는 사람이 많습니다.

① 예수님은 흥할 분이시오, 자기 자신은 쇠할 자라 하였습니다. 우리는 우리 자신을 알아야 합니다. 이것이 본분입니다.

② 겸손의 사람입니다. 사람들은 예수님을 등에 업고 자기가 올라가는 시대입니다. 세례 요한을 배워야 합니다. 겸손을 배우기를 축원합니다.(벧전 2;5-6)

결론 : 세례 요한을 배웁시다.

신앙의 사람

이런 사람이 됩시다

(히11:38-40)

　세상을 살아가는 사람들은 그 종류가 다양하게 됨을 보게 됩니다. 국가나 종족의 분류도 있지만 피부나 심성이나 성격들도 다양합니다. 그러나 분명한 사실은 하나님을 기쁘시게 해드리는 사람의 수는 다양하지도 않거니와 많지도 않음을 봅니다. 그 가운데도 하나님을 기쁘시게 해드리고 하나님의 마음에 드시게 하는 사람도 성경에는 소개되었습니다.(행13:22) 그래서 신약성경을 시작하면서 마태복음 1:1절에 두 사람의 이름이 소개되었는데 하나는 아브라함이요 다음은 다윗이 기록되었습니다. 현재적으로 볼 때에 지구촌에는 70억이 넘는 인생들이 살아가게 됨을 보는데 하나님을 기쁘시게 해드리는 사람은 적음을 보게 됩니다.

　본문을 중심으로 해서 히브리서 11장은 믿음의 선진들이 기록되었는데 모두가 믿음의 사람들입니다. '믿음이 없이는 기쁘시게 못하나니' (11:6) 했습니다.(And without faith it is impossible to please God) 이 믿음으로 세상이 감당치 못하는 사람들은 어떤 사람들이겠습니까?(11:38) 이런 사람은 세상이 감당치 못하도다 했는데(the world was not worthy of them) 세상이 감당할 수 없는 믿음의 사람들을 소개하며 본받게 됩니다.

1. 이 사람들은 철저하게 믿음의 사람들이었습니다.

　에덴동산에서 하나님의 형상을 상실하고 추방된 이후의 세계에서 하나님께 눈에 띄게 승리한 사람들입니다.

1) 믿음의 선진들을 보시기 바랍니다.

　11장에 나타난 인물을 중심으로 수많은 사람들을 보게 됩니다.

① 아벨(Abel)은 믿음으로 드려진 산 예배의 증인입니다. 하나님께 예배를 드림에 있어서 산 예배가 절실한 바 아벨과(창4:2-), 다윗의 경우와(삼하 24:24-25), 예수님께서 교훈하신 예배의 모델(요4:24)에서 보게 됩니다. 또한 몸으로 드려지는 예배(롬12:1)가 이 세대에서 우리에게 요구되는 믿음의 증인들입니다.

② 에녹(Enoch)은 믿음으로 하나님과 동행했던 증인입니다. 죄악의 세상에서 하나님과 동행했던 사람으로 우리가 반드시 본받아야 할 대상입니다. 노아 홍수 직전이기 때문에 죄악이 관영했던 시대이듯이 주님이 재림하실 때가 가까이 오기 때문에 더욱이 에녹의 믿음이 우리에게 요구됩니다.

③ 노아는(Noah)는 믿음으로 말씀을 믿고 순종하여 방주를 예비하였습니다. 하나님께서 세상에 인간을 지으셨음을 한탄할 정도였던 죄악 세상이었습니다.(창6:6) 그러나 노아는 온가족이 모두 달려들어서 방주를 예비하였듯이 말세 때에 가족 복음화와 함께 신앙생활하는 것은 매우 중요합니다.(행10:1-3)

④ 족장시대의 아브라함(Abraham)은 절대적 순종자로서 믿음의 조상이기도 합니다. 어느 정도의 순종이 아닙니다. 절대적 순종자였습니다. 그래서 신구약 모두가 아브라함에 대해서 언급합니다.(창12:1-4, 롬4:18-)

⑤ 그밖에 어찌 모두 열거하며 소개하겠습니까? 순종의 제물 이삭(창22장), 믿음의 전투에서 이긴 야곱(창25:32-34, 27:27-29) 요셉, 모세, 여호수아, 갈렙, 사사들과 선지자들의 세계를 어찌 소개하겠습니까?(히11:32하반절) '내게 시간이 부족하리로다'(I do not have time to tell about Gideon)

2) 이 믿음의 사람들은 미래에는 천국 상급이요, 현세적으로 하나님이 함께 하심을 체험했습니다.

① 그래서 믿음은 바라는 것들의 실상이라고 하셨습니다. 믿고 나가게 되면 미래가 그 믿음대로 도래하게 됩니다.

③ 현실에도 문제마다 하나님께서 역사하심을 보게 됩니다. 내게 능력주시는 자 안에서 내가 모든 것을 할 수 있습니다. 이런 믿음의 소유자들이 모두 되시기 바랍니다.

2. 이런 믿음이 있는 사람들은 믿음 하나 지키다가 오는 모든 십자가를 지고 고난을 이긴 사람들입니다.

현재적 고난과 십자가는 상급과 축복이 되기 때문입니다.

1) 현재적 고난을 이겨나가는 사람들입니다.

일반적으로도 볼 때에 성공자들은 고난을 이긴 사람들입니다.
① 세상이 감당치 못하는 사람도 역시 십자가로 이긴 사람들입니다. 이 믿음이 세상을 이겨나가게 됩니다.(요일5:4) 이 믿음이 세상을 이겼으며 세상이 감당치 못했습니다.
② 순교적 각오로 산 믿음을 지켰기 때문입니다. 예수님도 제자들을 파송하시면서 강조해 주셨습니다.(마10:28) 우리가 이 세대에 가져야할 신앙정신(信仰精神)입니다.

2) 이 믿음은 장차 큰 영광이 보장되어 있습니다.

세상이 감당할 수 없는 믿음이기 때문입니다.
① 이 믿음은 무엇과도 바꿀 수가 없습니다. 세상에서 제일 중요한 보배가 되기 때문입니다.(벧전1:7) 야곱과 에서의 차이를 보시기 바랍니다.(창25:32-34, 히12:16-17)
② 믿음 때문에 발생하는 현재의 고난은 장차 나타날 영광과 비교할 수가 없습니다. 사도바울의 고백을 보시기 바랍니다.(롬8:17-18)

3. 이렇게 세상이 감당치 못하는 믿음을 가진 사람들은 죽도록 충성을 다하는 사람들이었습니다.

모든 것을 다 바쳐서 충성을 다하는 사람들이었습니다.

1) 인생의 투자 가치가 확실하기 때문입니다.

세상 증권이나 다른 투자 가치에 비교되겠습니까?

① 하나님께 인생을 투자하는 것이 가장 현명합니다.(빌3:8) 예수님을 만났기 때문이요(행9:1), 천국을 보았기 때문입니다.(고후12:1-) 단두대에서 목 베임을 입기까이지 투자했습니다.
② 우리는 어디에 인생을 투자하며 살아갑니까? 헛것에 투자하지는 마세요. 예수님께 투자하시기 바랍니다.

2) 세상은 반드시 끝이 다가옵니다. 예수님께 투자한 결과가 나타날 때가 옵니다.
① 성경은 반드시 이루어지는 때가 옵니다.(계10:7) 그날이 보상 받는 날이기도 합니다.
② 세상이 감당치 못하는 믿음의 사람들이 되십시오. 믿음은 이론이 아니고 실제요, 추상이 아니요 현실입니다. 영원히 승리하는 교회 성도들이 모두 되이시기를 축원합니다.

결론 : 믿음의 사람이 되시기 바랍니다.

신앙의 사람

모세의 손
(출17:8-19)

    사람에게 있어서 손(Hand)은 매우 중요한 지체입니다. 물론 중요하지 않은 지체가 하나도 없지만 지체로서의 손이 중요한 일일 것입니다. 모든 장기며 인체의 구조 전체가 모두 중요한 일이기에 모든 지체들은 한 몸 안에서 서로 통(通, communication)해야 합니다. 지체끼리 서로 다툰다면 문제가 되는데 이것을 교회로 비유했습니다(고전12:14).

    성경에는 손에 대한 신앙적 표현들이 많이 기록되었습니다. 일(事)이나 하나님의 능력(能力)적인 면에서 비유를 많이 하였습니다(출6:1능력의손, 강한 손, 민11:23여호와의 손, 사41:10의로운 오른손, 시48:10주의 오른손, 사49:16 하나님의 손바닥 등).

    본문에서 아말렉과의 전쟁 시에 모세가 손을 올리면 이스라엘이 이기고 모세의 손이 내려올 때에 이스라엘이 패하게 되는데 아론과 훌이 옆에서 도움으로써 모세의 손이 해가 지도록 내려가지 아니함으로써 이스라엘이 대 승리를 거두게 된 모습을 봅니다.

    본문에서 '모세의 손'의 의미를 살피고 은혜를 나누게 됩니다.

1. 전능하신 하나님만 믿는 믿음의 손이었습니다.

    광야의 허허벌판에서 전쟁이 벌어졌는데 의지할 곳이나 다른 세력이 없을 때에 모세는 오직 하나님만 믿고 의지하게 되었습니다.

1) 인간의 손은 연약해서 내려올 수밖에 없었습니다.

    사람마다 결심은 대단하지만 그 결심만 가지고 모두 되는 것이 아니라 하나님의 도우심이 반드시 요구되는현실입니다.

① 사람의 손은 결심해도 피곤하면 내려오게 됩니다. (출17:12) '모세의 팔이 피곤하매' 라고 했습니다.(when Moses' hand grow tired) 그래서 내려올 수밖에 없었습니다. 사람은 작심삼일이 아니라 작심 몇 시간도 못가는 경우도 있습니다. (삿16장)삼손의 나약함을 보시기 바랍니다. 베드로가 처음부터 그렇게 나약했던 것이 아닙니다.(마26;31) 우리의 결심이나 마음은 약할 때가 많습니다. 그래서 내려오게 됩니다.
② 내 결심이 연약해서 환경이나 배경의 지배를 받게 됩니다. 사람의 신체나 결심은 약합니다. 그래서 손이 내려올 수밖에 없는 때가 많습니다. 그러나 주님이 붙드시이면 됩니다. 그래서 349장 찬송의 해밀톤(E .H. Hamilton)은 '내 힘과 결심 약하여 늘 깨어지기 쉬우니주 이름으로 구원해 날 받으옵소서 내 모습 이대로 주 받으옵소서' 라고 기도했습니다.

2) 능력의 주님이 내 손을 붙잡아 주셔야 합니다.

주님이 내 곁에서 나를 돕는 자(Helper)들을 붙여주십니다.
① 모세가 나약해서 손이 내려올 때에 사람을 붙여주셨습니다. 아론과 훌이 옆에서 도왔고 그들의 손 역시 내려올 때에 지혜를 짜내서 돌을 가지고 단을 만들어서 견고하게 고정시켜 놓았고 모세의 손이 내려오지 않게 되었습니다. 그래서 해가 지도록 여호수아의 칼이 아말렉을 도륙했습니다.
② 주님이 직접 역사하시고 도와주시는 경우도 있습니다. 모세 곁에 아론과 훌이 아니고 직접 도와주신 경우입니다. (마14:31) 물 위를 걸어가던 베드로가 빠져갈 때에 주님이 오셔서 손을 내밀어 건져내시면서 말씀해 주십니다. "믿음이 적은 자여 왜 의심하였느냐"("You of little faith," he said, "why did you doubt?" 우리 믿음이 연약해서 빠져갈 때에 주님은 내손을 붙잡아 주십니다. 그 능력의 손이 내 곁에 함께 하심을 믿어야 합니다.

2. 전능하신 하나님만 믿는 기도의 손입니다.

모세가 손을 들었다는 것은 하나님의 권능을 믿으며 기도한 것을 보여주는 말씀이기도 합니다. 이 손이 내려오지 않게 해야 합니다.

1) 기도의 손이 높이 들려져 있어야 하겠습니다.

모세가 높이 들었던 손은 기도의 손으로 지금까지 해석되어 왔습니다.
① 전능하신 하나님을 믿고 하는 기도의 손입니다. 그래서 내 문제를 하나님께 맡기고 위임한다는 뜻이 있습니다. 우리가 기도하는 손이 날마다 올라갈지언정 내려오지 않게 해야 하겠습니다. 전능하신 하나님께 간절히 기도하는 손입니다. 다윗도 이런 사실을 기도했습니다.(시28:1-2)
② 손을 들었다는 뜻의 또 한 가지는 '하나님께 항복합니다' 란 뜻도 있습니다. '내가 손을 들고 하나님께 내 모든 것을 항복합니다, 하나님의 의로운 뜻만이 이루어지게 하옵소서' 라는 뜻도 함축됩니다. 우리는 날마다 하나님께 항복해야 합니다.(시28:6)

2) 손들고 기도해서 역사하였던 믿음의 선진들을 보시기 바랍니다.

성경에는 이런 흔적들이 있습니다.
① 솔로몬의 경우를 보시기 바랍니다.(대하6:13) 솔로몬은 성전을 완성하고 입주예배를 드리게 될 때에 무릎 꿇고 손 들고 기도했습니다. '이스라엘 회중 앞에서 무릎꿇고 하늘을 향하여 손을 펴고' 했습니다.
② 예레미야의 경우를 보시기 바랍니다. 예레미야도 손 들고 하늘의 하나님께 간절히 기도했습니다. (렘애3:41) '마음과 손을 아울러 하늘에 계신하나님께 들자' 했습니다. 결국 이런 기도가 하늘에 상달되었고 기적이 일어났는데 이런 손드는 모습이 우리에게 있게 되기를 축원합니다.

3. 이 손이 올라갈 때에 축복과 응답이 왔습니다.

모래알처럼 많이도 몰려왔던 아말렉이 무너지게 되었습니다.

1) 이 손이 올라갈 때만 이 능력이 나타나게 됩니다.

여호와 닛시, 즉 승리의 깃발이 떠오르게 되었습니다.
① 2010년에 교회 성도들이 여호와 닛시가 되시기 바랍니다. 이 승리의 깃발은 기도의 손이 올라갈 때만 가능합니다. 기도 없이는 될 수가 없기 때문입니다.(막9:29)

② 대적이 아무리 강해도 이 깃발은 기도의 손에 의해서 올라가게 됩니다. (대하14:8)유다의 아사왕 때에 일어난 사건을 보시기 바랍니다. 40만으로 100만 대군을 이긴 싸움의 역사입니다.

2) 이 손이 번쩍 올라가게 하시는 분은 하나님이십니다.

사람의 능력이 아니라 하나님의 역사입니다.
① 믿음으로 이 손이 올라가게 하십시오. 믿음의 기도는 역사가 나타납니다.(약1:5, 5:15) 믿음의 기도로 역사가 나타나게 해야 하겠습니다.
② 그리고 입으로 시인해야 합니다. 긍정적 믿음의 입이며(시81:10), 믿음의 고백의 시인이 믿음대로 이루어지게 됩니다. 아말렉과 같은 세력이 무너지는 한해가 되시기를 주의 이름으로 축복합니다.

결론 : 손을 높이 들어야 하겠습니다.

신앙의 사람
요셉의 죽음 앞에서 생각할 일
(창50:15-26)

모든 피조물은 태어날 때가 있듯이 죽을 때가 반드시 오게 됩니다. 그래서 천하에 범사가 기한이 있다고 하였습니다.(전3:1) 기록상으로 제일 장수한 사람은 므두셀라로서 '969세를 향수하고 죽었더라'(창5:27) 하였습니다. 그런데 사람이 죽으면 끝이 아니고 그때부터 새로운 시작입니다. 천국이냐 지옥이냐의 시작이 죽음이라는 사실입니다. (히9:27)' 한번 죽는 것은 사람에게 정하신 것이요 그 후에는 심판이 있으리니' 라고 하였습니다.(Just as man is destined to die once, and after that to face judgment) 대표적으로 예를 들면 부자와 나사로의 사건에서 보게 됩니다.(눅16:19-)

본문에서 유명한 요셉의 죽음에서 교훈을 얻게 됩니다. 파란만장한 생애 끝에 대성공적 삶을 살았던 요셉의 죽음 앞에서 깨닫게 되는 것이 많은데 110세 동안의 요셉의 일대기도 후대 사람들에게 교훈하는 바가 매우 크다고 할 것입니다. 아브라함과 이삭과 야곱을 통한 말씀이 이루어지는 현장 속에서 있던 요셉이기에 주시는 교훈이 더욱 크다고 할 것인데 몇 가지 은혜를 나누게 됩니다. 요셉의 인생관과 생활관을 중심으로 생각합니다.

1. 요셉의 생애는 오직 하나님 믿음이었습니다.

사람이 살아가면서 어렵고 힘들 때에는 하나님을 찾다가도 조금 상황이 나아지면 약간씩이라도 변질되기 쉬운 것이 인간입니다. 요나의 경우에서 보면 물고기 뱃속에서의 기도와 니느웨에서 사역을 마친 후의 입장이 달라진 모습을 보게 됩니다.(욘2-4장)

1) 요셉의 생애는 오직 하나님, 오직 믿음의 생애가 전부였습니다.

태어날 때부터 은혜로 태어났고 살아가는 모든 과정이 하나님의 은혜 속에 살았음을 보게 됩니다.(창 30:22)

① 태어날 때부터 하나님의 특별한 은혜와 축복 속에서 태어났습니다. 살아가면서 야곱의 총애 내지는 편애 속에서 자라나서 형제들에게는 시기와 미움을 사게 되었고 결국 애굽에 팔려가는 신세였지만 애굽에서도 시종일관 지위나 입장에 관계없이 하나님을 중심한 믿음은 변함이없었습니다. 심지어 옥중에 있었지만 그 가운데에서도 하나님이 함께 하십니다.(창39:23) 마치 욥기의 주인공인 욥의 경우와 비교가 되는 사람이 요셉입니다.

② 어린 시절과 청소년 시절이 고난의 연속이었지만 하나님을 중심한 믿음이 변질되지 않는 사람이었습니다. 믿음을 바로 지키다가 옥에까지 내려갔지만 실망치 않는 견고성을 보여주었습니다. 가히 요셉의 자랑스러운 면이요, 축복 받을 모습이라고 할 것인데 이 세대에 우리 모두가 따라야 할 부분입니다.

2) 극복한 고난 중에도 혹은 모든 것이 형통해서 성공적일 때에도 그의 믿음이 변하지 않고 끝까지 지켜나가는 모습입니다.

① 믿음의 심지가 견고해야 합니다. 어렵고 힘이 들 때에는 하나님을 가까이 하다가 조금 나아지면 다시 하나님을 멀리하는 것이 사람들인데 요셉은 시종일관 한 믿음을 지킨 심지가 견고한 사람이었습니다. 이사야선지자를 통한 말씀을 보시기 바랍니다.(사26:3)

② 요셉은 어떤 상황 가운데 있든지 하나님께 대한 신뢰(Trust)가 강했습니다. 믿음의 사람들의 대략이 비슷한데 히브리서 11장에 나타난 믿음의 큰 산맥들에게서 발견되는 공통된 모습들입니다.

2. 요셉의 생애는 부조리가 없는 순결한 생애를 살았습니다.

속담에 '털어서 먼지 안 나는 사람이 없다' 는 말이 있지만 요셉의 기록에는 순수한 그 자체의 사람으로 남 아있습니다.

1) 훌륭한 성공자라도 흠이 있기는 마련입니다.

성경에 나오는 인물들에서 보시기 바랍니다.

① 믿음의 조상이요 축복의 사람인 아브라함에게도 흠이 있었습니다. (창 12:12) 사라를 누이라고 한 사건이라든지, (창16:1) 하갈을 취하여 이스라엘을 낳은 일이며, (창15:10-) 쪼개지 않은 제물에 대한 사건들입니다. 이것이 계기가 되어 430년의 종의 생활이 시작된 것입니다.
② 다윗의 경우를 보시기 바랍니다. (마1:1)아브라함과 다윗의 자손으로 예수그리스도의 족보라고 할 만큼 다윗이 유명하지만 다윗도 흠이 많았습니다. (삼하6:1) 법궤를 옮기는 사건에서 그릇함으로 아효와 웃사가 죽었습니다. (삼하11:1) 우리야의 아내 밧세바를 취하고 우리야를 죽게 만들었습니다. (삼하24:1) 인구조사로 인해서 7만 명이 죽게 만들었습니다.

2) 요셉의 생애는 기록상으로 볼 때에 한 점의 오점이 남겨지지 않은 순전한 사람이었습니다.

그리하기에 요셉은 예수님의 모형이라고 일컫게 되기도 합니다. 물론 하나님 앞에는 모두가 죄인입니다.(롬3:10, 23, 요일1:8)
① 유혹이 있었지만 모든 유혹을 이기고 승리했습니다. 청년기의 요셉의 장점이요 신앙의 모습입니다.(창39:9) (약1:27) '하나님 아버지 앞에서 정결하고 어려움이 없는 경건은 ... 자기를 지켜 세속에 물들이지 아니하는 이것이니라' 했습니다.
② 후에라도 원수를 갚지 아니하였습니다. 총리가 된 이후에 바로왕의 다음이 되고 모든 권력이 그 앞에 있을 때 자기를 괴롭혔던 사람들에게나 형제들에게 까지도 관대하였고 오히려 하나님의 섭리로 돌리게 된 믿음을 보게 됩니다.(창50:17)

3. 요셉이 걸어온 발자취의 흔적은 그래서 신앙의 본이 됩니다.

신앙의 견본(Example)은 매우 중요한바 우리는 사람들에게 영적인 견본이 되기 위해서 힘써야 하겠습니다.

1) 우리는 인생에서 지금까지 어떤 흔적을 남겼습니까?

바울은 예수의 흔적을 가졌다고 하였습니다.(갈6:17 Finally, let no one cause me trouble, for I bear on my body marks of Jesus)

① 여기에서 흔적은 '낙인'(Mark)으로써 헬라어로 '스티그마타'($\sigma\tau i\gamma\mu\alpha\tau\alpha$)로서 짐승의 엉덩이에 불도장을 찍는 것을 뜻합니다. 우리는 예수 믿는 이유 때문에 생애가 이런 도장이 찍혀야 합니다. 이것이 또한 하나님을 믿는 요셉의 생애였습니다.
② 지금은 시대적으로 이미지시대입니다. 내가 가진 신앙의 이미지, 마스크 또는 캐릭터가 무엇인가는 중요합니다. 요셉의 캐릭터가 우리에게 있이어야 하겠습니다.

2) 신앙에는 견본이 중요합니다.
이 세대에 우리 교회의 신앙의 견본은 누가 되겠습니까?
① 교회의 신앙적 견본이 누가 되겠습니까? 교회 신앙의 견본이 후 시대를 좌우하기 때문에 중요합니다.
② 요셉은 우리 모두의 신앙적 견본입니다. 110세에 죽은 요셉은 지금까지 믿음으로 우리에게 무언의 웅변적 설교를 하고 있습니다. 우리 모두 하나님 앞에 설 때에 견본적 신앙(見本的信仰)을 남길 수 있기를 주의 이름으로 축원합니다.

결론 : 우리 모두 주님 앞에 설 때가 있습니다.

영적전쟁

교회여 영적전쟁에서 승리하라
(눅10:17-20)

고대국가든 현대국가든 사람이 사는 곳에는 언제나 전쟁의 연속이었습니다. 단순하게 말을 타고 활과 창을 사용하던 시대부터 현대과학의 제품으로 무장한 현대에 이르기까지 전쟁의 발달사는 끔찍한 잔혹사였습니다. 영적세계에도 계속하여 전쟁 중에 있습니다.

성도 개인이나 교회를 향한 사탄마귀의 도전이 계속해서 멈추지 않고 있기 때문입니다. 마귀사탄의 도전이 계속되기 때문에 여기에 대한 영적 싸움입니다. 메릴 엉거박사(Merrill. F. Unger)는 그의 책에서 성도를 향한 귀신들의 도전은 계속된다고 하였습니다.

그러나 마귀가 제아무리 계속 도전 해와도 성도들의 신분만은 마귀가 건드릴 수 없음을 알고 계속해서 응전해도 영적싸움에서 이겨야 합니다. (벧전 5:8)' 근신하라 깨어라 너희 대적 마귀가 우는 사자같이 두루 다니며 삼킬 자를 찾나니 너희는 믿음을 굳게하여 저를 대적하라' 하였습니다. 조아드박사(Dr. Joad)는 이렇게 말했습니다. '이 세상은 놀이터(Play ground)가 아니라 전쟁터(Battle ground)다' 라고 하였는데 영적싸움에서 이기는 성도가 되시기 바라며 본문에서 몇 가지 은혜를 나누게 됩니다.

1. 사탄마귀의 존재에 대해서 알아야 합니다.

'지피지기면 백전백승' 이라고 하였기 때문에 현대전은 정보전이라고까지 말하게 되는데 영적싸움에서도 대적자인 마귀의 존재에 대해서 바르게 알아야 합니다.

1) 사탄마귀의 기원(起源 Origin of Satan)부터 알아야 합니다. 사탄마귀의 시발점입니다.

① 사탄마귀는 창조가 아니고 천사가 타락한 존재입니다. (창1:1) '태초에 하나님이 천지를 창조하시니라' (In the beginning God created the heavens and the earth) 하였는데 이 땅의 모든 존재는 하나님의 창조입니다. 그중에 천사를 창조하셨고 그 천사장 무리 중에 계명성이라하는 루시퍼(Lucifer)가 타락했습니다.
② 하나님의 심부름꾼이요 부리시는 영입니다. (히1:14) 하나님의 나라에서 부리는 영이요 심부름꾼에 불과한 존재였는데 타락하게 될 때에 하늘에서 내어 쫓기고 추방되었습니다. 계12:9, 유6절, 벧후1:4, 겔28:12, 사14:12-14에서 볼 수 있게 됩니다.

2) 창조의 세계를 천사 타락의 이전과 이후의 세계로 생각하게 됩니다.
① 이때는 아담이나 하와가 아직 창조되지 않았을 것이고 영적 세계이기 때문에 성경에서나 볼 수 있는 세계였습니다. 장차 우리가 가야하는 세상 역시 타락 이전의 하나님의 세계인 그 국가로 들어가게 되는데 영생입니다.
② 타락 이후의 세계가 지금 우리가 사는 세상입니다. 타락 이후의 세계는 창세기1:1의 세계가 되었습니다. '땅이 혼돈(Chaos)하고, 공허(Void)하며 흑암이(Darkness) 깊음 위에 있고 하나님의 신은 수면 위에 운행하시니라' 하였습니다. 따라서 창세기1:1의 우주는 '질서 이전의 세계' (pre-cosmic world)라고도 하고 아담 이전의 세계(pre-Adam world)라고 할 것입니다. 천사장의 타락 사건은 '큰 재앙의 사건' (cataclysmic event)라 하기도 합니다. 우리가 사는 이 세상은 마귀가 활동하는 타락된 세상입니다. (계20:6-10)

2. 마귀가 하는 일(work)을 바로 알아야 합니다.
마귀는 극악무도한 영적존재에 불과합니다.

1) 그가 하는 일은 그 이름 속에 포함되어 있습니다.
① 사탄(Satan)이란 이름입니다. 대적자란 뜻으로 하나님을 대적하고 하나님의 자녀들을 대적하게 됩니다. 교회를 대적하고 복음을 전하지 못하도

록 방해합니다. 예수님이 오신 것은 마귀를 멸하려 오셨습니다.(요일 3:8)
② 마귀(Demon)입니다. 참소자, 훼방자, 고소자라는 뜻을 가지고 있습니다. 욥을 참소하듯이(욥1:6-12) 하나님 백성의 약점을 통해서 참소합니다. 마귀의 참소를 따라서 참소(accuser)하면 곤란합니다.(마7:1)
③ 귀신(Devil)인데 이는 유혹하는 자라는 뜻입니다. 아담을 유혹하였고 예수님께 까지 와서 유혹하려 하였고 수많은 성도들에게 유혹의 손길을 뻗습니다. 여기에 조심해야 합니다.(요8:44)

2) 사탄, 마귀, 귀신이 하는 일을 바로 알아야 합니다.
사역인데(work) 방해꾼이기 때문에 조심해서 경계해야할 대상입니다.
① 하나님이 하시는 일을 방해합니다. 그래서 성도들이 신앙생활 잘 하는 모습을 방해합니다. 이 훼방꾼에게 지지 않도록 조심해야 합니다.
② 세상의 정사와 권세를 이용하여 일을 합니다. 그래서 성경은(엡6:12-) 우리의 씨름은 혈과 육에 대한 것이 아니요 정사와 권세와 이 어두움의 세상 주관자들과 하늘에 있는 악의 영들에 대함이라 하였습니다. 공산주의자들의 만행이나 히틀러 같은 살인행동이 모두 여기에 속합니다. 그래서 저를 대적해야 합니다.(약4:7)

3. 사탄 마귀 귀신이 공격하는 목표는 성도들이요 인간입니다.
하나님의 형상대로 지으심 받은 인간을 향해 공격해 옵니다.

1) 특히 불신자보다 성도들에게 달려들어서 지옥백성 만들려 하는 것이 최고 목표입니다.
① 마귀의 공격에 언제나 대비해야 합니다. (엡6:10-17) 마귀는 혼란스럽게 하고 하나님께로부터 분리(separation) 시키려 합니다.
② 마귀는 수시로 공격해 옵니다. 교만케 하고 타락하게 하고 지옥으로 끌고 가려고 수단과 방법을 모두 동원하며 달려옵니다.

③ 정신적으로 불안하게 하고 공포를 주어 낙심케 합니다. 그러나 하나님은 우리에게 평안을 주십니다. (요14:27, 롬15:13) 세대의 흐름을 바로 직시하여 저를 대적해야 합니다.
④ 온갖 육신의 질병을 가져다줍니다. 질병이 많은 것이 모두 마귀가 하는 짓입니다.

2) 그러나 믿는 성도에게는 마귀가 이미 패한 존재입니다.
① 예수님이 이기셨기 때문입니다. (요16:33)
② 예수님의 보혈 피로 이기게 됩니다. (계12:11)
③ 전능하신 하나님의 자녀이기 때문입니다. (요1:12, 눅10:19) 마귀의 두려움에서 모두 이기고 승리케 되시기를 축원합니다.

결론 : 영적싸움에서 이기십시오.

영적전쟁

영적싸움

(엡6:10-17)

이 세상은 태어나면서부터 세상을 마칠 때까지 모두 전쟁의 연속적 행위라 볼 수 있습니다.

국가와 국가의 전쟁뿐 아니라 살아가는 모든 일들이 마치 전쟁이요 생존경쟁이라 할 것입니다. 이 세상은 마지막 아마겟돈 전쟁을 향해서 달려가는 가운데 있고 성경의 예언과 같이 아마겟돈 전쟁(Armageddon's War, 계 16:16) 또는 므깃도 전쟁(Megidon's War, 삿 5:19, 슥 11)을 위해서 달려가는데 지금은 평화 시대와 같이 보이는 것은 전쟁의 억제 속에 두었기 때문에(계 9:14) 평온한 듯이 보이지만 반드시 마지막 전쟁은 일어나게 되어있는 것이 성경의 예언입니다.

그동안 영적으로 알곡이 되어야 하고(마 3:12), 양이 되어야 하고(마 25:32), 준비된 주님의 신부감들이 되어야 합니다(마 25:1).

오늘 본문에서 마귀와 싸우기 위해서 하나님의 전신갑주를 입어야 하는데 육적 싸움이 아니요 영적 싸움인바 이 싸움에서 이겨야 하기 때문에 깨닫는 시간이 되시기 바랍니다.

1. 성령의 능력으로 무장해야 합니다.

전쟁은 힘이요 무기에 그 성패가 달려있는데 영적싸움은 성령의 능력입니다.

1) 성도는 성령의 능력으로 무장해야 합니다. 예수님께서 약속하신 보혜사 성령입니다(요 14:16; 행 1:4-8).

① 성령의 능력은 성도가 무장해야 되는 영적 힘입니다. '권능'이란 말은 헬라어로 뒤나민($δύναμιν$)인데 영어의 폭발물과 같은 뜻입니다. 예컨대 베드로가 성령 받기 전(마 26:34-35, 69-75)과 성령 받은 이후에 달라졌습니다. (행 4:19) 우리는 지금 영적싸움을 하는 전쟁 중에 있습니다.

② 따라서 성령의 능력을 받아야 합니다. 성령의 능력을 받을 때 성도의 생활에서 이기는 싸움을 합니다. (10-11) 너희가 주 안에서와 그 힘의 능력으로 강하여지고 마귀의 궤계를 대적하기 위하여 하나님의 전신갑주를 입으라 했습니다. 영적 전쟁의 승리는 오직 성령의 능력에 있음을 반드시 기억하고 성령의 능력을 받아야 합니다.

2) 영적 싸움은 영적인 능력에 있습니다.

세상싸움도 화력이나 힘의 논리에 있듯이 마귀와의 영적싸움은 영적 능력인바 성경의 싸움에서 예를 봅니다.

① 다윗의 경우에서 보시기 바랍니다. 다윗과 골리앗의 싸움은 오고가는 모든 시대에 두고두고 모두에게 모델이 됩니다. 다윗이 골리앗을 이길 수 있었던 것은 영적능력입니다. (삼상 17:45) '너는 칼과 창과 단창으로 내게 오거니와 나는 만군의 여호와의 이름 곧 네가 모욕하는 이스라엘 군대의 하나님의 이름으로 네게 가노라' 그리고 이 싸움의 성패는 칼과 창에 있지 않았습니다(삼상 17:47).

② 모든 전쟁의 성패는 하나님께 있습니다. 다윗의 전쟁은 다윗이 이긴 것이 아니라 하나님께서 이기게 하신 것입니다. 사도바울은 우리를 싸우는 사람으로 보고 이렇게 전했습니다. (고전 15:57) '우리에게 이김을 주시는 하나님께 감사하노니' (But thanks be to God! He gives us the victory through our Lord Jesus Christ) 성령의 능력으로 영적싸움에서 다윗과 같이 이기기를 바랍니다.

2. 영적이고 신령한 무기로 무장해야 합니다.

신령한 싸움이기 때문에 영적 무장이 중요합니다.

1) 영적 무기란 하나님의 전신갑주를 뜻합니다.

하나님께서 이기게 하시는데 전신갑주를 주셨습니다.

① 전신갑주를 보시기 바랍니다. (10절) '그 힘의 능력으로 강건하여지고' (11절) '마귀의 궤계를 능히 대적하기 위하여 하나님의 전신갑주를 취하라' 하였고 (13절) 18절까지 내용이 나옵니다.

칼빈(Calvin)은 교회를 말할 때 영적 전투적 교회로 말하였고 (J. McAther)존 맥아더는 지금은 진리전쟁시대(the Truth's War)라고 하였습니다.
② 전신갑주를 확인해야 합니다. '진리의 허리띠'(14절), '복음의 신발'(15절), '믿음의 방패'(16절), '구원의 투구'(구원 확신)(17절), '성령의 검 곧 하나님의 말씀'(17절), '성령 안에서 기도하고'(18절) 등이 영적으로 갖추어야 할 무기들입니다.

2) 사탄 마귀는 때도 장소도 기한도 없이 언제나 달려듭니다. 이 전쟁에서 이겨야 합니다.

① 사도 베드로는 전했습니다. (벧전 5:8-9) "근신하라 깨어라 너희 대적 마귀가 우는 사자와 같이 두루 다니며 삼킬 자를 찾나니 너희는 믿음을 굳게 하여 저를 대적하라" 했습니다. 지상교회는 전투적 교회입니다.
② 제일 싸우기 힘든 것은 자기 자신과의 싸움입니다. 사도 바울도 자기와의 싸움 고백을 했습니다(롬 7:22). 빅톨위고도 자기 자신의 싸움이 제일 힘들다고 했습니다.

3. 예수 그리스도 안에 있는 사람은 이미 이긴 싸움입니다.

예수님이 이기셨기 때문에 담대히 나가야합니다(요 16:33).

1) 예수님이 이기셨습니다. 마귀의 시험을 이기셨고 승리하셨습니다(마 4:10).

① 정사와 권세와 이 세상 어두움의 영들을 이기셨습니다. 십자가로 승리하셨습니다(골 2:15; 요 19:30).
② 예수님이 이기셨기 때문에 믿는 모든 이는 이긴 싸움을 싸우고 있습니다. 철저한 믿음 안에 있을 때 가능합니다.

2) 작지만 골리앗을 이긴 다윗의 싸움에서 모형으로 보여주십니다. 우리는 이긴 사람들입니다.
① 작지만 예수 안에서 이기게 됩니다. 시편 3편에서 다윗은 고백하였습니다. 1967년 6일 전쟁시에 모세다이안 장군은 이 시편 3편을 읽으며 이겼다고 전해집니다.
② 내가 작지만 예수님은 크시기 때문에 이기게 됩니다. 원자탄 두 방이 일본을 손들게 했듯이 예수이름으로 우리는 능히 이기게 됩니다. 영적싸움에서 이기는 자들이 모두 되시기를 주의 이름으로 축원합니다.

결론 : 영적 싸움에서 이겨야합니다.

예배

하나님께서 약속하신 축복의 통로
(출20:22-26)

하나님께서는 창조 때부터 그의 백성들에게 축복을 약속해 주셨습니다. 창조하실 때에 벌써 축복을 약속해 주셨고 그 축복 속에 살도록 인도해 주셨습니다.(창1:28) 모든 피조물을 다스리게 하셨고 생육하고 번성케 하시며, 땅에 충만케 하시고 땅을 정복해 나가게 하셨습니다. 그러나 인간은 하나님 말씀에는 불순종하게 되었고 선악과를 따먹게 되므로 에덴동산에서 추방되었고 축복도 또한 상실했습니다. 그러나 예수그리스도 안에서는 다시 부요한 축복이 따라 오게 되었고 약속되었습니다.(고후8:9)

본문에서 하나님께서는 모세에게 주신 말씀 중에 '네게 강림하여 복을 주리라' 고 하셨습니다. 십계명을 주시면서 약속하신 축복입니다. 또한 '너희가 내게 대하여 제사장 나라가 되며 거룩한 백성이 되리라' (출29:6) 하시면서 제단을 쌓을 것을 명하셨습니다. 예수 이름으로 제단을 쌓고 예배하는 곳에 하나님께서 강림하시게 되고 복을 주시는데 이 축복의 통로가 어떤 것인지 본문에서 은혜를 받습니다.

1. 이 축복은 제단을 쌓으며 예배를 드리는 곳에 주시는 약속이요 언약입니다.

따라서 구약에든지 신약에서든지 예배가 곧 축복의 통로가 됩니다. 물론 외형상 예배는 누구나 참여할 수 있으나 하나님의 기뻐하시는 예배라야 축복의 통로가 됨을 명심해야 합니다.

1) 하나님께서 기뻐하시는 단을 쌓고 드려지는 예배가 중요합니다.

예배 행위가 모두 하나님께 상달하지는 않습니다.

① 따라서 참 예배와 제단 쌓는 일이 바로 축복의 통로입니다. 내가 드려지는 예배가 축복의 통로가 되게 해야 합니다. (창4:2-5)가인과 아벨의 차

이점을 보시기 바랍니다. 왜 가인의 예배는 상달되지 않았고 아벨의 예배가 상달됐습니까? 히브리서기자는 그 해답을 제시했습니다. (히11:4) 믿음이 곧 하나님이 기뻐하시는 예배였습니다. (요4:24)예수님도 수가성 여인에게 주시는 말씀에서 신령과 진정으로 드려지는 예배를 중요시여기셨습니다. "하나님은 영이시니 예배하는 자가 신령과 진정으로 예배할지니라" 하셨습니다.(God isspirit, and his worshipers must worship in spirit and in truth) 예배 행위가 성령과 믿음으로 드려져야 합니다.

② 하나님께서 명하시지 않은 다른 불로 드리면 곤란합니다. 이것은 사는 것이 아니요 죽음이요 저주의 길이 됩니다. 하나님께서 명하시지 않은 다른 불을 사용해서하는 예배 행위를 절대 금하셨습니다. 모세와 아론이 축복의 제단을 쌓을 때에 응답됨을 보고(레9:22-24) 나답과 아비후가 여호와의 명하시지 않은 다른 불로 드리다가 진짜 하나님의 불이 나와서 두사람을 사르는 불상사가 일어났습니다.(레10:1) 예배가 축복의 통로가 되지 못하고 저주 받은 행위가 된것입니다.

2) 하나님께서 명하신 대로의 예배가 중요합니다.

화려함이나 인위적으로 보았을 때 거기에 치심할 문제가 아닙니다. 현대의 예배에 있어서 인위적이고 비성경적인 부분이 있다면 빨리 수정해야할 부분입니다. 예배는 하나의 이벤트(Event)가 아니라 성령 안에서 나를 드리는 제물이 되어야 합니다.(롬12:1)

① 인위적으로 어떤 것을 가미시키는 일은 하나님께서 명하신 제단이 될 수 없습니다. "내게 토단을 쌓고"(24절) "네가 내게 돌로 단을 쌓거든"(25절) 하였는데 이때에 인위적인 가미를 금하셨습니다. 예배는 인본주의를 금하신 것입니다. 순수한 신앙으로 벧엘로 올라가야 합니다.(창 28:18,35:3)

② 사람이 인위적으로 만든 우상은 돌로 깎아서 만든 것입니다. 하나님은 일반적인 신(god)이 아닙니다. 만군의 하나님(God)이 되십니다. 출애굽 할 때에 먹었던 빵은 맛없고 누룩을 넣지 않은 빵이며 쓴 나물과 함께 먹도록 되어 있습니다.(출13:7) 예배가 축복의 통로가 되기 위해서는 세속적이지 말아야 합니다.

2. 이 축복은 하나님께 온전한 제물을 드릴 때 주시는 축복의 약속입니다.

(24절) "또 단을 쌓고 그 위에 너의 양과 소로 너의 번제와 화목제를 드리라" 하셨습니다.

1) 이스라엘뿐 아니라 성경시대의 중동지역에서의 양과 소 등의 짐승 떼는 재산 가치였습니다.(창26:20, 욥 1:3, 42:12)

① 제단을 쌓는 일은 재산을 드리는 일입니다. 여기에 또한 축복이 약속된 통로가 됩니다. 재산을 드려서 예배할 때에 거기에 축복의 통로가 되었습니다.

② 하나님께 나아와서 예배드릴 때에 물질이 따라와야 합니다. 제단을 쌓으면서 물질이 따르지 않는다면 문제가 됩니다. 물질이 심겨질 때에 하나님이 기뻐하십니다.(출25:1-3, 고후9:5-7) 축복의 통로의 예배가 되게 해야 합니다.

2) 그런데 하나님께 드려지는 제물에는 드리는 자의 자세가 중요시 됩니다.

어떤 자세로 드려지느냐가 중요합니다.

① 자원하는 마음의 자세입니다. 억지로 드리든지 인색하게 드리면 곤란합니다.(출25:1-3, 고후9:5-7) 기쁨으로 예배에 참예해야 합니다. 드림이 예배의 요소입니다.

② 언제나 드려지는 예배와 헌신이 축복의 통로가 되게 해야 합니다. 짐승을 잡아서 드려지는 그 자체가 헌신이요 축복이었습니다. 예수님은 나 위해서 십자가 제물이 되셨습니다. 예수 이름으로 드려지는 예배가 곧 축복의 통로가 되게 해야 합니다.

3. 이 축복은 하나님의 풍성한 축복에서 발원합니다.

거대한 강줄기도 초기의 시작점이 있고 발원지가 있듯이 축복의 발원지는 축복의 하나님이 되십니다. (24절)"내가 무릇 내 이름을 기념하게 하는 곳에서 네게 강림하여 복을 주리라" 하셨습니다.(wherever I causemy name to be honored, I will come to you and bless you)

1) 하나님께서 축복하시는 복은 넘치게 주십니다.

소위 시시한 축복이 아닙니다.

① 내게 예비된 그릇만큼 주십니다. 어떤 그릇이든지 하나님께서 기뻐하시는 그릇이 중요합니다. 좋은 그릇이 필요합니다.(행9:15, 딤후2:1, 롬 9:24-25)
② 세상을 살아가면서 반드시 축복을 받아야 합니다. 축복을 받을 때에 형통케 되는데 예배를 통해서 주십니다. 축복론은 필요하며 예배의 성공자로서 받을 축복입니다.

2) 축복에는 보이는 축복과 보이지 않는 축복이 있습니다.

파스칼(Pascal)이 말한 대로 보이는 진리와 보이지 않는 진리가 있듯이 축복에도 그러합니다.

① 영적 축복은 보이지 않는 구원의 축복입니다. 영원히 사는 축복으로서 반드시 예수 이름으로 받습니다.(요1:12, 14:6)
② 세상을 살아가면서 성도가 받을 축복들입니다.(신7:13-14) 다윗도 '내 잔이 넘치나이다'(시23:6)라고 고백했습니다. 천대까지 복을 누리는 약속입니다.(출20:6) 예배를 통해서 축복의 통로가 되게 하시기를 축원합니다.

결론 : 예배는 축복의 통로입니다.

예수님

나의 피난처인 여호와

(시11:1-7)

이 세상은 비바람이 불어오게 되고 환난과 시련의 위험한 일들이 있기 때문에 따라서 피난처가 필요한 세상입니다. 현대 과학 장비들로 만들어진 유명한 무기체제가 구축되었어도 진실로 나의 피난처는 될 수가 없다는 결론입니다. 다윗은 어릴 때부터 용사였고 전쟁을 하였기 때문에 피를 많이 흘려서 성전 짓는데 부적격자로서 아들 대에 가서 성전을 짓게 될 정도로(대상23:6-8)전쟁에서 능한 자였고 하나님께서 이기게 하시므로(대상18:6, 13) 전쟁에 능한 자였습니다.(The LORD gave David victory everywhere he went) 특히 장인이요 군주인 사울의 손에서 죽임 당할뻔 할 때에도 용케도 피하게 되는 때가 많았는데 그때마다 그의 고백은 여호와는 나의 피난처라고 하는 신앙적 고백이 있었습니다. 본문에서 이 세대에 우리의 피난처는 어디인지를 발견하게 됩니다.

1. 피난처 되시는 여호와는 그 성전에 계시다고 하였습니다.

(4절) '여호와께서 그 성전에 계시니' 라고 하였습니다. 선지자 하박국도 전했습니다.(합2:20) '오직 여호와는 그 성전에 계시니 온 천하는 그 앞에서 잠잠할찌니라'

1) 먼저 여호와라는 명칭에 대해서 생각해 봅니다.

① 여호와는 하나님의 이름입니다. '여호와' 는 하나님의 이름으로서 "나는 여호와니 이는 내 이름이라"(사42:8) 하였고 '여호와는 그의 기념 칭호니라' (호12:5) 하였습니다. 히브리어로 '야웨' 는 신약에 와서 예수 이름인 바 이는 '구원주' 라는 뜻입니다.(마1:21) 영원히 스스로 계시며(출3:14) 구원주가 되시는 분, 여호와는 우리의 영원한 구세주요 피난처입니다.

② 그 피난처 되시는 하나님께서 인간을 향하여 찾아 오셨습니다. 하나님이 먼저 찾아오셨습니다. (창3:9-)범죄하고 숨어있는 아담과 하와를 찾아오

셨습니다. "네가 어디 있느냐"(where are you?) 하셨습니다. 그리고 벌거벗은 수치를 보이지 않게 가죽옷을 주셨습니다.(창3:21) (창6:13)심판하시기 전에 노아에게 찾아오셨고 방주를 짓도록 명하시어 구원의 길을 열어주셨습니다. (창12:1-4)택함 받은 아브라함을 부르시고 이끄셨습니다. (출3:14)사명자 모세를 부르시고 이스라엘을 구원해 내시는 일을 하셨습니다. 모두가 피난처 되시는 여호와의 역사였습니다.

2) 여호와는 성전에서 만나게 되었고 성전에서 부르게 되었습니다.
부르심도 성전에서요, 만나는 것도 성전에서의 일입니다.
① 피난처되신 여호와는 인간에게 나타내 보이셨습니다. 본래 계시(Revelation)라는 말은 열어서 보여주신다는 의미입니다. 그래서 하나님은 모세에게 '내가 누구다' 는 사실을 알려주셨는데(출3:4), 스스로 계신 자라고 열어서 보여주셨습니다.(God said to Moses, "I Am who I Am")
② 여호와는 성전에 계시며 성전에서 만나주십니다. 성막에서 축복해 주셨고(출39:42-43), 성전을 건축케 하셨으며(왕상7-8장),신약에는 예수그리스도가 성전이 되시고 예수님을 모신 사람이 성전입니다.(고전3:16-6:19, 고후8:16, 엡2:21) 여호와는 그 성전에서 만나주셨습니다.(왕하19;14, 35, 사6:1-7, 렘1:4, 삼상3:6) 성전에서 피난처 되시는 하나님을 만나시기를 바랍니다.

2. 피난처 되시는 여호와는 악인들을 심판하시는 이름입니다.
여호와는 구원주요 피난처만 아니라 심판주도 되십니다.

1) 심판주이신 여호와이십니다.
(6절) '악인에게는 그 불을 내리치시리니 불과 유황과 태우는 바람이 저희 잔의 소득이 되리로다' 하였습니다.
① 심판주이십니다. (창19:28)소돔과 고모라도 심판하셨습니다. 그러나 의인 아브라함에게는 기도 응답해 주셨습니다. 그래서 롯을 구원해 주셨고 피난처가 되셨습니다.(창19:29)
② 노아 홍수 때에도 심판주가 되셨습니다. (창6:5)물로 세상을 심판을 하시

게 되었습니다. 그러나 의인 노아에게는 피난처가 되어주시어 방주를 지을 것을 명하셨습니다.

2) 이제 마지막 시대에 심판주로서 예수께서 오십니다.

알파와 오메가 되신 예수님이십니다.(계22:13)
① 심판주로서의 재림이 이 땅에 일어날 사건입니다. 산 자와 죽은 자를 심판하러 오십니다.(계1:17, 마26:64)
② 믿는 의인에게는 영원하신 피난처가 되시나 불신자에게는 심판주로서 오실 것입니다.(계1:16, 벧후3:7,시7:15) 그 날이 가까이 오고 있습니다.(coming soon)

3. 피난처 되신 여호와는 자기 백성을 구원하시기 위한 이름이 되십니다.

1) 구원자의 모형을 성경에서 제시해 주셨습니다.

① 창6장 - 7장 방주가 곧 예수그리스도요 교회입니다.
② 출12:22 양의 피가 발라져야 하듯이 예수그리스도의 피가 뿌리운 심령이 되어야 합니다.
③ 수6:23 붉은 줄의 비밀을 아는 사람만이 알게 되고 구원에 이르게 되었습니다. (렘25:3) 하나님은 부지런히 선지자를 보내시고 부르십니다. 그러나 듣지 아니할 때에 70년 간 망했습니다.

2) 피난처 되신 여호와는 미리 말씀하시고 경고해 주십니다.

일하실 때에는 언제나 주의 종들을 통하여 미리 예고하십니다.(암3:7) 대한민국의 피난처도 국가적 차원에서 예수 그리스도 밖에 없습니다.
① 그리고 원하는 자는 안전지대에 피하게 하십니다.(시12:5) 피난처 되신 하나님이시기 때문입니다.
② 우리의 영원한 피난처는 예수 그리스도이십니다. 언제나 이 피난처 안에 살게 되시기를 축원합니다.

결론 : 피난처는 예수님이십니다.

예수님

겟세마네의 예수그리스도

(마26:40-46)

축구 경기에서 골을 넣는 사람은 언제나 거의 정해져 있음을 보게 되는데 골을 넣는 사람은 골을 기다렸다는 듯이 그 자리에 있음을 봅니다. 모두가 위치가 있는데 내가 있어야 할 위치(position)가 중요합니다. 내가 있어야 할 위치에 있는가 하는 문제입니다. 누구든지 세상에서 자기가 지켜야 할 위치가 있는데 그 위치를 지켜야 한다는 얘기입니다. 하나님의 교회에서도 이런 사람이 하나님과 사람에게 인정을 받게 됩니다(행13:22).

본문은 예수님께서 마지막 겟세마네 동산에 들어가셔서 땀방울이 핏방울이 되도록 기도하시던 배경이 기록되었습니다. 제자들은 기도할 자리에 있어야 하는데 졸고 잠자는 자리에 있었습니다. 결과적으로 예수님을 세 번 씩이나 부인한 베드로를 비롯해서 모두 주를 버리고 도망갔습니다.

2010년도 고난주간에 다시 한 번 생각하며 내가 있어야 할 자리에 있는가를 확인하는 시간이 되시기 바랍니다. 예수님께서 계셨던 자리는 어디였습니까?

1. 예수님은 기도하는 자리에서 기도하라고 하셨습니다.

최후 끝까지 기도하는 자리에 계셨던 주님이 우리에게 말씀하시기를 기도하는 자리에 있어야 할 것을 말씀해주십니다.

1) 예수님의 생애는 기도로 일관한 생애였습니다.

공생애를 시작하는 자리에서부터 마지막 십자가에서 죽으실 때까지 모두 기도의 자리였습니다.

① 40일 금식기도를 하셨습니다. (마4:1-)공생애를 시작하시면서 40일 금식기도를 하셨습니다. 이로 인해 마귀에게 세 가지 시험도 받으셨습니다.

② 새벽기도를 하셨습니다. (막1:35)새벽 오히려 미명에 예수님은 한적한 곳에 가셔서 기도하셨습니다. 성도는 새벽을 깨워야 합니다. 출애굽과 광야 40년간의 기록에서 새벽은 중요한 사건이 많이 일어났던 시간입니다.
③ 바쁜 일과 속에서도 기도하셨습니다. 마태14장에서 오병이어 사건 이후에 예수님은 따로 한적한 곳에 가셔서 기도하신 모습을 보여줍니다. 생활 속에서 기도하시는 모습입니다.

2) 평상시에도 예수님은 기도를 강조해 주셨습니다.

(막9:29) '이르시되 기도 외에 다른 것으로는 이런 유가 나갈 수 없느니라' 하셨습니다.(He replied, "Thiskind can come out only by prayer")
① 평상시에 기도를 강조하셨고 기도하는 자리에 계셨습니다. 기도는 영적 호흡이요 영적 능력이기 때문에 기도는 중요합니다. 따라서 성도는 언제나 기도하는 자리에 있어야 합니다. 여기에 역사가 나타나고 기적이 일어나게 됩니다.
② 어떻게 기도해야 합니까? 믿음으로 기도해야 합니다.(막11:24) 항상 기도하고 낙심치 말아야 합니다.(눅18:1) 감사하면서 기도해야 합니다.(골4:2) 이렇게 기도할 때에 능력이 나타나게 됩니다.(약5:15) 엘리야 역시 그렇게 기도하였습니다.(약5:17)

3) 겟세마네동산에서의 제자들의 모습을 교훈 삼아야 합니다.

예수님이 계속해서 일깨워 주셨지만 기도하지 못했습니다.
① '내가 기도하는 동안에 너희도 깨어 있어 기도하라' 하셨습니다. 세 번씩이나 깨워놓았지만 계속 잠만 잤습니다. 2010년 교회 성도들이여 깨어 있어야 합니다.
② 기도하지 못했던 제자들은 모두 주님을 배반했습니다. 주를 위해 죽을지언정 운운하던 제자들이 모두 도망하였고 베드로는 보기 좋게 예수님을 부인했습니다. 예수님은 평상시에도 제자들을 의탁치 아니하셨습니다.(요2:24) 이번 고난주간에 다시 한 번 기도의 위치을 찾아야 하겠습니다.

2. 예수님은 십자가 지는 자리에서 십자가를 지셨습니다.

예수님이 가시는 길은 십자가의 길이기에 그의 제자인 우리도 십자가를 지고 가야 합니다.(마16:24)

1) 성도(제자)는 십자가를 지는 자리에 있어야 합니다.

(마27:32) 구레네 시몬은 억지로라도 졌는데 그 십자가는 행운의 십자가였습니다.
① 제자들은 모두 도망가고 말았습니다. 결단과 각오를 가지고는 빈약합니다.(마26:35, 막14:51)
② 지금도 마찬가지입니다. 평상시에는 잘 알 수가 없지만 시험이나 문제가 생기면 곧 넘어지게 됩니다.(눅8:13) 평상시가 문제가 아니라 금번 고난 주간에 우리의 신앙을 다시 한 번 생각해야 하겠습니다.

2) 구레네시몬은 행운의 십자가였습니다.
① 억지로라도 십자가를 지는 자리에 있어야 합니다. 사도바울은 십자가를 지고 간 사도였습니다.(골1:24)
② 축복 받은 십자가가 되었습니다. (막15:21, 롬16:13)루포의 집안이 되었습니다.

3. 예수그리스도 안에서 우리는 주님을 위해서 헌신하는 자리에 있어야 합니다.

주님은 나를 위해서 대속적 죽음을 죽으셨습니다.

1) 예수님이 십자가를 지시기 전에 헌신한 사람들을 보시기 바랍니다.
① 예수님께 향유병을 부어서 장례를 준비한 사람이 있습니다. (마14:9)마리아의 옥합은 헌신 중에 헌신이 되었습니다.
② 나귀를 타고 가시도록 헌신한 나귀 주인입니다. 성경이 응하는 헌신자가 되었습니다.(슥9:9, 마21:5)

③ 최후의 만찬 장소를 제공한 집이 헌신자가 되었습니다. (마26:18)이름은 밝혀지지 않지만 중요한 헌신자가 되었습니다.

2) 예수님이 부활하시기 전에 헌신한 사람을 보시기 바랍니다.
① 아리마대 요셉은 무덤을 헌신했습니다. 자기가 묻힐 새로 판 무덤입니다.(마27:51-61)
② 향유를 바르려고 무덤을 찾아갔던 사람들이 헌신자입니다. 일곱귀신 들렸던 막달라 마리아를 비롯해서 헌신자가 되었듯이 2010년에 주님께 헌신하는 자리에 있게되시기를 주의 이름으로 축원합니다.

결론 : 위치를 바르게 지키는 성도가 됩시다.

예수님

예수님 안에서 주시는 자유
(갈5:1)

세상에서 제일 불쌍한 사람은 자유가 없이 속박을 당해 있는 사람일 것입니다. 옛날 노예시대에 살던 노예들은 강아지처럼 주인에게 묶여 살았습니다. 지금도 미국 16대 대통령 링컨(Abraham Lincoln)을 세계인이 존경하는 것은 흑인들에게 자유를 주었기 때문입니다. 그 결과로 미국에서 일어날 수 없는 일이 생겼는데 흑인이 미국을 다스리는 대통령이 되었습니다.

현대에 와서 많은 사람들은 그 무엇인가에 묶여서 마치 노예와 같이 살아갑니다. 술과 도박과 향락과 심지어 돈의 노예로 전락한 사람들도 있습니다. 모두가 마귀가 뒤에서 조절(remote-controlled)하는데 끌려 다니는 모습을 보게 됩니다.

하나님의 아들 예수그리스도는 이 세상에 오신 목적이 마귀의 흉악한 쇠사슬에 매여서 있는 인간들을 자유케 하시려고 오셨습니다. 그리고 그 흉악한 마귀의 하는 일을 멸하시려고 오셨습니다.(요일3:8, 눅10:18-20)

본문에서 사도 바울은 다시 세상으로 율법을 따라 가려던 사람들에게 다시는 종의 멍에를 메지 말라고 외치고 있는데 여기에서 은혜를 나눕니다.

1. 예수님은 우리를 모든 죄로부터 자유케 하십니다.

예수님께서 이 땅에 오신 목적은 죄인을 구속하사 모든 죄로부터 자유케 하려고 오셨습니다.(눅19:10)

1) 모든 죄로부터의 자유가 따르게 됩니다.

아인슈타인(AlbertEinstein)은 나치의 치하에 있을 때에 '나는 가능한 한 법률 앞에서 전 국민이 정치적자유, 관용, 평등이 보장되는 나라에서 살고 싶다'고 하였습니다.

① 예수님이 피 흘리시고 그 피 값으로 믿는 자의 자유를 사셨습니다. 자유와 평등은 그냥 주어지는 것이 아니고 거기에 따르는 값이나 대가를 치루어야 하는데 예수님께서 십자가에서 지불하셨습니다.(요19:30) "다 이루었다"고 하셨습니다.(Jesus said "finished") 그 값으로 말미암아 새롭게 살게 되었습니다.(엡2:1) 또한 중간에 막힌 담을 헐어버리셨습니다.(엡2:13-14)

② 따라서 이제는 예수 안에 있기 때문에 정죄함이 없이 구원에 이르게 되었습니다. 자기 땅에 오매 자기 백성이 영접치 아니하였으나 영접하는 자 곧 그 이름을 믿는 자들에게는 하나님의자녀가 되는 권세를 주십니다.(요1:11-12) 이제 사망에서 생명으로 옮기게 되었고(요5:24) 예수 안에서생명을 얻게 되었으며(요일5:11-12), 생명의 성령의 법이 죄와 사망의 법에서 해방했습니다.(롬8:1-2)

2) 모든 인생은 죄 아래에 있습니다.

이것이 인생의 비극이요 저주의 근원입니다.

① 사도 바울은 모든 인간이 죄인이라고 분명히 선언하였습니다. (롬3:10)의인은 없나니 하나도 없다고 하였습니다.(There is no one righteous, not even one) (롬3:23)모든 사람이 죄를 범하였다고 밝히 보여주었습니다.

② 인간은 해 아래서 전적인 타락의 존재입니다. 칼빈주의 5대교리 중에 하나가 '전적 타락' 된 존재입니다. 이 전적 타락(Total Inability)은 인간 힘이나노력으로는 절대 구원을 얻을 수 없는 존재임을 말합니다. 죄가 죄를 낳게 되고 결국 사망에 이르게 됩니다.(약1:15) 또한 인간은 절대적으로 사망이 예비 되었고 심판이 기다리고 있는 존재이기 때문에 예수님의 구원이 필요합니다.(히9:27-28)

2. 예수그리스도 안에서는 죄 때문에 오는 모든 파멸에서부터 자유입니다.

모든 인간의 영적 육적 문제는 죄의 파급 때문에 왔는데 모든 억압과 얽매이는데서 부터 자유입니다.

1) 죄 때문에 파급된 문제에서부터 자유케 하십니다.

죄 때문에 생기는 일들이 세상에 얼마나 많습니까?
① 질병도 죄 때문에 오는 일이 많습니다. 성경에도 질병의 원인을 여러 곳에 밝혀주었습니다. (요9:1)하나님의 하시고자 하시는 일 때문에 소경이 되었습니다. (행20:9)자기 실수로 창문에 걸터앉았고 졸다가 3층에서 밖으로 떨어진 유두고가 있습니다.(요5:14)38년 간 자리에 누워있던 사람은 죄 때문에 생긴 병자였음을 밝혀줍니다. 그러나 믿음의 기도는 병자를 치료하는데 혹시 죄를 범하였을지라도 사하심을 얻게 됩니다.(약5:15-16)
② 예수 안에서는 죄의 근본(뿌리 Roots)들까지도 뽑아버리고 치유하시기 때문입니다. 예수님이 우리의 구세주이기 때문입니다.(사53:3-4) 믿는 자에게는 기적과 능력이 따르게 됩니다.(막 16:17-)

2) 가난에서부터 부요가 따라옵니다.

세계 지도를 펴놓고 보십시오. 선진국내지는 부유한 국가는 예수 믿는 나라입니다. 우리나라 역시 복음 때문에 달라졌습니다.
① 예수님이 우리를 부요케 하십니다.(사3:4) 그의 가난이 우리를 부요케 하십니다.(고후8:9) 신앙 가운데서 건강과 부요도 따라옵니다.
② 하나님이 일찍이 약속하신 것입니다. 여기에 부요와(신28:-4) 행복이 따라옵니다.(신10:13) 예수 안에서 이 행복을 누리시게 되기를 축원합니다.

3. 예수 안에서 이 축복은 언제나 문이 열려져 있습니다.

세상 종교들이 모두 이같이 말하였으나 기독교는 차원이 다릅니다.

1) 기독교는 믿음의 종교입니다.

믿음으로 영접하고 믿으면 됩니다.
① 믿음이 무엇입니까? 나는 죄인인 것과 예수님이 나 때문에 십자가 위에서 피 흘려 죽으시고 부활하시고 지금도 나와 함께 계심을 믿는 것입니다. 여기에 용서와 축복이 보장되어 있습니다.

② 사탄 마귀가 아무리 장난하고 방해하여도 소용이 없는 것은 예수님이 사단을 이기셨기 때문입니다. 사단의 머리를 상하게 짓밟았습니다.(창 3:15)

2) 예수 안에서 완전히 자유입니다.

나는 예수 안에서 자유라고 고백하십시오.
① 이제 모든 것에서 자유를 얻고 축복 받으시기 바랍니다. '오! 나는 예수 안에서 자유 얻었네' 라고 믿으십시오. 예수님이 당신을 자유케 하셨습니다.(요8:30)
② 기회를 놓치지 말아야 합니다. 마귀는 거짓말쟁이가 되기 때문에 거짓으로 유혹합니다.(요8:44) 그러나 다시 확인하는 것은 예수 안에서 자유입니다. 영생과 함께 이 자유자들이 모두가 되시기를 축원합니다.

결론 : 우리는 예수 안에서 자유의 사람이 되었습니다.

은혜

은혜로 인도하시는 하나님
(출15:11-13)

사람이 세상을 살아가는 것은 우연한 일이 아니고 전적인 하나님의 섭리에 있습니다.
그래서 현재 어렵고 힘든 일이 있어도 지나고 보면 하나님께서 인도하셨음을 뒤늦게 깨닫게 됩니다.(신29:29) 사도바울 역시 이런 사실을 분명하게 전하여 주는데(롬8:18,8:28) 그의 선교하는 일생을 통하여서도 실제 체험하는 바 있고(행16:6-40) 구약에서 요셉은 확실하게 체험한 바 있습니다(창37장-50장). 그래서 하나님의 섭리를 깨달은 사람들은 모두가 '하나님의 은혜'(Grace of God)라는 표현들을 하게 됩니다.
본문은 이스라엘 백성들이 430년 만에 애굽에서 나오게 되고 기적같이, 인도하심을 입을 때에 하나님의 은혜를 깨닫고 감사하며 찬송하는 말씀입니다. 모두가 하나님의 은혜가 아닌 것이 없음을 노래하는 데(출12:51, 13:9-14,16,14:30) 이 모든 일은 하나님께서 그 주체가 되시어 역사하시는데 큰 은혜를 받게 됩니다. 어느 시대나 일군이 있지만 모세 역시 하나님의 심부름꾼에 지나지 않고 하나님의 능력의 손에 쓰임 받았고 지금도 하나님께서는 종들을 인도 하시는 바 본문에서 은혜를 나누게 됩니다.
어떤 은혜의 역사인지 분명하게 보여 주셨습니다.

1. 능력 있고 힘 있는 분이 이끌어 주시는 은혜입니다.

세상을 살다보면 세상적으로 지체 높은 사람의 손이 필요 할 때가 있는데 그 세상적인 힘은 한계가 있습니 다. 우리를 도우시는 분의 능력은 전혀 다른 분입니다.

1) 하나님이 우리 힘이시오 능력이 되십니다.

(2절) '여호와는 나의 노래, 힘, 구원 이라고 분명히 고백하였습니다(my strength and my song; he has become my salvation).
① 성경에서 하나님은 나의 힘, 이라고 하였는데 히브리어로 하나님을 '엘로힘' 이라고 하는데 이때에 '엘' 은 '힘' 이라는 뜻이 강합니다. 다윗 역시 시편 여러 곳에서 하나님은 '힘' 이라고 고백하였음을 봅니다.(시 18:11, 27:1, 46:1, 대상18:6,13) 그분이 여러 전쟁에서 이기게 하였다고 간증해 줍니다.
② 그 하나님의 손길은 지금도 내 곁에서 도우십니다. 그 하나님이 나를 도와주시고(시121:1-), 나의 이름이 그 손바닥에 기록되었고(사49:13-16), 내가 지렁이 같이 약하고(사41:14) 가련하고 빈핍해도(사41:17) 그분만을 앙망 할 때에 새 힘을 주시어 서게 하시는 분이십니다.(사40:27-)

2) 이 은혜와 축복으로 이스라엘을 출애굽하게 하셨습니다.

그리고 본문에서와 같이 힘차게 그 구원을 찬송 케 하였습니다.
① 애굽은 고대에 최고로 강대국이었습니다. 어느 시대나 강대국이 있지만 당시에 애굽과 같은 강한 제국에서 해방된다는 것은 어려운 일이었지만 하나님께서 강한 손을 더하시므로(출6:1) 결국은 10가지 재앙 앞에 그들은 손을 들게 되었습니다. 세상은 강하나 하나님은 더 강하십니다.
② 약한 이스라엘을 괴롭혔던 애굽은 망하게 되었습니다. 고대 애굽이 강했어도 더 강한 나라가 나타나는데 앗수르라는 국가였고 그 앗스르에 의해서 애굽이 침몰 당하고 북쪽 이스라엘도 망하게 되었고(왕하17장) 그리고 남쪽인 유다마저 침공해 오지만 (왕하18-19장) 앗수르는 결국 신흥국가 바벨론에 의해서 침몰 당하게 됩니다. 그런 역사적 소용돌이 속에서도 언제나 하나님은 하나님의 백성인 이스라엘을 보호하시고 지켜 주셨습니다. 이것이 하나님의 섭리입니다.

2. 나와 함께하신 여호와를 용사로 표현했습니다.

(3절) '여호와는 용사시니' (The LORD is a warrior)라고 했습니다.

1) 전쟁과 같은 현실이기 때문입니다. 세상은 영적 전쟁입니다.

① 용사는 용사인데 천하무적의 용사이십니다. 세상에 제아무리 큰 군대, 강한 군대라도 전쟁에서 패하거나 전사자가 많이 나타날 때가 있지만 여호와는 한 번도 패하거나 패전할 때가 없습니다. 그분이 나의 구원주가 되십니다.

② 악한마귀가 제아무리 강하거나 악해도 우리 용사되신 여호와의 입김에 모두 패하게 됩니다. 군대귀신이라도(마8:28-34, 막5:1-17) 그 분의 말씀 한마디에 모두 패하게 됩니다. 그 분이 우리의 구세주가 되십니다.

2) 여호와 하나님은 이스라엘의 총사령관이셨습니다.

모세나 여호수아는 다만 심부름하는 일군일 뿐이고 이스라엘의 대장은 만군의 여호와 하나님이셨습니다.

① 현재에도 전쟁과 같은 세상이지만 총사령관이 되시는 하나님이 나와 함께 계시기에 이기게 되고 승리합니다. 보수교단 중에 '구세군'(salvation's Army)이란 교단은 영국에서 시작 되었는데 윌리암 부드(WilliamBood)에 의해서 창설된 교단입니다. 총사령관은 예수 그리스도이십니다.

② 총사령관이신 하나님이 함께 하시기 때문에 애굽에서 나왔고 이와 같이 감사의 찬송을 부르게 되었습니다. 10가지 재앙, 홍해가 갈라짐 모두가 여호와의 역사입니다. 그 주님이 지금도 나와 함께하심을 믿어야 하겠습니다.(마28:20)

3. 결국 주의 백성들은 은혜 중에 인도함을 받았습니다.

주의 백성이기 때문에 언제나 은혜로 인도해 주십니다(13절,17절)

1) 주의 백성이기 때문에 언제나 은혜로 이끌어 주신다는 사실입니다.

주의 백성이기 때문입니다.

① 따라서 주의 백성들은 주의 은혜로 살아가는 사람들입니다. 애굽에서 나온 이후 광야 40년의 생활도 하나님의 은혜로 인도하지 아니하셨다면 불가능한 행보였습니다. 만나와 메추라기를 먹이시고, 구름과 불기둥으로 인도해 주셨습니다.(출40:38)

② 그 불기둥과 구름기둥으로 지금도 우리를 인도해주십니다. 보혜사 성령으로 인도하시며(요14:15-18) 말씀으로 역사하시는 하나님의 손길속에서 인도하시는 하나님이십니다.

2) 성도는 하나님이 인도하시는 행복자입니다. 나그네 길에서 행복자인 것입니다.
① 행복자입니다.(신33:29)(Blessed are you, O Israel!) 우리는 영적 이스라엘임을 성경에서 밝혀줍니다.
② 사람들에게 자랑하며 간증하며 살아야 합니다. 나는 예수그리스도 안에서 행복자라고 말해야 합니다. 그리고 은혜로 인도하심을 받은 백성임을 감사해야 하겠습니다.(13절) 가나안, 천국에까지 이런 생활되시기를 주의 이름으로 축원합니다.

결론 : 은혜로 인도하십니다.

은혜

하나님께서 베푸시는 은혜
(사30:18-19)

성경에서 인간에게 주시는 하나님의 말씀은 언제나 현실적이고 깨달을 수 있도록 세밀하게 말씀하심을 봅니다. 그래서 종교개혁자 마틴루터(Martine Luther)는 '하나님께서 인간에게 주신 축복 중에 하나가 하나님 말씀을 인간이 언어로 읽을 수 있도록 성문화 시켜주신 것이다' 라고 하였습니다. 죄에 빠진 인간을 구원해 주시기 위해서 인간이 제일 필요로 하는 단어는 하나님의 은혜라는 단어입니다, '네가 먹는 날에는 정녕 죽으리라' (창2:17)(for when you eat of it you will surely die) 하였는데 그대로 되었습니다. 하나님의 절대적인 구원이 필요한 인간이 되었습니다.

본문에서 히스기야시대에 유다는 애굽, 시리아, 바벨론 등의 국가들에 휩싸여서 갈 바를 모를 때에 매서운 국제정세 속에서 나아갈 길은 하나님께 있었고 하나님의 은혜만이 유일한 소망이었음을 보여 주는데 여기에서 또한 우리 대한민국의 국제정세와 유사한 면을 보면서 하나님의 은혜를 사모하며 영적 큰 교훈을 얻게 됩니다.

1. 택한 백성들을 위해서 은혜 베푸시려고 기다리시는 하나님이십니다.

전적으로 기다리시는 하나님이시라는 것입니다. (18절) '여호와께서 기다리시나니 이는 너희에게 은혜를 베풀려하심이요' 라고 했습니다.

1) 하나님은 은혜를 주시려고 끝까지 기다리신다고 하셨습니다.

하루가 천년같이 천년이 하루같이 기다리시기도 하십니다(벧후3:8).

① 은혜를 주시므로 회개할 때를 기다리시는 것입니다. 때(Time)를 기다리시는 하나님의 은혜와 사랑이 있기에 지금까지 살아오게 됨을 잊지 말아야 합니다. 이런 사실은 탕자가 돌아오는 사건에서도 말씀하셨습니다(눅 15:17-18). '내가 일어나 아버지께 가서' (눅15:18)라고 결정을 내리게 하십니다(I will set out and go back to my father). 또한 여기에서 우리가 생각할 일은 전도하는 일, 잃어버린 영혼을 찾는 일은 자식을 기다리는 아버지 마음으로 해야 한다는 것입니다.
② 구약에서 하나님은 기다리시는 모습을 보여주셨습니다. 여러 시대 시대마다 변모를 보게 되는데 특히 이사야시대를 비롯한 호세아선지자를 통하여 말씀했습니다. (호14:1)' 이스라엘아 네 하나님께로 돌아오라' 하였고, (호6:1)' 오라우리가 여호와께 돌아가자 여호와께서 우리를 찢으셨으나 도로 낫게 하실 것이요 우리를 치셨으나 싸매어 주실 것이라' 하였습니다. 이 말씀은 지금도 유효하게 작용합니다. 이것은 교회가 세상을 향해서 취해야 하는 입장이기도 합니다.

2) 기다리실 때에 돌아오는 것을 회개라고 말합니다.

지금은 회개(Repent)할 때입니다(고후6:1-2).
① 회개하고 돌아올 때에 어떤 흉악한 죄인이라도 용서하시고 천국을 주시게 됩니다. 예수님은 우편강도까지라도 낙원을 허락하셨습니다(눅 23:40). "오늘 네가 나와 함께 낙원에 있으리라' 하셨습니다(I tell you the truth today you will be with me in paradise). 지금도 어떤 흉악한 개인, 국가도 하나님께 돌아오면 은혜를 베푸십니다.
② 우리 모두는 하나님의 기다리심 속에서 구원을 얻은 존재입니다. 우리를 향하신 하나님의 기다리심이 없었다면 우리는 여전히 죄 가운데서 망하게 되었을 것입니다. 바울은 '죄인 중에 내가 괴수니라' (딤전1:15) 하였고 호세아선지자는 하나님의 사랑을 외쳤습니다.(호14:4) 따라서 구 찬송가 321장에서 페니 크로스비(Penny Crosby)는 '지금 오라' 고 외치고 있습니다.

2. 택하신 백성이 돌아오게 될 때 행동하시는 하나님이십니다.

하나님께서 어떻게 행동하신다는 말씀입니까?

1) 일어나서 행동하시게 된다고 하셨습니다.

(18절) '일어나시리니 이는 긍휼히 여기려 하심이라' 하였습니다. 그리고 돌아올 때에 긍휼히 여기시게 됩니다.
① 행동으로 긍휼을 보여주십니다. 아직 상거가 먼데 달려가시는 아버지의 모습입니다.(눅15:20) 행동으로 분명하게 보여주셨습니다.
② 주님의 행동은 또한 순교자가 순교할 때도 나타내셨습니다. (행7:55)스데반집사가 순교할 때에 하나님 보좌에 서계신 주님이 벌떡 일어서셨음을 보여주고 있습니다. 오직 하나님만이 나를 위해서 지금도 일하시며 행동하십니다.

2) 나를 구원하시기 위한 행동이십니다.

세상에 나 같은 죄인을 위해서 예수님이 그렇게 행동하십니다.
① '나'라는 존재, '우리 대한민국'이라는 존재를 하나님은 귀하게 보심을 잊지 말아야 합니다. 논바닥에 서있는 허수아비가 무슨 힘이 있겠으며 마을 입구마다 우뚝 서있는 장승들이 무슨 힘이 있겠습니까? 그러나 우리 주님은 능력자이십니다.(시115:4-)
② 하나님은 지금도 나를 위해서 행동하시며 일하시고 계십니다. (요5:17) 예수님은 하나님이 일하시니 나도 일한다고 하셨습니다. 모두가 나를 위한 하나님, 우리나라를 위해서 일하시는 하나님을 유다를 향하셨던 본문에서 배우게 됩니다. 그리고 돌아오면 내가 도와주시겠다고 말씀하심을 들어야 합니다.

3. 하나님은 나를 영접하실 준비가 모두 완료되었습니다.

준비해 놓으시고 기다리시는데 은혜를 주시기 위해서입니다.

1) 응답하시는 하나님이십니다.

(19절) '부르짖을 때에 응답하리라' 고 말씀하십니다.

① 돌아오는 때에 응답이 있고 사함이 있습니다. 그래서 아골골짜기 같은 곳에도 소망이 있게 하십니다.(호2:14-15) 개인도, 국가에도 여기에 큰 소망이 있음을 알아야 합니다. 대한민국이 살 길은 하나님께 있음을 잊지 말아야 합니다.

② 구체적인 응답이 약속되었습니다.(23-26) 살찌고 풍성하며, 상처 난 곳은 싸매어 주시고 병든 곳은 고치십니다. 축복과 은혜의 약속입니다. 변치 않는 이 약속을 믿어야 합니다.(호1:10)

2) 하나님의 약속은 지금까지도 유효합니다.

유효하신 말씀을 믿고 따라야 합니다.

① 그러나 문이 닫힐 때가 있음도 기억해야 합니다. (창7:16)구원의 방주가 닫히게 됩니다. (마25:10)잔치의 문이 닫히게 됩니다. (마25:19)사명의 문이 닫히게 됩니다. 문이 닫히기 전에 일해야 합니다.

② 아직도 기다리시는 하나님의 사랑과 은혜를 기억해야 합니다. 이는 하나님의 사랑과 은혜 때문입니다. 개인도, 국가도 모두가 하나님의 은혜 속에 살아야 할 때입니다. 이 은혜와 축복이 우리 모두에게 깃들게 되기를 주의 이름으로 축원합니다.

결론 : 우리는 하나님의 은혜만이 소망이 있습니다.

은혜

도와주시는 하나님
(사 41:8-10)

이 세상을 살아가면서 혼자 살아갈 수 있는 사람은 아무도 없습니다. 내가 누군가는 도와주고 내가 누군가의 도움을 입어야 하는 상생관계요 상부상조의 관계며, 이것이 우리가 살아가는 사회생활입니다. 이른바 사회성을 가지고 살아가게 되는 것이 세상입니다.

그런데 세상은 어제의 동지가 오늘에 와서 적으로 변하게 되고, 어제에는 원수였으나 오늘에 와서는 동반자가 되는 것이 오늘의 국제관계요 냉혹한 현실입니다.

그런데 하나님은 우리를 도와주시는데 어제나 오늘이나 미래까지도 항상 도와주시겠다고 약속해 주셨습니다. 하나님은 나를 도와주시고 변하지 않으십니다.(시 31:1-3; 시 115:9 시 118:6)

이사야 선지자는 본문에서 확실하게 외쳤습니다. 세상에는 위조나 모조품이 있어서 이른바 '짝퉁'들이 난무하지만 하나님이 도와주시는 일에는 위조가 없이 진품뿐인데 여기 오늘 본문에서 은혜를 나누게 됩니다.

1. 하나님과 이스라엘은 떨어질 수 없는 관계입니다.

이스라엘은 역사적으로 일찍이 아브라함부터 시작되는데 갈대아 우르에 살고 있던 아브라함을 부르시고, 이삭, 야곱 그리고 12지파와 애굽에 430년간의 생활 후에 모세를 통한 출애굽의 역사와 가나안 정착의 일대기를 염두에 두게 됩니다.

1) 역사적 관점에서도 뗄 수가 없는 관계 속에 있습니다.

하나님은 이스라엘의 하나님이요 이스라엘은 하나님의 백성입니다.

① 하나님은 이스라엘을 택하셨다고 하셨습니다. 그래서 하나님께서 이스라엘을 칭하실 때에 여러 가지 칭호가 있습니다. (사 41:8) '나의 종 너 이스라엘아 나의 택한 야곱아 나의 벗 아브라함의 자손' 이라 하였습니다.(O Israel, my servant, Jacob, whom I have chosen, you descendants of Abraham my friend) 후대에 가서 이스라엘이 인정치 아니할지라도 하나님은 우리의 아버지이시라(사 63:16) 하셨습니다.

② 이스라엘, 야곱을 향해서 '너는 내 것이라' 하셨습니다.(사 43:1) '야곱아 너를 창조하신 여호와께서 이제 말씀하시느니라 이스라엘아 너를 조성하신 자가 이제 말씀하시느니라 너는 두려워 말라 내가 너를 구속하였고 내가 너를 지명하여 불렀나니 너는 내것이라' (you are mine)하시는데 분명히 '하나님의 것' 이라는 소유격으로 말씀해 주셨습니다. '내가 이스라엘의 주인' 이라는 말씀입니다. '이스라엘의 주인은 나다' 라고 하십니다.

2) 이방인인 우리와 하나님과의 관계는 어떻습니까?

구약시대의 법으로 말한다면 우리는 육신적 관계에서 아브라함의 씨가 아니요, 이방인이었습니다.

① 이제 예수 그리스도 안에서는 육신적 유대인이 유대인이 아니며, 예수 그리스도 안에서의 하나님 백성의 관계가 더 중요합니다.(롬 2:28) 이 사실은 사도 바울이 로마서에서 분명하게 전했습니다. 이제 예수 그리스도 안에서의 새로운 피조물이며(고후 5:17), 새롭게 하늘의 '시민권' 자가 되었습니다.(빌 3:20) 유대인은 주후 70년 망하게 되었고, 그래서 이스라엘이 영적으로 예수를 믿고 돌아올 것을 기도했던 바울을 봅니다. (롬 11:25)이스라엘이 넘어지므로 이방인이 구원을 얻게 되어 참 이스라엘이 되었습니다.

② 이제 우리는 감사하며, 감격하는 중에 확신이 있어야 합니다. 예수 안에 있기 전에는 이방인이었고, 마귀의 쇠사슬에 묶인 자였으나 이제는 자유하게 되었고(욥 8:32; 갈 5:1) 하나님의 자녀가 되었으며(요 1:12), 하나님을 향해 '아바 아버지' 라 부르게 되었습니다.(롬 8:15-16)

2. 하나님께서 하나님 백성을 도우신다고 하셨습니다.

세상에서 제일 든든한 후원자는 우리 하나님이십니다.

1) 이것은 변치 않는 약속입니다.

거짓말 하실 수 없는(히 6:18) 약속입니다.
① 약속을 바라고 믿어야 합니다. 지렁이 같이 약해도(14절) 오른 손으로 붙들고(13절) 참으로 도와주시는 하나님이시며(10절) 땅 끝에서부터 붙들어 주시겠다(9절)고 하셨습니다. 사자나 독수리처럼, 새 타작기계처럼 만들어 주시겠다고 하셨습니다.(15절)
② 중요한 것은 '내가 너로 되게 하겠다'는 약속입니다. 하나님은 쓸모없는 무용지물도 값지게 사용하십니다. 요강으로 쓰이다가 깨져서 마루 밑창에 던져졌던 것을 새롭게 주물 공장에서 주발 셋트로 변신하듯이 우리를 새롭게 하십니다. 깡패가 변해서 새롭게 되고, 사울이 변해서 바울이 되었습니다. 하나님이 시작하신 일은 계속 진행하실 수밖에 없습니다. 미국 심리학자인 "스코트 프라우스"(Scott plaus)가 말한 '매몰비용효과'(어떤 일에 투자했다가 손해 볼 줄 알면서도 투자한 것이 아까워서 계속 투자한다는 이론)가 하나님이 나에게 적용하시는 현실을 보게 됩니다.

2) 말씀을 믿어야 합니다.

손해 볼 줄 알면서도 지금까지 투자한 것이 아까 와서 계속 투자하는 '매몰비용효과'는 지금도 계속 중입니다.
① 하나님의 나를 향하신 관심과 뜻을 믿어야합니다. 하나님은 지금도 나를 도와주시며, 함께 하십니다.
② 하나님이 나를 사랑하심을 믿어야 합니다. 내 처지에 관계없이 사랑하시며, 내가 죄인 되었을 때에도 나를 사랑하셨습니다.(롬 5:8; 찬송 411장)

3. 이제 내가 하나님께 대답할 차례입니다.

하나님께서 끝까지 포기하지 않으시며, 두려워 말라고 하십니다.

1) 내게 다가오시는 하나님의 손길에 내가 대답해야 합니다.

하나님의 손길을 외면한다면 참으로 곤란합니다.

① 인생은 소모적 인생입니다. 시간도, 재정도, 모든 것이 소멸되어 가는데 하나님을 붙잡아야 살게 됩니다. 일본의 하루야마 시케오라는 사람은 '대뇌혁명'이란 책에서 사람의 뇌가 나쁜 일 할 때 보다 좋은 일 할 때에 에너지가 덜 소비된다고 했습니다. 하나님께 나가는 일은 최고로 좋은 일입니다.

② 보이지 않지만 하나님의 손길은 지금도 나를 도와주십니다. 하나님은 지금도 일하고 계시기 때문입니다.(요5:17)

2) 내가 하나님께 반응하면 내게 더 큰 사랑과 축복을 주십니다.

① 하나님은 지금도 내게 역사해 주시고 계심을 믿으십시오. 배경과 환경과 상황에 관계없이 내게 역사하십니다.

② 여러분은 지금 하나님께 어떤 반응을 보이십니까? 에너지가 소멸되는 부정적 반응이 아니라, 긍정적 반응으로 하나님의 손길을 체험하게 되시기를 주님의 이름으로 축원합니다.

결론 : 하나님은 나를 도와주십니다.

재림

재림 앞에서 깨어있으라

(눅 21 : 29-36)

금년 2010년도의 표어가 '그러므로 깨어 있으라 주님 맞을 준비하라' 인데 벌써 전반기가 지나고 7월 후반기에 접어들게 되었습니다. 예수님께서 오시겠다고 약속하신 재림의 때가 가까와 오면서 성도, 교회는 언제나 깨어 있어서 주님을 맞이할 준비가 중요합니다.

임산부가 해산의 시간을 앞두고, 중요한 수험생이 시험 시간을 준비하며, 농부가 추수 때에 이르러 추수해야 하듯이 주님의 재림은 영적 준비가 된 사람에게 축복이 됩니다.

예수님은 4복음서 어디에서나 종말을 강조하셨고(마 24 - 25장, 약 13장, 눅 17장 등) 그때마다 강조하시기를 '깨어있으라' 입니다. 지금은 신랑이 더디 오므로 다 졸며 자는 시대(마 25:1)입니다. 그러나 참 교회와 올바른 성도는 깨어 있게 되는데 본문에서 생각하게 됩니다.

1. 재림의 징조들을 보면서 가까운 줄을 알라고 하셨습니다.

매사에 무슨 일이든지 그 일이 이루기 위해서는 징조들이 있게 되는데 예수님의 재림 역시 징조들이 있습니다(마 16:3-).

1) 징조들을 바로 알아야 합니다.

(31절) "너희가 이런 일이 나는 것을 보거든 하나님의 나라가 가까운 줄 알라" 하셨습니다(Even so, when you see these things happening, you know that the kingdom of God is near) 4복음서에 말씀하신 징조들을 새롭게 다시 보시기 바랍니다. 우선적인 몇 가지만 예를 들면 다음과 같은 일들입니다.

① 이단, 사이비가 득세해서 진리를 왜곡하게 됩니다. 종말 때에 흔하게 나타나는 현상들을 조심해야 합니다. 마태복음 24장과 마가복음 13장에서 강조하셨습니다. 사탄의 고차원적인 유혹에 조심해야 합니다.

② 지진이 빈번하게 발생하게 됩니다. 이제는 어느 특정지역에만 일어나는 지진이나 자연재해가 아니라 지구촌 어디든지 예외가 없이 일어나는 지진은 사람들을 공포의 도가니 속으로 몰아가게 만듭니다. 지금 지구촌은 지진과 그 피해로 어렵게 되었습니다.
③ 기근입니다. 세상에서 제일 서러운 일은 굶주림이요 기근입니다. 지구촌 곳곳에서 어렵게 살며 굶어서 죽는 애들이 가면 갈수록 숫자가 늘어가고 있는 실정입니다.
④ 과학의 발달과 상업주의 발달입니다. 다니엘 선지자는 예언했습니다.(단 12:4) "다니엘아 마지막 때까지 이 말씀을 간수하고 이 글을 봉함하라 많은 사람이 빨리 왕래하며 지식이 더하리라" 했습니다. 지금은 사람의 지식이 하나님의 영역까지 넘보려는 시대입니다.

2) 성경의 예언은 모두 이루어집니다.

(32절) "이 세대가 지나가기 전에 모든 일이 다 이루리라" 했습니다.("I tell you the truth, this generation will certainly not pass away until all these things have happened")
① 성경은 예언입니다. 구약이 신약을 예언하였고 준비되어 왔듯이 이제 성경의 모든 예언은 예수 그리스도의 재림에 초점이 맞추어져 있습니다. 반드시 이루어지게 됩니다.
② 이 예언의 말씀을 읽고, 듣고, 지켜야 합니다(계1:3) 하나님의 말씀을 지켜 행할 때 복이 있습니다.(신 28:1-14; 시128:1-)

2. 말세 때일수록 조심해야할 일들이 있습니다.

1) 스스로 조심해야 합니다.(34절)(Be careful)

① 세상에는 내 믿음을 빼앗아 가고 날치기 하려는 세력이 많이 있음을 주의해야합니다. 세상국가마다 방문하게 될 때에 안내자가 조심시키는 것이 소매치기를 주의 시켜줍니다.(Ben Johnson) 100미터 육상 선수였던 벤 존슨이 이태리 로마에 가서 소매치기를 당했는데 그가 말하기를 '나보다 더 빠른 사람이 있더라' 했습니다.

② 내 신앙은 언제나 내가 지켜나가야 합니다. 옆에서 도와주는 도우미는 한계가 있기 때문입니다.

2) 잃어버리고 후회하면 때가 늦게 됩니다.
잃어버리고 후회하는 일이 세상에는 많이 있습니다.
① 에서와 같은 경우입니다(창 25:34). '후에는 눈물 흘려' 찾으려 했으나 소용이 없었습니다.(히 12:17)
② 재림 때가 가까이 올수록 바른 신앙을 스스로 지켜야합니다. 주일성수를 기본적으로 해서 신앙생활을 스스로 잘해야 합니다. 항상 조심해야할 이유가 여기에 있습니다.

3. 최고로 조심하는 일은 정신 차리고 깨어 있는 일입니다.
재림은 도적같이 이땅에 이루어지게 됩니다.(마 24:43; 막 13:35)

1) 예수님이 종말론에서 주의할 것은 깨어 있으라 하셨습니다.
① 영적으로 깨어 있어야 합니다. 영적으로 나태하고 잠을 잔다면 곤란합니다(마26:40) 고속도로 운전에서 잠깐 조는 것은 생명이 날아갈 수도 있는데 고속도로 보다 더 위험하게 지나는 세상입니다.
② 자던 자들도 이제는 깨어나라고 하십니다.(롬 13:11) 이제라도 깨어 일어나야 할 위급한 시대입니다.

2) 깨어있다 하는 것은 무슨 뜻이겠습니까?
(막 13:33, 36) 모든 이들에게 경고하셨습니다.(막13:37 I say to everyone: "Watch!")
① 기도생활이 깨어 일어나야 하겠습니다.
② 영적 각성과 회개 생활이 일어나야 합니다.
③ 주님 위한 봉사와 헌신도 일어나야 합니다.(요 9:4)
④ 예배생활, 전도, 선교가 깨어 일어나야 합니다.(행 1:8; 딤전 4:1) 비행기가 앞으로만 가듯이 성도들이 깨어 전진하기를 주의 이름으로 축원합니다.

결론 : 지금은 종말 때입니다.

재림

깨어있으라 주님 맞을 준비하라
(마24:42-44)

세상의 모든 일에는 시작이 있으면 끝이 있기 마련입니다. 창조 이후에 인간 역사가 계속하여 달려왔지만 끝나는 때가 오는데 이른바 주님의 재림의 날이 그 때입니다. 물론 그 날과 그 시는 아무도 알 수가 없지만(마24:36) 되어가는 징조들이 그날이 가까이 옴을 암시하게 됩니다. (막13:33-37)종말 사건을 말씀하시면서 깨어있으라고 경고해 주셨습니다. 예수님께서 늦게 오시는 것 같이 느껴지지만 (마25:1-) 예수님은 왕권을 가지시고 반드시 오시는데 2010년을 시작하면서 '깨어 있으라 주님 맞을 준비하라' 고 표어를 내세우면서 잠자거나 나태하기 쉬운 우리의 신앙을 다시한번 일깨우기를 바라는데 본문에서 은혜를 나누고자 합니다.

1. 재림 앞에서 기본적으로 여러 가지 징조들이 일어나게 됩니다.

지금 세상은 종말적인 사건들이 세계 도처에서 일어나고 있습니다.

1) 나타나는 징조들을 자세히 보시기 바랍니다.

사방에서 또는 하늘과 땅에서 이루어지는 현상들이 있습니다.

① 우선 하늘에서 징조들이 일어나고 있습니다. 하늘에 징조라 함은 날씨 변동이라든지 해와 별들의 징조들입니다. 이미 기상학자들이나 날씨에 대한 사건들은 뉴스를 통해서 수시로 전해지고 있는 사건들입니다. 지구촌 곳곳마다에서 일어나고 있는 현실적일들입니다. 사도 베드로의 예언을 읽어보시기 바랍니다.(벧후3:10-) 남태평양의 작은 나라 중에 하나인 튜발리아(Tubalia) 국가는 중국 베이징올림픽에도 참석한 나라인데 바닷물의 증가로 나라가 함몰되어서 지구상에서 사라졌고 몰디브(Moldiv)라는 국가도 사라질 위기에 있습니다.

② 지구가 죽어가는 현상을 봅니다. 사람이 살아가는 지구가 황폐해지고 죽어가는 현상들이 이제는 생소하지 않는 뉴스거리가 되어버렸습니다. 하

천이 오염되어서 강이나 바다가 죽어가기 때문에 생태계가 죽게 되었고 생물이 살아갈 수 없는 현실이 되었습니다. 이제는 계시록의 예언과 같이 강이며, 샘이며 모든 창조물의 세계가 죽게 되었습니다.(계8:10-) 이런 때에 교회가 할 일은 전도에 힘써야 하며 복음 전하여서 영혼을 건지는 일에 주력해야할 때가 되었습니다.

2) 사람들 사이에 인간 세상에서 이루어지는 현상이나 징조들이 있습니다.
지구촌이 죽어가는 것 뿐 아니라 인간 사이에 일어나는 징조들을 보시기 바랍니다.
① 예수님께서 말씀하신대로 이단자나 적그리스도들이나 미혹케 하는 자들이 일어나서 영적으로 혼란스럽게합니다. 예수님께서 종말 사건을 말씀하실 때마다 경고해 주셨던 부분인데(마24:4, 약13:5-, 눅21:8) 사도베드로나(벧후2:1) 사도요한도 경고한 바 있습니다.(요일4:1) 유명 제품들은 가짜들이 일어나서 진짜를 당혹하게 하듯이 영적인 일에도 가짜들이 판을 치는 시대입니다.
② 인심이 흉흉하게 되고 사람이 살아가는 심적인 요소가 약해지는 각박한 시대입니다. 그래서 강도 만난 사람을 보아도 그냥 지나가버리게 됩니다(눅10:30).이것이 또한 종말 때의 사건이라이고 사도바울도 전하였습니다.(딤후3:1) 이런 때 일수록 경건하게 믿음 위에 세워져 가야하겠습니다.

2. 성도는 깨어있어야 합니다.
세상이 멸망으로 치닫는 동안에 참 성도의 할 일은 깨어서 영적 준비를 해야 합니다.

1) 예수님의 말씀을 보시기 바랍니다.
어떤 신학적 이론이나 학자의 이야기가 아니라 주님의 말씀입니다.
① 일어나 머리를 들어야 합니다. (눅21:28) '이런 일이 되기를 시작하거든 일어나 머리를 들라 너희의 구속이 가까왔느니라' 하셨습니다.(stand up and lift up your heads because your redemption is your drawing near)
② 롯의 처를 생각하며 깨어있어야 합니다.(눅17:32) 지금은 영적으로 잠자

거나 뒤를 돌아볼 때가 아닙니다. 영적으로 깨어있을 때입니다. 주님 말씀은 반드시 이루어지기 때문입니다.(눅21:33)

2) 무엇을 준비해야 하겠습니까?
성도들이 준비해야 할 일들이 있습니다.
① 믿음을 준비해야 하겠습니다. 믿음이 없이는 구원도 받을 수 없고 영적 일은 모두가 믿음을 떠나서는 어떤 것도 할 수가 없기 때문입니다. 영적 일은 모두가 믿음과 연관되어있습니다.
② 비유로 말씀하셨듯이 등에 기름 준비해야 합니다. (마25:1)열 처녀의 비유에서 말씀하셨듯이 신랑 되시는 예수님 맞을 영적 신부인 성도가 되어야 합니다. 기름 없는 빈 등만 가지고 있다면 주님을 맞을 수 없습니다. 성령으로 준비된 기름이 반드시 준비되어야 합니다. 상급 준비도 또한 준비되어야 합니다.(계22:12, 마25:21)

3. 하나님은 세상 종말 사건에 앞서 역사 속에서 심판의 축소판을 보여 주셨습니다.

1) 역사 속에서 일어난 사건을 보시기 바랍니다.
① 노아의 때의 심판이 심판의 견본입니다. 예수님도 말씀하셨습니다.(마24:37)
② 소돔과 고모라 때와 같다고 하셨습니다. 이것이 또한 심판의 견본이요 징조입니다.(눅17:28)
③ 현대판은 일본에 떨어진 원자력의 심판도 보여주셨습니다. 하나님의 불심판은 더욱 무섭습니다.

2) 주님은 곧 오십니다.(Coming soon)
① 예수님이 약속하셨습니다.(요14:1-6, 행1:11, 계1:9, 계12:7-12, 20)
② 약속을 보시기 바랍니다. 천사도(행1:11), 사도요한도(계1:7), 바울도(살전4:13-17) 증언했습니다. 여러분 모두가 깨어있게 되시기를 주님의 이름으로 축원합니다.

결론 : 준비되시기를 축원합니다.

절기 감사

맥추절과 감사신앙
(시136:1-9)

세상 모든 일에는 그 일을 측정하는 측정기가 있어서 길이, 높이, 무게, 깊이 등을 측정하게 되고 어떤 일에든지 평가하게 됩니다. 그런데 우리의 신앙생활은 어떤 것으로 재거나 평가하는 방법이 없지만 '감사' 라는 일은 중요합니다.

신앙생활 중에 많은 용어가 있는데 '감사' 라는 용어는 신앙생활을 측정하는 기준이 될 수 있습니다. 그만큼 감사생활이 중요한 바 사도바울은 전하기를 '항상 기뻐하고 쉬지 말고 기도하며 범사에 감사하는 것이 하나님의 뜻' 이라고 강조했습니다.(살전5:16-18)

다시 한 번 오늘 말씀을 통하여 자신들의 감사신앙을 천명하고 신앙의 성숙을 보아야 하겠습니다. 맥추절은 하나님의 명하신 바요(출23:16) 본문에서 시편 기자는 감사를 강조하였는데 본문에서 몇 가지 은혜의 시간이 되시기 바랍니다.

1. 감사절에 감사할 내용을 생각해 보시기 바랍니다.

범사에 감사하라고 하였으니 모두가 감사할 일이지만 감사의 내용들은 중요합니다.

1) 하나님께 대한 부분에서 감사해야 합니다.

우리의 신앙의 대상이신 하나님은 어떤 하나님이십니까? 세상에 신들이 (gods) 많이 나타내 보이지만 그것은 모두가 사람들이 만든 수공물들입니다.(시115:4- made by the hands of men)

① 그러나 하나님은 우월하고 초월의 하나님이십니다. (2절)모든 신 위에 뛰어나신 하나님, (3절)모든 주에 뛰어나신 주님, (4절)홀로 기사를 행하시는 이, (5절)지혜로 하늘을 지으신 이, (6절)땅을 물 위에 펴신 이, (7-9)

빛과 해와 달과 별들을 주관하시는 이라고 하셨습니다. 사람이 만든 신이 아닙니다.
② 우리가 믿는 하나님은 우주만물을 창조하신 창조주가 되십니다. (6절) '땅을 물 위에 펴신 이' 하였습니다. 일찍이 모세를 통하여 주신 말씀에 따르면, 모세가 하나님께 대하여 이렇게 전했습니다. (출20:7) '너는 너의 하나님 여호와의 이름을 망령되이 일컫지말라 나 여호와는 나의 이름을 망령되이 일컫는 자를 죄 없다하지 아니하리라' '망령되이' 라는 말은 '헛되이' 라는 뜻이 있습니다. 따라서 하나님을 헛되이 부르지 말라는 의미입니다. 감사해야 하고 영광을 돌리는 것뿐입니다.

2) 우리가 믿는 하나님은 자존(自存)하시는 하나님이십니다.
시작도 끝도 없고 알파와 오메가가 되시는 분이십니다.
① 하나님은 영원부터 영원까지 계시는 분이십니다. 세상에서 신이라고 하는 것은 모두가 사람이 만든 것이지만 우리가 믿는 하나님은 알파와 오메가가 되신 하나님이십니다. 모세에게 말씀하실 때에 '나는 스스로 있는 자니라(창3:14)' (God said to Moses, 'I am who I am')하였는데 '홀로 존재하는 자' 라는 뜻입니다.
② 감사절에 다시 한 번 그분에게 감사해야 합니다. 우리는 그 하나님이 창조하신 창조세계에서 살아가면서 지금까지 살았고 또한 영원하신 천국을 바라보고 있습니다. 비싼 산소, 옷, 태양빛 모두가 하나님께서 주신 세계입니다.

2. 우리에게 일용할 양식을 주신 하나님께 감사해야 합니다.

(마6:11) '오늘날 우리에게 일용할 양식을 주옵시고' 라고 가르쳐 주셨습니다. (Give us today our daily bread)

1) 일용할 양식을 위하여 감사해야 합니다.
① 일용할 양식을 주셨습니다. (21절)땅을 기업으로 주셨다고 하였으며, (25절)식물을 주신 이에게 감사하라고 하였습니다. 세상에는 식물이 없어서 기아선상에서 죽어가는 사람들이 많습니다. 이제 점점 지구에는 물이 부

족하기때문에 다른 위성이나 다른 별에 물이 있는지 연구 조사하는 세상이 되었습니다. 물을 주시고 농사케 하신 하나님께 감사해야 합니다.
② 지구촌에는 굶어가는 인생들이 많습니다. 우리에게 축복해 주셔서 물을 마시고 과일을 먹고 양식을 먹게 되는 일이 보통 축복이 아닙니다. 감사를 회복해야 합니다. 마땅히 감사할 일 밖에 없는데 우리의 마음에 감사가 부족합니다.

2) 더욱이 우리는 건강과 평안을 주셨음을 감사해야 합니다.
주신 축복을 어찌 모두 나열하겠습니까마는 최소한의 감사가 있어야 합니다.
① 현재까지 건강하게 살게 하셨습니다. 지금도 병원에 가면 중환자실에서 산소호흡기로 겨우 목숨만 연명하는 사람들이 얼마나 많습니까? 건강하게 이 자리에서 예배하는 것도 중요한 감사조건입니다.
② 우리는 영원한 세상에서 살아갈 대상이기 때문에 감사합니다. 1절과 26절에 '영원한 이로다' 란 말씀이 우리에게는 영원한 영생의 축복을 주신 말씀입니다.(시121:1) '지금부터 영원까지 지키시리로다' 하였습니다. 천국에는 무덤이 쓸데없습니다. 감사해야 합니다.

3. 믿는 자에게는 영원한 하나님이 되시니 감사해야 합니다.
(10-20)계속해서 감사라는 말로 가득한 이유입니다.

1) 애굽에서 건져주신 하나님께 감사해야 합니다.
영적 이스라엘인 우리가 받은 은혜입니다.
① 이 날을 기념해서 이스라엘은 대대적으로 유월절을 지켰습니다. 애굽에서 나온 날입니다.
② 바로왕에게서 건져주신 날입니다. 우리는 바로왕이 아니라 마귀의 권세에서 구원해주신 하나님께 감사해야 합니다. 이것이 또한 십자가와부활의 신앙입니다.

2) 세상에서 뿐 아니라 영원한 천국에까지 보호하시며 축복해 주시겠다고 약속해 주셨습니다.

① 하나님은 내편에 계서서 함께 하십니다. 세상에 대통령일지라도 저격당한 일이 있습니다. 하나님은 나를 영원히 지켜주신다고 약속하셨습니다.
② 하나님은 영원히 구원주가 되십니다. 잠이 든 시간에도 꿈에서도 함께 계신 하나님이십니다. 감사 속에 축복받게 되시기를 주의 이름으로 축원합니다.

결론 : 감사신앙이 성숙한 신앙입니다.

절기 감사

소산물을 광주리에 담고 드리는 감사
(신26:1-11)

우리는 매일 매일 감사 속에서 살아가더라도 다 드릴 수 없는 감사의 내용들을 안은 채로 세상을 살아갑니다. 찰스웨슬레(C. Wesley)는 이런 사실을 깨닫고 23장 찬송에서 '내가 만일 만개의 입이 있어도 내게 주신 은총을 늘 찬송하겠네' 라고 찬송했습니다. 그는 17명의 형제들 틈에서 성장하면서도 이런 신앙을 고백했습니다. 복잡한 세상이지만 제일 아름다운 말은 '사랑합니다' '감사합니다' 라는 용어가 많아져야 합니다.

10명의 문둥병자가 모두 나음을 입었지만 예수님께 와서 고맙다고 말한 사람은 사마리아사람 하나였듯이(눅17:11-19) 이 세대는 모두가 하나님의 은혜와 축복 속에 살아가지만 감사는 인색합니다. 추수감사절을 즈음해서 우리의 감사가 확인되기 바랍니다.

본문은 이스라엘이 애굽에서 나와서 가나안에 정착했을 때를 예상해서 첫 농사를 짓고 만물을 광주리에 담아 드리는 모습을 말씀했습니다. 이는 보이는 광주리에 담겨진 실과가 문제가 아니라 소산물을 드리는 자의 마음을 소개한 말씀인 바 큰 교훈이 있습니다.

1. 만물이 담겨진 이 광주리는 신앙 전체가 담겨진 감사의 표시입니다.

비단 소산물뿐이 아니라는 것입니다. 드리는 자의 마음이요, 신앙이요, 믿음이 담긴 것입니다.

1) 우리가 드리는 헌금 봉투 금액에 관계없이 믿음과 사랑의 마음이 하나님께 드려져야 합니다.

① 이 광주리에는 보이는 소산물만 담겨져 있다면 곤란합니다. 내용이 믿음과 사랑과 감사하는 마음이 담겨져야 합니다. 가인과 아벨(Cain and

Abel)의 예물에서 차이점이 무엇이겠습니까?(창4:3-5) 믿음이 있고 없고의 차이였다고 성경은 밝혀주고 있습니다.(히11:4) 대나무 속이 비었듯이 속에 알맹이가 없다면 곤란한 일입니다.

② 이 광주리에는 하나님을 사랑하는 마음과 진실이 포함된 정성이 깃들어져야 합니다. 일반인들도 자기들의 신에게 드리는 것은 정성이 대단한데 우리가 드리는 드림 속에는 감사가 풍부해야합니다. 역사적으로 그런 예배를 꾸짖게 되었습니다. 이사야를 통한 말씀과(사1:11-), 말라기를 통한 말씀(말1-2장)에서 하나님께서는 분명히 말씀하셨습니다.

③ 이 광주리에는 매사에 자원하는 기쁜 마음이 담겨져 있어야 합니다. 이런 예배와 드림을 하나님께서 기뻐하십니다.(출25:1-3) '즐거운 마음으로 내는 자'(whose heartprompts him to give)라고 하였습니다. 이는 또한 사도바울도 강조한 부분이기도 합니다.(고후9:6-7, 10) 여기에 더 큰 축복과 은혜를 더해주신다고 약속했습니다.

2) 이 광주리에는 드리는 자의 신앙고백이기도 합니다.

무엇을 드리든지 드리는 자의 신앙고백인 것입니다.

① 제물을 가지고 와서 제사장에게 고하였습니다. 첫 수확의 만물이요 이 만물을 광주리에 담아온 것입니다. '내가 오늘날 당신의 하나님 여호와께 고하나이다' 했습니다(2-3) 4-10절에서 보십시오 '이 땅 곧 젖과 꿀이 흐르는 땅을 주셨나이다 여호와여 내가 주께서 내게 주신 토지소산의 만물을 가져왔나이다' 했습니다.

② 가져와서 드려지는 이 예물은 자신의 신앙고백이 되어야 합니다. 절기이기 때문에 마지못해서 드려지는 것이 아닙니다. 430년 간 노예생활과 40년의 광야생활을 기억하이면서 드려지는 예물이기에 농사의 기쁨이 더욱 넘치는 감사가 되어야 함을 강조해 주셨습니다. 이는 고백(confession)이기에 여기에는 큰 축복이 담겨져 있습니다. 이 축복을 받게 되시기 바랍니다.

2. 이 광주리 속에는 추수에 대한 감사가 가득히 담겨져 있습니다.

농사를 지은 곡물만 덩그러니 드린 것이 아니라 감사가 담긴 것입니다.

1) 광주리 안에는 제물만이 아니라 '감사'가 가득해야 합니다.

감사가 없는 제물이라면 그 헌신은 문제가 됩니다.

① 복 주심을 인해서 감사해야 합니다. 주신 복이 얼마나 크고 넘치는 복입니까? 계산할 수 없는 복을 받았습니다. 430년의 애굽, 40년의 광야생활을 지나서 약속의 땅에서 농사를 지은 예물이 된 것입니다. (11절')네 하나님 여호와께서 너와 네집에 주신 모든 복을 인하여' 라고 했습니다.

② 이것은 약속대로 주신 복입니다. 약속이 그대로 된 것입니다. (8-10절)구절마다 주신 말씀을 읽어보시기 바랍니다. 감격이 넘치는 구절입니다. 우리는 사업장에서, 직장에서 이미 이런 복을 받았습니다. 감격적인 표현이 필요합니다. 이것이 믿음이요 아브라함의 복입니다.(갈3:9)

2) 이 감사는 어느 시대나 드려질 영적 감사가 되어야 합니다.

이스라엘 백성에게만 아니라 우리 자신들의 모습입니다.

① 신약시대는 물적 축복보다 비교할 수 없는 영적 복을 받았습니다. 예수 안에서 영원한 생명을 얻게 되었고 천국이 약속 되었습니다. (엡1:3-)하늘에 속한 신령한 복을 받았습니다. (벧전1:3)넘치는 감사로 찬송해야 할 일입니다. (대상16:8, 29)만민 중에 이를 알게 하고 전해야 합니다. (시63:10-13)축복의 간증입니다.

② 왜 성경뿐이겠습니까? 신앙의 역사가 곧 감사절입니다. 성경시대, 교회시대, 현대적 감사절의 유래 등이 우리에게 큰 교훈을 주시고 있습니다. 이번 추수감사절에 감사가 가득하시기를 바랍니다.

3. 내 마음의 광주리에 담겨진 감사의 내용을 확인해야 합니다.

감사해야 할 내용이 한두 가지가 아닙니다.

1) 우리가 받은 은혜와 축복은 다른 그 어느 민족보다 많습니다.

감사할 일이 멀리 있지 않고 우리 자신에게 있습니다.

① 우리나라에서 보십시오. 이조시대, 개화기, 36년의 피압박, 6.25의 잿더미... 이런 속에서 세계적 경제국이 되었습니다. 한국제품(made in Korea)이 세계를 누비는 시대가 되었습니다.

② 현재 처한 입장과 축복을 생각해 보시기 바랍니다. 외환 위기의 극복, 국제금융위기의 극복, OECD 국 가운데 제일 빠른 회복, G20개국에 빠른 회복, 영화에나 나오던 인공위성의 발사 등에서 국력을 실감합니다. 받는 나라에서 주는 나라가 되었습니다. 그보이다 제일은 우리에게 주신 한국교회의 세계적 위상입니다. 세계 선교의 주역이 된 것은 축복 중에 축복입니다.

2) 이제 우리 모두는 교회들과 함께 일어나서 감사해야 합니다.
① 우리 모두 기쁨으로 하나님께 감사해야 하겠습니다. (11절) '레위인과 함께 즐거워 할지니라' 하였습니다. 하나님을 즐거워하는 우리의 모습이 되어야 하겠습니다.
② 마음의 광주리에 기쁨과 즐거움이 가득 채워지시기를 바랍니다. (살전 5:16-18)항상 해야 할것 중에 기뻐하는 것은 하나님의 뜻입니다. 광주리에 감사를 통해서 기쁨이넘치기를 축원합니다.

결론 : 광주리에 무엇을 담아서 드리고 있습니까?

종말

인생이 반드시 알아야 할 일

(히 9:27)

세상에서 제일 귀한 것은 생명(Life)입니다. 그래서 어느 생명이든 생명을 제일 귀하게 여기며 존귀하게 여겨야 하고 존엄성을 느껴야 합니다. 그런데 이 인간 생명이 하나님과 멀어지게 되고 범죄함으로써 영원하신 하나님께로부터 분리(Separate)되고 끊어지게 되었습니다. 귀한 생명이 육체적 죽음도 죽음이지만 영원한 천국에도 들어갈 수 없는 인간이 되었습니다. 그래서 예수님은 이 땅에 인간에게 영원한 영적 생명을 주시기 위해서 오셨고 믿는 사람은 누구나 이 영적 생명을 갖게 됩니다.

한때 세계를 지배했던 알렉산더대왕(Great King Alexander)의 아버지 필립 2세는 이상한 하인을 두고 있었는데 그 하인은 날마다 인사말에서 '대왕이여 당신은 언젠가는 죽어야만 한다는 사실을 잊지 마십시요' 라고 하였습니다.(Remember that you must die)

사람은 누구나가 죽음이란 문제가 자기와는 상관이 없는 듯이 보이지만 불원간에 찾아옵니다. 대형사고나 911테러 시에 그런 일이 있을 것이라고 알고 출근하여 그 건물에 진입한 사람은 하나도 없었을 것입니다. 내 귀한 생명의 최고의 사후대책은 있는지 생각해야 합니다.

1. 인생은 반드시 한번 죽게 됩니다.

여기에 해당되지 않는 사람은 하나도 없으며 에녹이나(창5:24) 엘리야의 승천(왕하2:11) 외에는 모두 죽었는데 인류학자들의 보고에 의하면 90억 명이 살다가 죽었다고 추측합니다.

1) 이 문제는 누구나가 해당되는 문제입니다.

복된 주일날 다른데 가있든지 하나님께 예배드리는 우리에게도 해당됩니다.
① 이 문제는 차별이 없습니다. 대륙 간에 인종이나 지위고하를 막론하고

다가오게 됩니다. 대통령에서부터 하루 한끼를 때울수 없는 극빈자에게도 옵니다. 이화대학의 최화숙교수가 쓴 '아름다운 죽음의 안내자' 란 책에 의하면 많은 사람들이 죽음을 생각지 않고 살다가 갑자기 그 일에 당면하므로 방황한다는 것입니다. 내일 일을 자랑치 말고 준비해야 합니다.(잠27:1)

② 내가 누리는 현 위치나 소유권이 이 문제에서 해방시킬 수 없습니다. 이 문제는 누구에게나 공평하게 오게 됩니다.(눅12:12-20)어느 청년에 관한 이야기에서 예수님은 분명히 공명하게 교훈해 주셨습니다. 생명의 주인이신 하나님이 부르시게 되면 가는 것이 인생임을 잊지 말아야 합니다.

2) 우리의 죽음은 언제일지 모르나 반드시 찾아옵니다.

그리고 생명과 사망, 천국과 지옥으로 영원히 분리됩니다.

① 태어날 때에도 시간이 지체되듯이 죽을 때에도 서서히 죽어갑니다. 이생과 내세의 분기점을 우리는 아직 경험하지 못했기에 뭐라고 설명할 수는 없지만 분명히 징조들이 생기면서 천국이냐 지옥이냐로 갈라지게 될 것입니다. 믿는 자는 천사들에 의해서(눅16:22) 불신자는 마귀들이 들어가는 불 못에(마25:41) 들어가게 됩니다.

② 지옥이 아니라 천국문이 열려야 합니다. 천국 문이 열리는 열쇠는 오직 예수그리스도의 이름뿐입니다. 예수님의 이름은 천국백성의 능력입니다.(요1:12, 3:16, 요14:6, 행4:12, 계3:8-) 그러므로 이 세상에 있을 때에 예수의 이름을 믿어야 합니다.

2. 죽음 이후에는 평생 살아온 것에 대한 심판이 따릅니다.

세상사에도 매사에 결산이 따르듯이 인생사에도 결산서가 따르게 됩니다.

1) 하나님이 예비하신 심판이 있습니다.

영생복락을 누릴 자도 있고 지옥형벌을 받을 자도 있습니다(단 12:2).

① 선한 일에 힘써야 합니다. 선한 일이란 하나님을 경외하며 예수 믿는 일입니다. 심판의 부활과 생명의 부활이 여기에서 나눠지게 된다고 하셨습니다.(요5:28-29, 계20:5-25)

② 생명의 부활은 예수 안에서만 이룩되는 축복입니다. 영원한 새 하늘과 새 땅에 들어갈 준비가 필요합니다. 그것은 오직 한길 예수님 이름을 믿고 영접하는 길밖에 다른 길이 없습니다. 이것은 노후준비보다 더 시급한 일입니다.

2) 현재 시간이 최선의 시간이 되게 해야 합니다.
이 시간이 마지막 시간일지 아무도 알 수가 없습니다.
① 기회를 잃지 말아야 합니다. 지금이 그 기회입니다. 사도바울은 전했습니다.(고후6:1-2) 그 기회를 상실하면 문이 닫히게 됩니다. 노아의 방주 문도(창7:21), 천국 잔치의 문도(마25:10) 닫히게 됩니다.
② 생명책과 행위록이 있습니다(계20:11-15). 생명책이 호적과 같은 책이라면 행위록은 평생 행한 기록의 책입니다.(마16:27) '행한 대로 갚으리라' 하셨습니다. (전12:14)행한 대로 선악 간에 심판하십니다. 노후문제도 중요하지만 내세문제는 영원히 중요한 일입니다.

3. 죽음 후에는 영원한 두 세계가 존재합니다.
죽음 이후에는 바꿀 수 없는 일들이기에 지금 준비해야 합니다.

1) 먼저 지옥에 대해서 보시기 바랍니다.
지옥이 없다고 부정하는 사람에게도 분명히 지옥은 있습니다.
① 영원히 꺼지지 않습니다.(막9:48, 계20:15)
② 영원히 고통만 있습니다.(눅16:24-26)
③ 모든 사람이 섞여있는 곳입니다.(동서양, 고금, 지위 높낮이 할 것 없이 모두가 그곳에는 섞여서 고통을 받습니다)

2) 천국을 보시기 바랍니다.
천국은 세상 것으로 비교가 되지 않는 좋은 곳입니다.
① 밤이나 어두움이 없습니다.(계22:5)
② 질병이나 고통이 없습니다.(온갖 질병이 많은 이 세상이지만 천국은 그런 것이 없는 곳입니다)

③ 죽음이나 슬픔이 없는 곳입니다.(계21:3-4)
④ 아름다운 도성이 있고 아름다운 집이 있습니다.(히 12:22) 영원히 믿는 성도들이 살아가는 황금성입니다. 파스칼(Pascal)은 과학자이지만 이런 말을 했습니다. '하나님의 존재를 인정하는 자, 하지 않는 자 두 가지로 나뉘는데 하나님의 존재를 받아들이는 자가 그릇되다 해도 잃을 것이 없지만 하나님의 존재를 부인하는 사람이 만약에 성경대로 하나님이 계시다면 영원한 생명을 잃게 될 것이다' 했습니다. 영원한 세계를 준비하시기를 주의 이름으로 축원합니다.

결론 : 내세를 준비하셨습니까?

종말

흰 옷 입은 자들
(계7:13-17)

성경에는 하나님 백성들에게 대한 표식(標識)이 많습니다. 그래서 비유들과 상징적인 일들로 가득 차 있습니다. 예수님은 비유가 아니면 아무것도 말씀하지 아니하실 정도로 비유로 말씀을 전하시는 모습을 보게 됩니다.(막4:34)

(마 13:1-)천국비유, (마 25:34)양과 염소의 비유, (요 10:4-5)주님의 양, (마 5:13-14)빛과 소금 등. 성경에는 비유로 된 상징적인 말씀으로 가득 합니다.

본문은 사도 요한을 통해서 주신 종말 때의 사건들을 예언적으로 주신 예언서입니다. 종말때에 나타날 일들이기 때문에 유심히 보아야 합니다. 온갖 핍박과 이단운동과 죄악의 파도에도 이상 없이 바른 신앙을 지켜 나가던 초대 교회의 성도들과 같이 흰 옷 입은 주의 백성들의 영적인 모습을 본문에서 보게 되는데 여기에서 은혜를 받게 됩니다. 특히 이단에 빠지기 쉬운 때에(벧후 2:1) 니골라 당을 미워하신다고 하신 것은 이단자를 경계하신 것입니다.(계 2:15) 말세 때에 일어날 붉은 용과 같은 세상에서 바른 믿음을 지켜 나가는 일은 중요합니다.

1. 마지막 때의 교회는 흰 옷 입은 사람들이어야 합니다.

예수님께서 재림하시기 전은 캄캄한 세상인데 그 속에서도 바른 믿음 지키며 영적인 흰 옷을 입고 있는 참 성도의 모습입니다.

1) 영적인 의미에서 흰 옷을 입어야 합니다.(계19:6-8)

(13절) '이 흰 옷을 입은 자들이 누구이며 또 어디서 왔느뇨' 했습니다. 성경에서 흰 옷은 여러 가지 뜻이 있습니다,

① 흰 옷은 청결하고 승리한다는 뜻을 지니고 있습니다. 청결한 뜻이 분명한 것은 예수 그리스도의 보혈로 씻음 받았기 때문입니다. (계3:4) 사데 교회는 죽은 교회와 같았지만 그 중에 옷을 더럽히지 아니한 자 몇 명이

있었습니다. 요한 칼빈(J. Calvin)은 지상교회는 전투적 교회라 하였는데 순교적 각오로 영적 싸움을 싸우던 신앙이 중요합니다.
② 흰 옷은 깨끗하기는 하지만 더럽혀지기 쉬운 옷입니다. 깨끗하기 때문에 조금만 흙탕물이 튀겨도 표가 납니다. 그래서 예수님은 '발만 씻어도 깨끗하니라' (요13:10)고 하시면서 늘 회개 생활을 촉구하셨습니다. 본문 14절에서 '어린 양의 피에 그 옷을 씻어 희게 하였느니라' 했습니다.(and made them white in the blood of the Lamb)

2) 흰 옷을 입고 다니는 것은 금방 표시가 나고 튀어 나기 때문에 때때로 활동하기가 어렵습니다.

그래서 똑같이 신앙생활 하면서도 유독이 흰 옷을 입은 것은 세상에서 튀어 나게 됩니다.
① 어려운 문제가 생기게 되고 제약이 많이 따르게 됩니다. 여기에서 좁은 문(narrow gate)과 없는 문(wide is the gate)으로 가는 사람들의 차이가 납니다(마 13:1) 흰 옷 입고 좁은 문으로 가는 생활은 어렵지만 생명의 문입니다. 흰 옷 입지 않고 넓은 문으로 가면 곤란합니다.
② 누가 십자가를 찾고 십자가를 지면서 회개 생활 하려고 합니까? 신앙생활을 대충, 형식적인 형태를 가지는 사람이 많이 있다는 것입니다. 흰 옷 입은 그리스도인이 되어야 합니다.

2. 흰 옷 입은 사람들은 큰 환난에서 나온다고 했습니다.

(14절) '이는 큰 환난에서 나오는 자들인데' 라고 했습니다. (And he said, "These are they who have come out of the great tribulation) 왜 큰 환난에서 나오게 됩니까? 흰 옷을 깨끗하게 지키려 하니까 어렵고 힘든 환난이 있게 됩니다.

1) 종말 때에는 큰 환난의 때입니다.

더욱이 바른 성경적 믿음을 지켜 나아가는 것은 대단히 어렵습니다.
① 문제는 흰 옷 입은 사람들은 이 큰 환난을 통과한 사람들이라는 사실입니다. 때때로 예수 이름 때문에 흩어진 나그네로 살기도 하였고(벧전

1:1) 부활을 믿기에 죽음도 불사한 사람들입니다.(히 11:35-40)
② 그런데 이들은 하늘에 산 소망과 축복의 약속이 있습니다. (벧전 1:3-4) '거듭나게 하시고 산 소망이 있게 하시며 썩지 않고 더럽지 않고 쇠하지 않는 기업' 이 약속되었습니다. 이것이 믿음 지키며 흰 옷 입은 성도들의 축복입니다.

2) 이 환난은 영적 싸움인바 내 힘으로는 이길 수 없습니다.

지독한 환난이기에 하나님의 성령의 능력으로만 가능합니다.
① 그래서 주님이 나 위해서 기도하고 계십니다(롬 8:26,34). 주님이 나 위해서 하나님 보좌 우편에서 기도하고 계십니다.
② 각종 운동 경기에서 뛰는 선수가 있고, 감독이 있듯이 성령께서 우리의 감독이 되시며 우리를 이끌어 주십니다. 성령께서 인도하심 따라서 가야 됩니다. 환난 속에서 인내해야 합니다. 감독이 선수를 향해서 소리치듯 성령께서 우리에게 소리치십니다. 우리는 영적선수들입니다. 한번 입은 흰 옷을 더럽히지 않기 위해서 힘써야 합니다.

3. 이 사람들은 예수그리스도 안에서 하나님을 믿는 사람들입니다.

흰 옷을 입고 환란에서도 이기며 하나님의 사람으로 살아가는 사람들입니다.

1) 오직 예수 그리스도 안에서 하나님 제일주의로 살아갑니다.

(15절) '그들이 하나님 보좌 앞에 있고 또 그의 성전에서 밤낮 하나님을 섬기매' 라고 하였습니다.
① 흰 옷 입은 사람들은 마치 예수님이 오시기전 구약시대 제사장들이 밤낮 성전 지키듯이 신약시대는 예수 그리스도 안에서 제사장으로 살아가는 사람들입니다. (벧전 2:9)왕 같은 제사장이요, (고전 3: 16)믿는 자가 곧 성전입니다.
② 이것은 영적인 특권이요 축복입니다. 구약시대의 성전은 아무나 들어 갈 수 없지만, 신약에 와서는 예수님 믿는 자가 언제나 주님을 모신 성전이 되었으니 그 청결을 유지하며 흰 옷 입은 자세로 살아가야 합니다.(고전 6:3)

2) 흰 옷 입은 무리들은 끝까지 어린양 되시는 예수님만 따라가는 사람들입니다.(17절)

① 어린양은 예수님을 나타내는 상징적 용어입니다. 이 양되신 예수님이 우리 죄를 지셨습니다.(요 1:29) 이 예수님을 끝까지 잘 따라가는 성도가 흰 옷 입은 사람입니다.

② 끝까지 흰 옷 입고 예수님을 따르는 성도가 되어야 합니다. 환경과 배경과 살아가는 모습이 달라도 예수님 안에서 바른 믿음을 지키며 광야든, 산골이든, 들판이든, 도시 속에 살든 예수님과 같이 가는 성도가 흰 옷 입은 사람인바 이런 성도가 되시기를 주의 이름으로 축원합니다.

결론 : 흰 옷 입은 그리스도인이 되어야 합니다.

참된 신앙

결실하는 신앙의 밭

(마13:23)

성경에는 신앙생활의 전반적 일에 대해서 비유($παραβολς$)로 말씀하실 때가 많이 있습니다. 사람들이 깨닫지 못하기 때문에 깨닫게 하기위해서 비유로 말씀하셨습니다. 많은 사람이 살고 있지만 하나님 말씀을 들을 수 있는 귀는 많지가 않습니다.

그래서 '귀 있는 자는 들으라'(마13:9)고 예수님은 말씀하셨습니다.(He who has ears, lot him hear) 그리고 소아시아 일곱 교회에 주시는 말씀에서 각 교회마다에도 강조해 주셨습니다.(계2:7, 11, 29, 3:6, 13, 15, 22) 이사야선지자는 듣지 못하는 자에 대하여 분명하게 외쳤습니다.(사6:9-10, 마13:13에서 인용)

본문에서 예수님은 4가지 밭에 관해서 말씀하시며 오직 옥토 밭(good soil)이라야 30배, 60배, 100배 큰 열매를 맺게 된다고 말씀하셨습니다. 천국에 대한 비유이니 따라서 천국에 들어갈 사람은 그리 많지가 않음을 분명하게 말씀하셨는데 본문에서 다시한번 은혜의 시간이 되시기 바랍니다.

1. 결실이 풍성한 밭이 있고 결실할 수 없는 밭이 있습니다.

지목상으로 볼 때에 밭이라고 해서 모두 결실하는 것은 아닙니다. 오랫동안 휴농지가 되어서 다시 개간하지 않으면 쓸모없게 된 밭들도 많이 있습니다.

1) 결실할 수 있기 위해서는 밭이 잘 정리되고 개간되어야 합니다.

못쓰게 된 밭은 다시 개간의 손이 필요합니다.

① 길바닥과 같은 밭은 갈아엎어야 합니다. 길은 모든 생물체가 지나간 곳이기 때문에 딱딱한 곳이 되었습니다. 좋은 사람, 나쁜 사람 다 지나가고, 동물도 지나가고, 쥐새끼도 지나갔습니다. 이런 심령 속에 하나님의 영이 임하시게 되면 새롭게 되어서좋은 밭이 되게 하십니다.(겔36:24-

27) 예수님의 해석과 같이 마음의 밭에 말씀을 뿌릴 때에 깨닫지 못한 자가 말씀을 깨닫게 되고 좋은 밭이 될 수 있습니다.
② 돌밭은 모든 쓸데없는 돌을 가려내어야 합니다. (20절)돌밭에 뿌려졌다는 것은 말씀을 듣고 즉시 기쁨으로 받되 그 속에 뿌리가 없어 잠시 견디다가 말씀을 인하여 환난이나 핍박이 일어나는 때에는 곧 넘어지는 자입니다. 이런 밭은 방해가 되는 돌들을 모두 골라내어야 합니다.
③ 가시떨기에 뿌린 씨 역시 결실할 수 없기 때문에 성령불로 모두 태워버려야 합니다. (22절) '말씀을 받을 때에 세상의 염려와 근심의 유혹에 말씀이 막혀 결실치 못하는 자요' 했습니다. 성령받게 되고 성령불로 태워질 때만이 가시덤불은 사라지게 되고 새로운 마음 밭이 되어 결실할 수 있습니다. 예배당에까지 왔으나 성령 받지 못했으면 문제가 됐기 때문에 반드시 성령 받아야 합니다.

2) 모든 사람들은 4가지 밭 가운데 하나에 속하게 됩니다.

어느 밭에 속해야 하겠습니까?
① 거듭나지 못한 마음 밭은 결실할 수가 없습니다. 평생을 살면서 부모님과의 만남, 형제와의 만남 등 수많은 만남이 있지만 성령과의 만남은 제일 중요합니다.
② 예수님은 성령을 주시겠다고 약속하셨습니다. 예배당에 오셨지만 성령을 통해 예수님을 만나게 되고 인생이 바꾸어질 때에 축복이 있습니다. 결실하는밭이 됩니다.

2. 결실하는 밭이 되기 위해서는 결실을 방해하는 모든 장애물들이 제거되어야 합니다.

1) 방해하는 요소들이 무엇이겠습니까?

① 길바닥 같은 밭인데 깨닫지 못할 때에는 악한 자가 와서 그 마음에 뿌린 것을 빼앗는다고 하였습니다. 예수의 이름 밖에는 해결책이 없습니다. 그래서 사도베드로는 근신하여 깨어서 저를 대적하라고 하였습니다.(벧전5:8)

② 돌밭인데 뿌리가 약해서 말씀을 인해서 환난이나 핍박이 일어나는 때에는 곧 넘어지기 때문에 결실하지못한다고 했습니다. 교회와 성도는 때때로 담대해야 합니다. 하나님이 함께 하시기 때문입니다.(수1:4-9, 마28:20)
③ 가시밭에 뿌리웠다는 것은 가시가 웃자라서 기운을 막아서 결실할 수 없게 만드는 일인데 성령불로 태우고 개간하는 것이 중요합니다. 염려는 모두 주께 맡겨버려야 합니다. (마6:23, 시37:5) 주께서 평안케 하십니다.(요14:27)

2) 신앙생활을 시작했으면 결실해야 합니다.

신앙은 농사와 같기 때문입니다. 영적이고 신령한 일은 열매가 중요합니다.
① 열매를 요구하시는 하나님이십니다. 열매를 맺어야 합니다. (마3:8-9)회개의 열매, (히13:15)입술의 열매인 찬송의 열매, (갈5:22-)성령의 9가지 열매 등입니다.
② 기독교신앙은 영적 체험이 중요합니다. 기독교는 체험의 종교입니다. 열매 맺기 위해서는 인내가 중요합니다.(약5:10-11) 열매가 풍성하기 바랍니다.

3. 하나님은 우리의 밭이 옥토가 되기 원하십니다.

옥토(Good soil)라야 열매를 맺게 되기 때문입니다.

1) 작은 밭에도 큰 열매를 맺게 됩니다.

① 30배로 맺게 됩니다. 산비탈 천수답에서도 30배 얻게 되면 큰 풍년입니다.
② 60배입니다. 벼 한줄기에서 60개의 '쌀'이 결실된다면 큰 수확이 아닐 수 없습니다. 축복 중에 축복입니다.
③ 100배입니다. 하나님의 수확 방법은 계산할 수 없습니다. 주님은 풍성하게 하시려고 오셨습니다.(요10:10 I have come that they may have life and have it tothe full) 축복입니다.

2) 예수 안에서는 얼마든지 가능한 축복의 약속입니다.

① 하나님은 예수님 안에서 축복을 약속하셨습니다. 그 모델들을 보시기 바랍니다. (아7:13)새 것과 묵은 것으로 약속하셨고, (창26:12)이삭이 받은 복에서 보여 주셨고, (마14:14)오병이어의 사건에서 보여주셨습니다.

② 우리의 마음 밭이 중요합니다. 신앙의 밭이요 믿음의 밭입니다. 물과 성령으로 거듭난 밭입니다. 하나님 자녀의 마음 밭입니다. 여기에서 100배의 수확이 이루어지게 되이기를 주의 이름으로 축원합니다.

결론 : 예수 안에서 옥토가 되시기 바랍니다.

참된 신앙
하나님을 가까이 하라
(약4:8-10)

세상을 살아가면서 가까이 해야 할 일이 있고 가까이 해서는 안되는 일들도 많습니다. 좋은 일에는 가까이 하면 좋은 결과가 오겠지만 나쁜 일에 가까이 하면 결과도 좋지 않기 때문입니다. 예컨대 도적이나 강도를 가까이 하면 같이 강도가 되고 도적이 될 것입니다. 우리는 세상을 살면서 하나님을 가까이 해야 합니다. 세상의 방백보다 하나님을 의지하며 신뢰하는 것이 낫고 복이 되기 때문입니다. 이신득의(以信得義) 교리로 믿어 구원 받은 성도라면 마땅히 하나님을 가까이 함이 축복이며 생활입니다. 행함으로 구원 받는 것이 아니고 믿음으로 구원 받았기 때문에 성도는 생활 속에서 믿음을 증명하고 보여야 하는데 하나님을 가까이 하는 길 밖에 없습니다. 본문에서 다시 한번 확인된 신앙이 되시기 바랍니다.

1. 구원 받는 사람은 손을 깨끗하게 해야 합니다.
손발을 깨끗이 하는 것은 육신적인 생활에서 마땅하거니와 여기에서는 영적인 의미입니다.

1) 믿는 성도들의 행동과 행위를 뜻합니다.
하나님의 자녀가 되었기 때문입니다. (8절)' 손을 깨끗이 하라' 했습니다.(wash your hands)
① 매사에 손을 조심하며 깨끗하게 해야 합니다. 육체의 모든 분야가 중요하지만 손의 역할이 중요합니다. 성경에는 손과 관련된 말씀이 많습니다.(시47:1, 왕하11:12, 10:15, 창47:29) 빌라도는 대야에 물을 떠서 손을 씻었습니다.(마27:24)
② 손을 깨끗이 하라는 말씀은 행동과 생활을 바르게 할 것을 강조하신 말씀입니다. 그래서 구원 받은 자녀는 행동에서 믿음이 나타납니다. 따라

서 행하지 않는 믿음은 죽었다고까지 했습니다.(약2:17-18) 우리는 죽은 믿음이 아니라 산 믿음이 되어야 합니다. 죽은 믿음은 하나님께서 인정치않습니다.

2) 손은 어떻게 사용하느냐에 따라서 달라집니다.

손에 따라서 그 사람의 인격(personality)이 달라지기 때문입니다.
① 손을 바르게 사용하면 하나님이 쓰시는 손이 됩니다. 손이 그릇되면 하나님께 영광을 돌릴 수 없습니다. 그래서 하나님 자녀인 성도는 언제나 손과 발이 깨끗해야 합니다. 모세에게는 '발에서 신을 벗으라' 고 하셨습니다.(Take off your sandals)
② 손을 깨끗이 하라는 뜻은 정직을 뜻하기도 합니다. 더러운 이익 때문에 손이 더럽혀지기 쉽기 때문입니다. 재물과 명예, 육적인 일과 영적인 일들의 갈림길이 세상에는 많이 존재합니다.(잠22:1, 갈5:24, 롬8:5) 본문에서 손을 깨끗이 하고 마음을 성결케 하라고 권고해 주십니다.(약4:8)

2. 하나님을 가까이 하는 사람은 낮추고 겸손해야 합니다.

(9절) 자기를 낮추고 겸손한 사람이 되어야 합니다.

1) 하나님께 겸손해야 합니다.

교만하게 되면 하나님께서 물리치신다고 하셨습니다.
① 겸손하기 때문에 회개가 이룩되고 성립됩니다. 교만하게 되면 하나님께 회개도 없고 사함도 없습니다. 이스라엘 초대왕 사울은 회개가 없었고, 다윗은 회개의 사람이었는데 그 차이가 사울의 망함과 다윗의 흥함의 결과입니다.(삼상15:17-24, 시51:1-19)
② 예수님도 회개를 강조하셨습니다. 6개월 먼저 와서 활동한 세례요한도(마3:1), 예수님도 공생애에서 회개부터 외치셨습니다.(마4:17) 회개하는 길이 하나님께 겸손이요 살길이요 하나님을 가까이 하는 길이기 때문입니다.

2) 회개하면 하나님께서 용서하시고 가까이 하십니다.

그래서 회개를 촉구하시게 되었습니다.(사1:18)
① 성경을 보시기 바랍니다. (눅15:1-24)탕자가 돌아올 때에 하나님이 기뻐하십니다. (눅19:1-10)삭개오가 돌아올 때 구원이 선포되었습니다.
② 회개치 않고 교만하게 되면 하나님도 멀리하십니다. (약4;10)주 앞에 낮추라 그리하면 주께서 너희를 높이시리라. 교만하게 되면 회개도 없고 구원도 없습니다. 겸손히 회개하여 하나님을 가까이 해야 하겠습니다.

3. 하나님을 가까이 하는 사람은 '은혜 아래' 사는 사람입니다.

회개, 용서, 사죄, 이 모든 용어는 하나님의 은혜 아래서만 가능한 일인데 강대국의 핵우산 아래가 아니고 하나님의 은혜 아래 사는 것이 더 중요한 일입니다.

1) 하나님은 은혜와 사죄의 하나님이십니다.

따라서 우리는 은혜 아래서 은혜 속에 살아야 합니다.
① 하나님은 그의 백성들에게 은혜 주시기를 기뻐하십니다. 모세를 통해서 그의 백성들을 위해서 이렇게 기도하라고 하셨습니다.(민6:22-27)
② 하나님께 나와서 자복하고 은총을 누리는 사람이 복입니다. 시편 기자는 '이 은혜를 무엇으로 보답할꼬' 했습니다.(시116:12) 하나님께 가까이 가는 사람이 누릴 복입니다.

2) 하나님의 은혜 아래서 하나님께 가까이 해야 합니다.

하나님의 은혜를 떠나서는 살 수가 없기 때문입니다.
① 죄와 허물로 죽었던 자였기 때문입니다. 성경이 분명히 밝혀줍니다.(창2:17, 엡1:8) 믿음으로 구원 받는 일 역시 하나님의 선물입니다.(엡2:8)
② 하나님을 멀리하고 살 수 있다고 생각합니까? 어리석은 생각입니다. 이제도 복음은 유효한데 유효한 복음 앞에 돌아와서 하나님을 가까이 하며 살아가는 심령이 되시기를 주의 이름으로 축원합니다.

결론 : 하나님을 가까이 해야 합니다.

참된 신앙
몸으로 비유된 그리스도인
(고전6:12-20)

　세상에 존재하는 모든 것들은 이중구조로 되어있음을 보게 됩니다. 하나님께서 세상을 창조하실 때에 그렇게 창조하셨기 때문입니다. 겉이 있으면 속이 있고, 보이는 부분이 있으면 보이지 않는 부분이 있습니다. 낮이 있으면 밤이 있고, 밝음이 있으면 어두움이 있습니다. 양극이 있으면 음극이 있게 됩니다. 그래서 파스칼(Pascal)은 말하기를 '우주 안에는 보이는 진리가 있으면 보이지 않는 진리가 있고, 증명되는 진리가 있는가하면 증명할 수 없는 진리가 존재한다' 고 하였습니다. 또한 최고의 물리학자라고하는 알버트 아인시타인박사(Dr. Albert Einstein)는 상대성원리(相對性原理)의 물리학이론(物理學理論)을 발표하기도 했습니다. 바울서신에는 주님과 교회를 여러 가지로 비유해서 전했는데 남편과 아내(엡5:24-33)로, 몸의 각 지체(고전12:15-27)로 비유해서 말씀을 전하였습니다.
　본문에서도 성도의 모임을 한 몸으로 비유했는데 여기에는 분명한 이면적인 뜻이 있습니다. 몸으로 비유된 그리스도인입니다.

1. 우리 몸을 비유로 한 영적인 모습을 보겠습니다.
　여기에서 말하는 몸(body)은 그냥 살로서의 몸이 아니라 분명한 영적인 뜻을 두고 주신 말씀입니다.

1) 우리 육체는 영적인 비유로서 몇 가지 종류를 말한다면 육으로서의 몸이 아니요, 신령한 뜻에서 말씀해주셨음을 보게 됩니다.
① 우리 인간은 하나님의 형상대로 지으신 것입니다. (창1:26-27) 하나님의 형상대로(image of God)란 말은 인간의 전인격이 하나님의 성품과 속성에 따라서 지으셨음을 뜻합니다. 바울이 전하듯이 '너희 속에 그리스도의 형상(갈4:19)' 이라 하였고, 고김용기장로님은 그를 시험하기 위해서

찾아온 대학생들 앞에서 '내 속에는 하나님께서 계시기 때문에 믿음 안에서 늘 하나님을 뵙게 된다'고 설명한 것은 큰 참고가 될 것입니다. 그래서 우리는 그의 소유된 백성으로서 살아가게 됩니다.(벧전2:9)

② 이제 우리는 믿음 안에서 그리스도의 지체로서의 몸입니다. 일반적으로 생각하는 몸이 아니라 그리스도의 지체로서의 몸입니다. 따라서 함부로 대할 수 없습니다. 구별되게 살아야 합니다.(롬12:2) 요셉 역시 그래서 옥에 가는 길이라도 죄를 범치 않고 승리의 길로 가게 되었고(창39:9-), 베드로 역시 거룩을 강조했습니다.(벧전1:16)

③ 이제 우리는 믿음 안에서 성령의 거하시는 전입니다. 그래서 건물로 비유해서 '지어 진다'(19절) 하였고 하나님의 전이라고 강조하였습니다.(고전3;16)(Don't you know that you yourselves are God's temple and that God's Spirit lives in you) 전에는 진노의 자식이었고(엡2:3), 마귀가 아비였으며(요8:44, 어미가 세상이요 바벨론(계17:5)이어서 최종적으로 가는 곳이 마귀를 따라서 지옥(마25:41)이었지만 이제는 긍휼이 풍성하신 하나님의 은혜로(요일3:8, 벧전1:18-19), 하나님의 자녀요(요1:12) 하나님의 전입니다.(고전3:16)

④ 이제 우리는 의의 병기로 사용됩니다.(롬6:13) 전에는 불의의 병기로 쓰였던 죄인 중에 괴수였던 자가(딤전1:15) 이제는 180도로 바뀌어서 의의 병기요 주님의 교회요 지체가 되었습니다.

⑤ 이제 우리는 예수 안에서 성전이요 주님의 지체가 되었습니다. 예수님은 머릿돌이 되셨습니다. (마21:42, 막12:10, 눅20:17) 그리고 예수님은 '돌(stone)'로 비유한 곳이 많습니다. (벧전2:4, 계2:17, 단2:34-45) 그리고 그 반석 위에 교회가 세워지게 되는데 성령 안에서 우리는 그 분의 지체들이요 몸이 됩니다.

⑥ 이제 우리는 예수그리스도 안에서 새 언약의 일군이 되었습니다. 구원의 소망도 없던 자들이었지만 이제는 예수 안에서 달라지게 되었습니다. '저가 또 우리를 새 언약의 일군이 되기에 만족케 하셨으니'(고후3:5) 하였습니다. '새 언약의 일군(ministers of a new covenant)이 되었습니다.

2) 이 모든 것은 하나님의 전적인 은혜로 된 것입니다.

인간의 공로와 노력이 절대로 아닙니다.

① 만세 전에 예정하신 뜻에 따라서 된 것입니다. 창세전에 예정하셨고(엡1:3-4), 모태로부터 택하시게 되었고(갈1:15-16), 창세전에 예정하심과 태어나기 전에 구별입니다.(렘1:4)
② 때가 찬 경륜에 따라서 되었습니다. (엡1:9) 때가 되매 부르셨고 구원해 주셨습니다.

2. 이 모든 것은 하나님의 영광이 그 목적입니다.

"그런즉 너희 몸으로 하나님께 영광을 돌리라" 하였습니다.(Therefore honor God with your body)

1) 우리 몸에서 하나님의 영광의 행동이 나와야 합니다.

하나님의 영광이 목적이기 때문입니다.
① 먹든지 마시든지 무엇을 하든지 입니다.(고전10:31) 공부, 직장, 사업, 가정 등 모든 삶이 하나님의 영광을 위해서 입니다.
② 하나님께 영광을 돌리지 아니하면 결코 유익이 없습니다. 영광을 돌리지 않다가 망한 사람도 있습니다.(삼상15:12사울왕, 행12:21-23헤롯왕)

2) 언제나 내 몸에서 그리스도가 존귀히 되게 해야 합니다.

이것은 바울의 삶의 목적이기도 했습니다.(빌1:20)
① 모든 소망이 하나님의 영광을 위한 생애입니다. 그리스도의 몸으로서 하나님의 영광을 위해서 살 때에 한층 더 성숙된 성도가 될 것입니다.
② 이런 사람은 세상이 감당치 못하며(히11:38) 영원한 천국이 목적입니다. 세상은 짧은 나그네길이기 때문입니다.(히11:13) 내 생애에 하나님의 영광을 최고의 목적으로 살아야 하겠습니다.

3. 그리스도의 몸으로써 살다간 사람들을 보시기 바랍니다.

기독교 역사 가운데 수다한 중인들이 있습니다.(히12:1)

1) 바울은 그 몸에 그리스도의 흔적을 가지고 살았습니다.

① 예수의 흔적입니다.(갈6:17) '내가 내 몸에 예수의 흔적을 가지노라' 하였습니다.(for I bear on my body the marks of Jesus) 미국 서부영화에서나 나오는 소떼들에게 불 마크로 확인하는 뜻입니다.
② 그래서 언제나 예수 냄새가 나게 되고 예수의 편지로 살게 됩니다. 그리스도의 냄새요(고후2:14) 편지입니다. (고후3:3-) 여기에 핍박도 많이 받게 되었습니다.

2) 예수그리스도의 전이기 때문에 생활 역시 중요한 기능을 가지고 있게 됩니다.
① 예배 생활의 기능입니다. 예수 안에서 성전 된 몸이기 때문에 성전의 기능으로써의 예배가 언제나 성공적이어야 합니다. (롬12:1) 이것이 영적 예배입니다.
② 성전에는 언제나 하나님의 임재와 축복이 있습니다. 예배에 대한 응답이요, 하나님의 임재인바 솔로몬 성전에만이 아니고(왕상8:10-11), 초대교회와(행2:1), 믿음의 성도들에게 역사하시는 성령이십니다. 예수그리스도의 몸으로써 승리 생활하는 성도들이 모두가 되시기를 주의 이름으로 축원합니다.

결론 : 우리는 거듭나서 새 사람된 그리스도의 지체들입니다.

참된 신앙
바르게 믿는 생활
(단1:11-16)

이 세상의 생활 속에는 분명히 바른 생활이 있고 바르지 못한 생활이 있기 마련입니다. 마찬가지로 성도의 생활 역시 바른 신앙생활이 있는가 하면 바르지 못한 신앙생활이 있습니다. 건축할 때에 기초가 바르게 세워져야 하듯이 신앙생활 역시 바른 기초 위에 세워져야 합니다. '사랑하는 자들아 너희는 너희의 거룩한 믿음 위에 자기를 건축하며 성령으로 기도하며'(유20절)라고 하였습니다. 다니엘을 소개하면서 3대 신앙인으로 말했습니다.(겔14:14) 어떤 상황 가운데서도 바른 신앙을 지켜나간 이들을 보면서 이 시대에 우리의 신앙을 보아야 하겠습니다.

1. 이들은 신앙의 기초를 바르게 지켜나간 사람들입니다.
학문에는 기초학문이요 건축물에는 기초가 중요하듯이 신앙에도 기초 신앙이 중요합니다.

1) 신앙의 기초는 기본적인 일들을 지켜나가는 일이 있어야 합니다.
하나님을 믿는 사람으로서 하나님을 경외하고 바른 믿음 위에 세워져 가는 데 이 모든 일이 성경진리입니다.
① 세속적인 일에서 멀리해야 합니다. 다니엘과 그 친구들은 비록 타국 땅에 포로로 잡혀가게 되었지만 하나님을 두려워할 줄 알았고 세속적인 일에서 자기 자신을 분리 할 줄을 알았습니다. 뜻을 정하여 왕의 진미로 자기 자신을 더럽히지 않으려고 힘쓴 흔적을 보게 됩니다. 이것이 구원 받은 성도의 기본적인 모습입니다.(롬12:2)
② 왜 왕의 진미를 멀리 하였을까요? 당시에 왕의 진미는 유대인들로서는 계명에 먹지 못할 음식(레11장 참조)이 많았으며 또한 우상 앞에 제사한 음식이며 신앙인으로서는 멀리해야 할 것들이 많았습니다. 요즈음 같으

면 감사함으로 먹을 수 있겠으나(딤전4:4) 당시로서는 신앙의 기본이었습니다. 이 세대의 성도들이 반드시 기본을 지켜야 함이 여기에 있음을 배우게 됩니다. 이들은 타국 땅에 있지만 하나님과의 관계를 중요시 여겼습니다.

2) 신앙에서 문제되는 것이 있다면 대담하게 버릴 것은 버릴 줄 알아야 합니다.

이것이 신앙의 기초입니다.
① 하나님의 뜻이 아닌 것에서 과감하게 손을 떼야 합니다. 이것이 신앙의 결단이요 기초입니다. 가령 술과 담배 등이 문제라면 그것들은 영적 관계만 아니라 육신적 건강에도 손해를 끼치는데 자기 자신뿐 아니라 유전자(D.N.A)를 통해서 자손에까지 피해를 입기 때문에 정리해야 합니다.
② 예수를 믿는 기독교인이라면 깨끗하게 정리하게 될 때에 신앙이 올라가게 되고 축복을 받게 됩니다. 버릴 것을 버리지 못할 때에 문제가 되었습니다.(삿13:4) 잠언에서 분명하게 가르쳐주고 있습니다. (잠23:20-21) 다니엘과 세 친구들의 믿음을 배워야 합니다.

2. 죽음도 두려워하지 않고 고난 속에 승리한 신앙입니다.

요셉에게서도(창37-50장) 훌륭한 신앙을 배우게 되지만 다니엘 역시 이방 땅에서 성공한 사례로서 우리에게 큰 교훈이 됩니다.

1) 이들은 타국에서 연속적인 고난이 많았습니다.

탄탄대로의 길이 처음부터 있었던 것이 아닙니다.
① 신약적인 용어로 말한다면 십자가의 무거운 길이었습니다. 그래서 애굽에서의 요셉이나 바벨론에서의 다니엘은 비교가 되며 그들의 성공 역시 중요합니다. 애굽에서나 바벨론에서 기라성같은 사람들 틈에서 신앙으로 승리한 사람들입니다.
② 이들은 모든 고난을 기도와 하나님을 의지하는 믿음으로 극복하였고 이긴 사람들입니다. 다니엘의 세 친구들은 우상 앞에서 버티다가 뜨거운 풀무불 속에까지 들어가게 되었고(단3:16-25) 다니엘은 사자굴 속에까지

들어가게 되었지만 (단6:15-20) 풀무불 속에서도 사자굴에서도 건지심을 받게 되었고 요셉의 경우에는 애굽의 옥에까지 내려가게 되지만(창39:33) 결국 이기는 모습을 보게 됩니다.

2) 신앙의 기본은 십자가가 있을 때에 그 고난을 잘 이기며 지고 가는 모습입니다.

믿음의 길에는 반드시 십자가가 따르기 때문입니다.(마16:24)

① 신앙의 선조들은 순교적 각오로 신앙생활을 후대에 물려주게 되었습니다. 베드로사도는 이것을 우리에게 분명히 전했습니다.(벧전1:1) 그리스에 가면 메데오레란 수도원이 있는데 거기에 그려진 벽화에는 48명의 순교사화와 함께 예수 믿는 사람을 죽이는 방법 38가지가 벽화로 남아 있습니다.

② 바른 신앙생활을 지켜나가는 사람들을 보시기 바랍니다. 주일 성수를 비롯해서 신앙의 기초가 바르게 지켜지는 사람들입니다. 바른 믿음을 지켜나가는 곳에는 또한 기적도 있게 되고 축복도 열리게 됩니다. 하나님은 축복의 하나님이십니다.

3. 모든 영광을 하나님께 돌리는 신앙입니다.

기독교 신앙의 기본은 무엇을 하든지 하나님께 영광을 돌리기 위함입니다. '그런즉 먹든지 마시든지 무엇을 하든지 다 하나님의 영광을 위하여 하라' 하였습니다.(고전10:31 So whether you eat or drink or whether you do, do it all for the glory of God)

1) 하나님을 높여드리는 일입니다.

'내'가 아니라 하나님을 높여드리는 영광입니다. 다니엘을 통해서 하나님의 영광이 나타나게 되었는데 다리오왕의 입에서 나오고(단2:47), 바로왕의 입에서부터 고백되었습니다.(창41:38-42)

① 다니엘은 하나님의 영광을 크게 나타낸 사람입니다. 우리의 생활자체가 하나님께 영광을 돌려야 합니다. 예컨대 어느 학생이 시험을 1등으로 합격하고 하나님께 영광 돌리거나 미인대회에서 하나님께 영광 돌리고 축

구선수가 골을 넣고 감사 기도하는 것도 한 예일 것입니다.
② 성도의 말은 매사에 하나님의 영광이 표현되어야 한다는 것입니다. 미국에 가면 인.앤.아웃(IN-N-OUT)이라는 햄버거회사가 있는데 맥도날드보다 훨씬 늦게 시작했지만 잘되는 제품인데 철저한 그리스도인으로서 신명기 28장에 근거를 둔 회사로써 하나님의 영광이 목적입니다. 음료수 컵 하나에도 요한복음3:16이 인쇄되어 있습니다.

2) 우리의 기본의 모습이 중요합니다.

하나님은 결국 그런 사람에게 축복해 주십니다.
① 기도하시기 바랍니다. 하나님의 영광을 위해서 기도하세요. 다니엘의 모습입니다.
② 나에게서 하나님 영광의 소재거리가 무엇인지 발견하세요. 그리고 사용하세요. 하나님의 영광이 그 소재를 통해서 크게 나타나게 되기를 축원합니다.

결론 : 기초만 튼튼하면 높이 올라가게 됩니다.

참된 신앙
산을 향하여 눈을 들리라
(시121:1-8)

사람은 이 세상에서 혼자 살아갈 수 없는 존재로 창조함을 받았습니다. 그래서 아담을 지으시고 혼자 독처하는 것이 하나님 보시기에 좋지 않게 보이시기 때문에 돕는 배필을 지으셨습니다.(창2:18) 육신뿐 아니라 영적 생활에도 하나님을 경외하며 하나님께서 주시는 은혜와 도우심 속에서 살아가도록 지으심을 받았습니다. 이것을 종교성이라고 하는데 사람이 종교성은 있으나 오히려 다른 길로 잘못 가게 되었고 오히려 하나님의 더 큰 심판만 자초하게 된 것이 인간의 현주소가 되었습니다. (롬1:18-23)

본문은 하나님을 향해서 눈을 드는데 그곳을 산으로 비유하였습니다.

본문을 비롯해서 성경에는 하나님 신앙이 모두 산과 깊은 관계가 있습니다. (창2장)에덴동산, (창8:4)방주가 머무른 아라랏산, (창22:2)이삭을 바친 모리아산, (출3:1)모세가 부르심 받은 호렙산, (출19:18)십계명 받은 시내산, (왕상18장)불로 응답 받은 엘리야의 갈멜산, (마5:1)최초로 복음을 선포하신 팔복산, (마24:3)종말론을 예언하신 감람산, (마17:1)변화산, 이 산들은 모두가 신약시대의 교회와 관계가 있습니다.

성경에 나오는 산들과 신약시대의 교회에게 주시는 영적인 의미를 생각하며 은혜를 받게 됩니다.

1. 산은 교회와 같은 곳입니다.

산에서 영적이고 신령한 일들이 이루어지게 되었고 행하여졌습니다. '눈을 들어 산을 보니' 하였습니다.(I lift up my eyes to the hills where does my help come from?)

1) 산에서 영적인 일들이 모두 이루어지고 행하여졌습니다.

이 산에서 아름답고 좋은 일들도 이루어졌지만 그릇된 일들도 벌어지곤 하였습니다.

① 아름답고 좋은 일들의 사례를 보시기 바랍니다. 모리아산(창22장), 노아의 방주가 머물게 된 곳(창8:20), 사명 받은 호렙산(출3장), 십계명 받은 시내산(출20장), 우상을 물리치고 불로 응답 받은 갈멜산(왕상18장), 신약의 복음이 시작한 선포의 산(마5:1), 변화산(마17장), 예수님의 재림과 관련된 산들(마24:3), 시온산(계14:1)

② 책망과 저주의 의미로 보여주는 산도 있습니다. (신11:29)축복은 그리심산에서 하고 저주는 에발산에서 이루어지게 됩니다. 교회를 통해서 성도가 살게 되고 축복과 승리도 오지만 에발산과 같은 뜻으로 저주 역시 교회에서 옵니다. 예컨대 (딤전1:19) 믿음이 파선되었고 그 예로써 후메내오와 알렉산더가 있다고 하였습니다. 이스라엘의 40년 광야에서 여호수아와 갈렙과 같은 승리의 교회가 광야교회를 이루었지만(행7:38) 믿음과 화합지 못하고 망한 경우들도 있습니다.(고전10:1-11, 히3:16-4:1-3)

2) 산에서 예배하고 제단을 통해서 하나님을 만나는 곳입니다.

교회는 하나님께 예배하고 하나님을 만나는 곳입니다. 따라서 교회생활의 성공이 신앙생활의 성공입니다.

① 교회는 주님의 몸이기 때문입니다. 교회생활에 문제가 생기면 신앙생활에 문제가 생기게 됩니다. 요한 3서에 나오는 디오드레베와 데메드리오를 비교해 보십시오.

② 교회는 영적이고 신령한 일을 하는 존재입니다. 그래서 예배가 중심이고 예배 속에 진행되는 모든 일들 중에서 하나님을 만나게 되어야 합니다. 교회생활에도 창가에 걸터앉아서 졸다가 떨어진 유두고와 같은 존재가 되면 곤란합니다.(행20:9)

2. 산은 영적으로 훈련 장소와 같은 곳입니다.

대개 훈련은 산에서 이루어지듯이 산의 속성상 훈련지가 됩니다.

1) 교회에서 훈련을 잘 받아야 합니다.

신앙생활의 성공이 이 훈련에 있습니다.

① 구원 받아 하나님 백성이 되었어도 아직 천국에 가있는 것이 아니고 세속과 싸워나가는 연속선상에 있습니다. 그래서 그리스도의 사람을 군인, 농부, 경기하는 선수로 비유되었고 후대의 그리스도인들에게 교훈하였습니다.(딤후2:1-)

② 교회생활 모두가 자기 훈련입니다. 교회생활 전체가 자기 훈련이요, 자기 연단에 속합니다. 특히 모든 사람이 내 마음과 똑같은 것이 아니이기 때문에 이것 역시 자기 훈련을 잘 받아야 시험에 걸리지 않습니다. 언제나 자기를 단속하고 자기를 버리는 훈련이 필요합니다.

2) 훈련을 통해서 하나님을 만나는 곳입니다.

교회생활의 훈련 없이는 주님의 뜻을 발견할 수 없습니다.

① 모세의 경우에서 보시기 바랍니다.(출3장) 애굽에서 40년이요, 광야 미디안에서 40년이 지난 후에 비로소 하나님의 부르심을 입게 되었습니다. 광야 40년 생활 역시 광야교회(행7:38)로 가나안 땅에 들어가기 위한 훈련 기간이었습니다. 교회는 성도의 훈련 장소입니다. 이곳에서 훈련이 모두 마치면서 영원한 가나안인 천국에 들어가게 됩니다.

② 신약교회 역시 훈련의 장소입니다.(마17장) 변화산의 천국 체험이 모두가 아니라 산 밑에 내려와 신음하는 문제들과 부딪히며 신약교회의 자리로 나가게 됩니다. 거룩한 산에 오를 자는 손이 깨끗해야 합니다.(시24:3) 훈련을 잘 받아서 깨끗한 손으로 천국에까지 주인공이 되어야 합니다.

3. 시편 기자는 산에 올라서 하나님을 만나게 되었습니다.

은평산(Grace and Peace Mountain)은 하나님을 만나는 곳이 분명합니다. 여기에서 하나님의 도우심을 입 는 곳이 되어야 합니다.

1) 이 산은 축복의 산입니다.

산은 축복과 안식을 안겨주는 상징성 있는 곳입니다.

① 결국 이 산에 예수님이 재림하시게 됩니다.(계14:1) 시온산에 서시게 될 터인데 이곳이 구원의 장소요, 축복의 장소입니다. 구원 받은 성도는 이 산을 떠날 수가 없습니다.

② 성도는 세상과 맞지 않습니다. 그래서 교회를 떠나서는 어떤 것도 할 수가 없습니다. "너희가 나를 떠나서는 아무것도 할 수가 없다"고 하셨습니다.(요15:4)

2) 산에서 시편기자가 만난 하나님은 내가 교회 안에서 만난 하나님이십니다.

① 이 하나님은 졸지도 아니하시고 주무시지도 않고 언제나 함께 하사 도우시는 하나님이십니다.(마28:20, 수1:4-9)

② 창조주 하나님을 만났습니다. '나의 도움이 천지를 지으신 여호와께로다' 하였습니다. 창조하시고 통치하시며 나를 도우시는 하나님을 교회에서 뵙게 되기를 주의 이름으로 축원합니다.

결론 : 내가 만난 하나님은 어떤 분일지 실상을 확인하시기 바랍니다.

참된 신앙
성도의 혀의 중요성
(약3:6-12)

우리가 가진 신체기관 중에 중요하지 않은 기관이 하나도 없습니다. 모두 중요하고 귀한 지체들입니다. 따라서 모든 지체가 건강하게 될 때 전체 몸이 건강하게 됩니다. 약하게 보이는 지체일수록 더욱 귀하게 여겨야 합니다.(고전12:22) 여기에서 사도 바울은 교회를 몸으로 비유해서 전해주기도 하였습니다. 몸에 붙어있는 모든 지체가 모두 머리의 지시를 따라서 하나가 되어야 합니다.(마18:8-) 그중에 혀(언어)는 몸의 활동 중에 중요한 것은 그 사람의 모든 사상과 인격이 말 한마디로 나오기 때문입니다.

삼사일언(三思一言)이란 말이 있는데 세 번 생각하고 한 번 말해야 한다는 뜻입니다. 여기에는 실수가 줄어들게 됩니다. 믿음을 지키며 영적 생활을 하는 사람으로서는 더욱 중요한 일인 바 본문에서 은혜를 받게 됩니다.

1. 성도의 입은 하나님 말씀인 진리의 토대에서 사용해야 합니다.

하나님 말씀은 진리이며 따라서 진실된 입이 되어야 한다는 사실입니다.

1) 성도의 입술은 진실해야 합니다.

물과 성령으로 새롭게 거듭나고 새로 태어난 인격에서 나온 언어이어야 합니다.

① 따라서 성도의 입술은 하나님 말씀에 근거를 두고 살아가는 모습이어야 합니다. 속이고 거짓말하는 것은 불신자의 세계에서 하는 일인데 그 조상이 마귀이기 때문입니다.(창3:1, 요8:44)특히 공산주의(communist)는 정권을 유지하기 위한 거짓말쟁이요 유물론(唯物論)이기 때문에 하나님이 없습니다. 하나님은 거짓말을 하실 수 없습니다.(히6:18)

② 거짓말은 개인뿐만 아니라 가정마다 사회나 국가에 큰 해가 되며 파멸을 가져오게 합니다. 왜냐하면 그 원조(origin)가 마귀이기 때문입니다. 히브리인들의 이야기 중에 '매를 맞으면 매 자욱이 남지만 혀에 맞게 되면 뼈가 부러진다' 는 말이 있는데 매보다도 혀의 힘이 더 강함을 말해주는 교훈이라고 봅니다. 실로 우리의 언어를 바르게 사용해야 함이 여기에 있습니다.

2) 이제 이 나라의 기독인들을 중심으로 사회의 언어가 정화되어야 할 때가 되었다고 생각합니다.

국민의 1/4 정도가 기독교인인데 사회 구석마다 그릇된 언어폭력들이 난무한 세상입니다.

① 언어부터 바꾸어 나가야 하겠습니다. 이것이 예수 믿는 성도들이 세상에서 해야 할 사명 중에 하나입니다. 사회 구석마다에 만연된 그릇된 언어들이 바꾸어지고 변화(change up)되어야 하겠습니다. 말이 중요하기 때문입니다.(시34:12-14, 약1:9,잠16:10)

② 거짓말은 개인뿐 아니라 국가적 경쟁력에서도 손해가 오게 합니다. (딛1:12)사도 바울이 디도를 그레데섬에 떨어뜨린 이유에서 봅니다. 그레데섬 사람들은 거짓말에 능란하기 때문에 그 잘못을 바로잡아보라고 디도를 그곳에 보내게 되었습니다. 이 세대에 돈이 있다고 경제력만 가지고 선진국에 진입하는 것은 아니라고 봅니다. 국민성이 매우 중요합니다.

2. 성도들의 입은 진리의 토대위에서 '감사하다' 는 용어가 풍성해야 합니다.

신앙 성숙의 정도를 판단하는 물리적 기계장치는 없지만 감사가 풍성한 사람의 믿음은 성숙된 믿음입니다.

1) 성도의 입에서 '감사(Thanks)' 라는 용어가 늘 있어야 합니다.

개인뿐 아니라 사회적으로 감사가 풍성할 때 성숙한 사회입니다.

① 성경은 우리 입에서 감사가 풍성해야 함을 가르칩니다. 개인의 입에서 뿐 아니라 사회적으로 감사의 표현들이 많아지게 될 때에 국가적으로도 일등국가로 나아가게 됩니다. 그런 측면에서 우리들은 입에서 감사가 빈약합니다.
② 성경의 가르침대로 우리는 감사해야 하겠습니다. 성경에는 감사하라는 말씀으로 가득 차있습니다. 감사로 하나님께 제사를 드리며(시50:14), 감사로 제사을 드리는 자(시50:23), 기도에 감사함으로 깨어있으라(골4:2), 범사에 감사하라(살전5:16 give thanksin all circumstances)

2) 성도의 입에서는 다른 말보다 '감사'라는 말이 많아야 합니다.

이것이 성도의 성숙한 면입니다.
① 교회에서는 불신앙적인 용어보다 감사하는 용어가 많아야 하겠습니다. 먼저 하나님께 감사요 성도들 자신들이 서로 감사해야 합니다. 이런 교회가 성숙된 교회입니다. 좋은 교회입니다.
② 감사 속에서 늘 축복이 준비되어 있게 됩니다. 시편에서나 다른 성경에서만 '할렐루야!'가 아니라 우리 입에서는 할렐루야, 감사합니다가 많아져야 하겠습니다.

3. 성도의 입은 진리 말씀을 토대로 해서 은혜를 끼치고 덕을 세우는 입술이 되어야 합니다.

교회들마다 문제가 있는 곳에는 언제나 입에서부터 시작됩니다.

1) 성도의 기본인 교회생활이 입에서부터 중요합니다.

하나님은 이사야의 입을 화저로 지져주셨습니다.(사6:5-6) 그리고 사명을 주셨습니다.
① 입에서 은혜를 끼쳐야 합니다. 사도 바울은 교회론인 에베소서에서 더러운 말은 입 밖에도 내지 말라고 강조하였습니다.(엡4:29, 5:3)

② 성도의 입에서 은혜가 아닌 말이 나올 때에 성령께서 근심하신다고 하셨습니다.(엡4:30) 하나님의 성령을 근심되게 하지 말라고 하였습니다. 입에서 비윤리적, 비신앙적 말은 금해야 합니다.

2) 성도의 입이기에 은혜를 끼치고 덕을 끼치는 입이 되어야 합니다.
① 내면적 감정까지도 다스려질 수 있어야 합니다. 이런 사람이 용사보다 낫고(잠16:32), 성경의 가르침입니다.(약1:19-20)
② 성령께서 우리 마음을 다스리시고 입술이 바로 되기를 바랍니다. 세상의 학문과 산업은 발달되어도 영적으로 어려운 시대입니다. 모두가 입술이 긍정적이기를 축원합니다.

결론 : 성령불로 입술을 태우소서

참된 신앙

참 지혜롭게 사는 사람
(약4:13-17)

사람이 세상을 살아가면서 필요한 것들(Needs)이 많은데 사람들마다 제각기 그 요구사항들이 다를 것입니다. 굳이 철학적인 용어를 쓰자면 형이하학적(形而下學的)인 것이 요구되는 사람이 있는가 하면 형이상학적(形而上學的)인 것이 요구되는 사람도 있을 것입니다. 솔로몬이 왕위에 올라서 일천 번제를 드리고 난 뒤에 하나님께서 질문하십니다. "네가 네게 무엇을 줄꼬 너는 구하라"(왕상3:5 and God said, "Ask for whatever you want me to give you") 이때에 솔로몬은 지혜를 구했습니다.(왕상3:10-13) 야고보선생은 강조했습니다. '너희 중에 누구든지 지혜가 부족하거든 후히 주시고 꾸짖지 아니하시는 하나님께 구하라 그리하면 주시리라'(약1:5)

본문에서 어떤 사람에 관한 이야기가 나옵니다. 어떤 도시에 가서 1년을 유하며 장사하여 유익을 보리라 할 때에 하나님은 말씀하십니다. "너희 생명이 무엇이뇨 잠시 보이다가 없어지는 안개니라" 했습니다. 본문에서 인생들에게 공통적으로 중요한 것이 무엇임을 교훈해 주고 있습니다.

1. 사람은 모든 것에 한계가 있는 존재임을 깨닫게 합니다.

세상을 살면서 모든 일을 다할 것 같이 생각되지만 모든 것이 계획대로 이루어지는 것은 아니라는 사실입니다.

1) 본문의 나그네를 보시기 바랍니다.

(13절) 어떤 도시에 가서 1년을 유하며 장사하여 유익을 많이 남기겠다는 꿈입니다.

① 이 사람에게는 소위 앞길이 탄탄대로와 같이 열리는 듯한 느낌이 있습니다. 요즈음 용어로 말하면 자본도 튼튼하고 사업상 요령이나 은행관계며 사업상 부족한 것이 없어 보이지만 모두 잘 풀리는 것은 아닙니다. 모든

것을 갖추었어도 사업이 실패하거나 인생의 쓴잔이 올 때도 있다는 사실입니다. 결국 계획대로 모두 되지는 않습니다.(잠16:9, 시127:1)
② 너희 생명이 무엇이냐? (what is your life?) 이렇게 꿈을 안고 장사하여 사업하며 열심히 살아가는 인생들에게 던져진 질문입니다. 이 질문을 던지면서 말합니다. '너희는 잠깐 보이다가 없어지는 안개니라' 했습니다. 지혜로운 인생은 어떤 인생이겠습니까? 세상적 존재 의미가 성공이겠습니까? 성경은 대답했습니다. (잠1:7) '여호와를 경외함이 지식의 근본이어늘'이라고 하였습니다. 지혜로운 인생은 반드시 하나님과 깊은 관계 속에 살아갑니다. 재력이 인생의 성공은 아닙니다.(눅12:27)

2) 그런데 이 나그네의 종착역은 아무도 알 수가 없습니다.

시편90:9-10에는 인생이 70-80이라고 하였지만 모든 사람이 70-80대를 사는 것은 아니기 때문입니다.
① 언제 그 종착역이 내 곁에 올지 아무도 모릅니다. 실존주의 철학자인 키엘케고르(Kierkegaard)는 이것을 죽음 5분 전 인생으로 표현하면서 죽음 5분 후의 일을 생각해야 한다고 전도하였습니다. 수학에서 '확률'이란 것이 있어서 수치를 나타내기도 하는데 인생 죽음에 대한 확률은 점칠 수가 없습니다. 생명이 하나님께 있기 때문입니다.
② 하나님 앞에 설 때가 있음을 알고 지혜로운 인생이 되어야 합니다. 미국 역사상 아이젠하워(Eisenhower Dwight D, 1890-1969) 대통령은 취임사에서 기자들에게 국민을위해서 송아지처럼 정직하게 일할 것이라고 약속하더니 미국 역사상 세계에 제일 많은 선교사를 파송하였고 교회가 부흥하게 했습니다. 각 학교에서 성경 공부와 기도회와 예배가 실시되었습니다. 하나님 앞에 지혜와 정직한 인생이 되어야 합니다.

2. 인생의 참 지혜는 짧지만 하나님의 뜻 안에서 살아가는 일입니다.

(15절) '주의 뜻이면 우리가 살기도 하고 이것저것을 하리라' 했습니다.
1) 우리가 살아가는 동안에 주님의 뜻 안에 살아가야 합니다.
그분이 주인이시고 그 품에 있기 때문입니다.

① 살아가는 동안에 그 주님의 뜻에 순종해야 합니다. 내 인생을 내가 사는 것 같으나 사실은 주님의 것입니다. 언제나 주님의 뜻을 앞세우는 자세가 중요합니다.
② 언제나 주님의 뜻을 찾아서 일해야 합니다. 더욱이 교회 안에서 성도는 누구나가 일군이 되어야 합니다. 지혜로운 인생은 여기에 있습니다. 교회 안에서 해야 할 사명이 다양한데 어디에다 청춘을 소비했습니까? 이제라도 지혜로운 판단이 필요합니다.

2) '안개니라' 하였는데 짧고 짧은 인생이요 허무한 인생임을 다시 재확인하는 구절입니다.

① 따라서 일하는 시간, 하나님의 뜻을 행하는 시간 역시 짧습니다. 기회를 잃지 말고 열심히 일해야 합니다. 세월을 아끼라고 했습니다.(엡5:16) 기회(opportunity)를 사야 합니다.
② 본문에서 두 가지 인생을 보여주고 있습니다. 본문에서 제 아무리 좋은 계획을 세워서 인생을 산다 해도 하나님이 계신 인생이 있거니와 하나님이 없는 인생이 있습니다. 하나님이 없는 인생은 헛것입니다.

3. 믿음 안에서 선한 일에 힘쓰는 인생이 되어야 합니다.

(17절) '사람이 선을 행할 줄 알고도 행치 아니하면 죄니라' 했습니다.

1) 여기에서 말하는 선이란 믿음 안에서의 선입니다.

일반 개념의 선과는 차이가 있습니다.
① 기도는 열심히 하는데 행함이 약하다면 보완해야 합니다. 행하지 아니하면 죽었다고 했습니다.(약2:19-26) 철학자 중에 슐라이마하는 '기도없이 행하는 것도 문제이지만 기도만하고 행하지 않는 것도 문제다' 라고 했습니다.
② 행함이 없는 것은 믿음의 참 지혜가 아닙니다. 믿음의 사람은 믿는 바 대로 행하게 되는데 아브라함이 그 예가 됩니다.(창12:1-4, 창24:14, 창22:1-14)

2) 행하게 될 때에 빛이 나타나게 됩니다.

① 선을 행하게 될 때에 믿음이 빛이 나타나게 됩니다. 그래서 어떤 이는 평생 모은 돈을 교회 건축비나 선교에 바치기도 합니다.
② 우리는 화려하지는 아니해도 예수 안에서 행하는 지혜가 요구됩니다. 너의 생명이 무엇이냐?(what is your life?) 이 질문에 대답이 있게 되기를 축원합니다.

결론 : 지혜로운 인생이 되어야 합니다.

참된 신앙
예수 믿는 일을 즐겁게 하라
(히13:20-21)

세상 모든 일들은 하는 방식에 따라서 상황이나 결과가 달라집니다. 세상에서 어떤 일을 하든지 간에 마음에서 기쁘고 즐겁게 하는 것과 마지 못해서 억지로 하는 것과는 상황이나 결과가 달라집니다. 공부, 운동, 직업 현장에서 벌어지는 모든 일들이 그렇습니다. 공장에서 일하는 생산라인에서도 기쁘고 즐겁게 할 때에는 그만큼 작업의 능률이나 일이 수월하게 되겠지만 억지로 할 때에는 생산성도 떨어지고 제품에 하자도 많이 생기게 될 것입니다. 신앙생활 역시 억지로 하는 생활과 성령 안에서 기쁘고 즐겁게 하는 것과는 차이가 많이 발생하게 됩니다. 본문에서 히브리서 기자는 끝부분에서 결론적으로 말하듯이 우리에게 기쁨과 즐거움으로 신앙생활을 할 것을 결론 내리고 있습니다. 본문에서 주시는 말씀을 중심으로 왜 우리가 기쁨으로 즐겁게 신앙생활을 해야 하는지 그 이류를 살피며 은혜를 나누게 됩니다.

1. 예수그리스도는 믿는 자들의 목자가 되시기 때문입니다.

예수 그리스도는 믿는 모든 성도들의 선한 목자가 되십니다(요10:11).

1) 내 인생길을 걸어가는데 큰 목자가 되십니다.

(20절) '양의 목자이신 우리 주 예수' 라고 하였습니다.

① 광야에서의 양은 목자 없이는 살아갈 수가 없습니다. 어디에서나 풀과 나무와 물이 풍족한 우리나라에서의 상황을 가지고는 이해가 어렵지만 중동지역은 목축업이 전통적인 직업이면서도 환경은 매우 열악한 가운데 있기 때문에 양과 목자와의 관계는 떼려야 뗄 수 없는 관계 속에 있게 됩니다. 다윗은 이런 사실을 영적인 입장에서 하나님과의 관계로 찬송한 것이 시편 23편인 바 여호와께서 나의 목자가 되셔서 푸른 초장과 쉴만한 물가로 인도하시고 비록 사망의 음침한 골짜기 가운데서도 지켜주심

을 노래했습니다. 왜 기쁨으로 신앙생활 합니까? 광야와 같은 세상이지만 하나님이 목자가 되시기 때문입니다.
② 목자는 양의 모든 것을 책임지게 됩니다. 목자는 양의 먹는 일, 마시는 일, 건강과 맹수로부터의 안전과 살아가는 모든 일정이 목자에게 있습니다. 그래서 목자는 밤에도 양께 곁에 있고(눅2:8), 졸지도 않고 주무시지도 않고 보호하시며(시121:1) 맹수의 입에서도 건져내시는 것이 목자입니다.(삼상17:34-36) 따라서 주님의 백성인 성도는 모든 것을 맡기게 됩니다.(시37:5, 벧전5:7)

2) 예수그리스도는 우리에게 이런 목자가 되십니다.

성경에 나타난 예수님의 목자상을 보면 우리가 기쁨으로 신앙생활 해야 되는 이유가 설명됩니다. 세상에는 악한 자가 많은데 예수님은 우리에게 이렇게 역사하시기 때문입니다.
① 예수님은 우리에게 선하고 좋은 목자가 되십니다. 예수님이 친히 말씀해 주셨습니다.(요10:14) '나는 선한 목자라 내가 내 양을 알고 양도 나를 아는 것이' 하셨습니다.(I am the good shepherd; I know my sheep and my sheep know me) 그리고 양으로 생명을 얻게 하고 더 풍성히 얻게 해 주시는 목자이십니다.(요10:10)
② 참목자되시는 예수님은 양들에게 영원한 생명을 주시는데 곧 영생의 축복을 주십니다. (요10:28) "내가 저희에게 영생을 주노니 영원히 멸망치 아니할 터이요 또 저희를 내 손에서 빼앗을 자가 없느니라" 하셨는데 여기에서 우리가 기쁨으로 신앙 생활하는 이유가 제시되어 있습니다. 그리고 성경의 약속은 풍성합니다.

2. 예수그리스도는 그를 믿는 자들에게 온전케 해주십니다.

인간은 모두가 죄인이며(롬3:10) 아무도 의인은 없습니다.(롬6:23) 어느 누구도 죄가 없는 흠 없는 자라고 할 수가 없습니다.

1) 모두 죄인이지만 예수 믿는 사람은 의롭게 됩니다.

십자가 위에서 모두 해결해 주셨고 그 의가 입혀져 있기 때문입니다(롬 4:24-25).
① 예수 믿으면 의롭다 하심을 얻게 됩니다. 조직신학 용어로 칭의의 은혜가 주어지게 됩니다. 창세기에서 약속하신 의의 옷이 입혀지게 되기 때문입니다.(창3:21)
② 예수님은 온전하신 분이시기 때문에 믿는 자 역시 온전케 됩니다. 예수님은 불의가 없으신 분이십니다.(히4:15) 인간의 자력으로는 온전케 될 수 없지만 예수 안에서는 온전케 되는 은혜가 있게 됩니다. 이것이 주님의 성경입니다.(마5:48)

2) 내가 믿는 예수님을 닮아갈 때에 온전케 됩니다.

아이가 태어나서 성숙해 가듯이 믿는 사람은 믿음 안에서 점진적인 상황에 단계 가운데 나아가게 됩니다.
① 점진적으로 성장해 가면서 온전하게 나가게 됩니다. 부족한 면을 날마다 수정해 나가는 개혁주의 신앙 가운데 변화해 나가게 됩니다. 글을 쓰는 자도 미술가도 하루 아침에 완전한 그림이나 글이 나오지 않습니다.
② 우리는 날마다 목자되시며 우리의 목표가 되시는 예수님을 바라보며(히12:2), 예수님을 닮아 가는데 힘써야 합니다. 그래서 사도 바울은 날마다 죽는다고 했습니다.(고전15:31) 왜 기쁨으로 믿어야 하느냐에 대한 답이 여기에 있게 됩니다.

3. 예수 믿는 자에게는 평안과 즐거움이 따라오게 됩니다.

원숭이는 나무 타는 법이, 물고기는 물속에 사는 법이 자동적이듯이 믿는 사람에게는 평안이 따라오게 됩니다.

1) 평안이 약속되었습니다.

예수 안에서 평안이 약속되었기 때문에 즐겁게 믿어야 합니다.
① 예수님이 약속하셨습니다. 평안이 약속된 성경을 보시기 바랍니다.(요14:27, 20:19-26)

② 사도 바울 역시 이런 사실을 전했습니다. 그가 전한 13서신에서 언제든지 기원했는데 예컨대 고전 1:3에서 보게 됩니다.(Grace and peace to you from God our Father and the Lord Jesus Christ) 예수 믿는 일만큼 큰 축복은 세상에서 없습니다.

3) 예수님을 즐겁게 믿어보세요.
억지로가 아닌 신앙입니다.
① 우리에게 기쁨을 주시는 주님이십니다. (21절) '그 앞에 즐거운 것을 예수그리스도로 말미암아 우리 속에 이루시기를 원하노라' 했습니다. 믿는 일들이 예수그리스도 안에서 이루어질 것이기 때문에 즐거운 것입니다. 예수 믿고 구원 받을 뿐 아니라 기쁘고 즐거운 일이 많이 생기게 됩니다.
② 교회는 은혜가 넘치고 평화가 넘치는 곳입니다. 군중 속에 고독이요 홍수 속에 목마름과 같은 세상 속에서 예수 그리스도 안에서 예수 믿는 일이 기쁘고 즐겁게 되시기를 주의 이름으로 축원합니다.

결론 : 예수 믿는 일은 억지가 아니라 기쁘고 즐거워야 합니다.

천국

천국에 기록된 사람들
(말3:16-18)

동사무소나 구청에 가면 주민들의 이름이 모두 입력이 되어있기 때문에 호적이나 주민등록등본이 발급됩니다. 농촌에서 한가로이 풀을 뜯는 한우의 귀에는 노란 표찰이 붙어있어서 대한민국의 한우가 몇 마리며 어디에 있다는 모든 정보가 파악됩니다. 옛날에는 은행이든 관공서든지 간에 모두 수작업으로 일했지만 이제는 IT산업의 발달로 컴퓨터에 모두 입력이 되었기 때문에 자판만 누르면 모든 입력된 것이 상세하게 화면에 나타나게 됩니다.

개인의 신상명세서 역시 어디에서든지 주민등록 번호와 이름만 대면 모든 신상이 나타나게 됩니다. (눅10:20)70인 문도가 전도를 다녀와서 귀신을 내쫓고 병을 고친 사건을 보고할 때에 예수님은 말씀하시기를 "귀신이 너희에게 항복한 것으로 기뻐하지 말고 너희 이름이 하늘에 기록된 것으로 기뻐하라"고 하셨습니다.

천국의 생명책과 같은 곳에 믿는 모든 이들의 이름이 기록이 되어있는데 여기에 따라서 모든 일들이 결정이 됩니다.(출32:32, 사4:3, 단7:10, 계2:5, 20:12, 15) 이 시간 본문을 통해서 다시 한번 영적인 호적을 생각해 봅니다.

1. 천국에는 기록된 대상자가 분명하게 정해져 있습니다.

천국의 생명책에는 아무나 기록될 수가 없습니다.

1) 그러면 누가 기록되어 있을까요? 그 대상자가 중요합니다.

본문을 중심해서 성경에는 분명히 그 사실을 밝혀줍니다.

① '여호와를 경외하는 자' 라고 확인하였습니다. (16절) "여호와를 경외하는 자"라고 하였습니다.(Then those who feared the LORD) 누가 여호와를 경외하는 자에 속하겠습니까? '그 이름을 존중히 생각하는 자' 라고 부언하였습니다. 입술로만 경외하는 것이 아닙니다.(사29:13, 마15:8-9,

막7:6) 중심으로 하나님을 경외해야 합니다. 그리고 주의 이름을 부르는 자가 되어야 합니다. 여기에 구원이 있습니다.(롬10:13)
② 그런데 여호와를 경외한다는 말은 '믿는다'는 뜻이 있습니다. 믿는 자에게 하나님의 자녀가 되는 권세가 있습니다.(요1:12) 십자가의 도가 멸망하는 자들에게는 어리석게 보이지만 구원을 믿는사람에게는 하나님의 지혜와 능력이 됩니다.(고전1:18) 여기에 예수 믿는 이름이 천국에 기록됩니다. 예수그리스도를 믿고 천국에 기록된 적격자들이 되시기 바랍니다.

2) 서로가 믿음을 인정하며 말하는 사람입니다.

사람에 대하여 인정해 주는데 특히 믿음에 대하여, 신앙에 대하여 인정해 주며 말하여 주는 것이 중요합니다. (16절) "여호와를 경외하는 자들이 피차 말하매"라고 하였습니다. 서로가 칭찬하며 인정받는 신앙이 우리 자신들의 믿음이 되어야 하겠습니다.
① 우리 교회는 서로가 칭찬하며 장점들을 키워나가야 합니다. 이런 교회의 모습과 성도의 모습이 천국에 기록된 이름들입니다. 교회에 나오면 누구 보기 싫어서 죽겠다는 식의 교회나 신앙생활은 곤란합니다. 천국에 기록된 모습이 결코 아닙니다.
② 교회 생활 가운데 대체적으로 두 가지 종류의 언어와 생활이 있습니다. 하나는 부정적이고 악평하는 말입니다. 이런 생활은 곤란한데 이스라엘의 광야교회가 그러다가 모두 가나안에 들어갈 수 없었습니다.(민14:27, 말3:13-14) 하나님은 하나님의 귀에 들린 대로 심판하시겠다고 했습니다.(민14:28) 또 하나는 긍정적이고 믿음의 언사입니다. 여호수아와 갈렙의 경우입니다.(민14:9) 그대로 되었습니다. 마음으로 믿어 의에 이르고 입으로 시인하여 구원에 이른다고 하였습니다.(롬10:10)

2. 하나님의 관심은 천국에 기록된 사람들에게 있습니다.

마치 밭에 곡식을 모두 거두고 나면 모든 집안은 쌀로 채워지듯이 이 세상 역시 알곡을 거두고 나면 심판이 있습니다.

1) 하나님의 소유를 삼으시겠다고 하십니다.

죽정이가 아닌 알곡으로써 천국 백성이기 때문입니다.
① 천국 백성은 하나님의 특별한 소유가 됩니다. 하나님의 소유라고 하셨습니다.(출19:5) 너는 내 것이라고 하셨습니다.(사43:1-2) 하나님의 소유이기에 보호를 하시며 성도는 보호를 받을 자격이 있습니다.
② 하나님의 소유이기에 보호하시며 지켜주십니다. (17절) "사람이 자기를 섬기는 아들을 아낌같이 내가 그들을 아끼리니" 하였습니다. 그래서 질병에서도 보호하시고 지키시는데 병원에서 유명한 의사들의 통계마다 보면 그리스도인들이 비그리스도인 보다 견디는 내구성이 강하다는 통계가 있습니다. 그래서 기도가 곧 명약이라는 말도 했습니다.(샌프란시스코 종합병원의 버드박사)

2) 하나님의 소유요 천국 백성이기에 다른 사람과 분별하십시오.

그 이름이 천국에 있기 때문입니다.
① 인간은 모두 동일하고 같은 것은 사실입니다. 그러나 개념상으로 신앙인이냐 불신앙인이냐는 다릅니다. 천국백성인가? 지옥에 갈 것인가? 는 분명히 다릅니다.
② 그래서 성경에는 두 종류로 분류하였습니다. 거듭난 사람과 거듭나지 못한 사람입니다. 알곡이냐, 죽정이냐와 양과 염소의 비유입니다.(마25:31-) 여기에서 의인과 악인이 갈라지게 됩니다.(18절)

3. 성령께서 지금도 천국 백성을 인치시고 계십니다.

예수님께서 승천하신 이후에 성령께서 하시는 일입니다.

1) 천국 백성에게 인을 치십니다.

성령께서 오셔서 하시는 일이 인을 치십니다.(엡1:13)
① 성령께서 하시는 일입니다.(엡1:13) 사방의 바람이 불지 못하게 하시고 인을 치십니다.(계7:-9)
② 천국 백성으로서 인 맞은 사람이 되어야 합니다. 천국의 생명책에 기록되기 때문입니다. 그 수는 누구도 셀 수 없지만 분명히 인을 치십니다.(계7:9)

2) 천국에 인 맞은 사람들은 모두 천국 생명책에 기록된 자입니다.

"그 이름들이 생명책에 있느니라"(빌4:3) 하였습니다.(whose names are in the book of life)

① 이들은 믿고 복음에 협력하였던 복음의 사람들이었습니다. 복음에 협력자가 되고 천국에 기록된 자가 되어야 합니다.
② 교회 성도들이여 어떤 사람이 되어야 하겠습니까? 구원 받아서 천국에 기록되고 주의 일에 힘써서 천국 상급의 주인공들이 모두 되어야 하겠습니다. 생명책에 기록되고 상급의 주인공들이 모두 되시기를 주의 이름으로 축원합니다.

결 론 : 천국에서 주인공들이 되시기 바랍니다.

천국

예수님이 말씀하신 천국

(마13:44 50)

　　세상에서 제일 좋은 현상을 말할 때에 사람들은 하늘나라니, 천국이니, 유토피아, 파라다이스 등등의 용어들을 사용해서 표현합니다. 그러나 사람들이 말하는 일반적인 생각으로서의 용어와 성경이 말하는 용어는 개념상으로나 의미가 절대적으로 다릅니다.
　　세상적으로 제아무리 좋은 장소나 물건이나 그 어떤 것도 세월이 지나면 퇴색하고 없어지겠지만 천국은 영원하며 퇴색되거나 없어지거나 망하는 법이 없습니다.(단2:44)
　　예수님은 사도요한을 통해서 천국을 보여주셨는데 우리 모두가 믿는 성도라면 동경하고 바라보며 믿는 나라입니다.(계21장, 22장) 마태복음 13장에서 예수님은 천국을 비유로 말씀해주셨습니다. 천국을 4가지 밭의 비유로 말씀해주셨습니다.(13:2-23) 가라지 비유(13:24-30), 겨자씨 비유(13:31-32), 가루 서 말 속의 누룩 비유(13:33), 밭에 감추인 보화(13:44), 진주장사 비유(13:45-46), 그물 속에 걸린 각종 물고기 비유(13:47-48)들입니다.
　　우리가 영원히 살아야 할 천국에서의 미래를 바라보며 소망하면서 예수님이 제시하신 천국에 관해서 은혜 받는 시간이 되기 바랍니다.

1. 천국은 실제 존재하는 영원한 나라입니다.
　　천국의 실제적 존재성이 중요하다는 뜻입니다.

1) 가상적이거나 소설이나 기타 작품에서 나타나는 가상이 아닙니다.
　　역사는 시간이 흘러서 여기까지 왔듯이 지금 흘러가는 시간 끝이 곧 천국의 시작입니다. 소설이나 가상적공상이 아닙니다.

① 인생의 종말이 누구에게나 오게 되는데 모두가 도착하는 곳이 하나는 천국이요 다른 하나는 지옥입니다. 하나님의 시간(Time of God)에 의해서 믿는 자에게는 천국이요 불신자에게는 지옥 형벌이 분명합니다. 예수님의 재림이 언제일지 모르듯이(마24:36, 계1:7) 개인적 종말 끝에 언제 천국에 입성하는 지는 아무도 알 수 없습니다. 그리고 그 나라는 오직 예수 이름으로만 가는 나라입니다.(요14:1-6)
② 천국에 대한 것이나 지옥에 대한 것을 부정한다는 것은 마귀의 하는 일이요, 마귀적인 생각입니다. 세상에는 무신론자들이나 영적 세계를 부정하는 사람들도 있지만 분명한 것은 그들이 부정해도 천국은 있고 지옥도 있습니다. 하나님께서 천지를 창조하셨듯이(창1:1, 히3:4) 우주 공간이 과학적으로 현실이듯이 천국과 지옥의 실제적 존재는 확실합니다. 타락되게 만든 마귀의 사상에 속지말고 천국을 준비해야합니다.

2) 예수님이 천국에 대해서 확실히 말씀해 주셨습니다.

구약에도 천국에 대한 사상이 많지만 신약에도 천국에 대한 사상은 풍부합니다.
① 예수님이 분명히 표명해 주셨고 약속해 주셨습니다. (요14:1-) '너희는 마음에 근심하지 말라 내 아버지 집에 거할 곳이 많도다' 하셨습니다.(In my Father' shouse are many rooms) 주님이 왕이시며 영원히 망하지 않는 나라입니다. 우리의 모든 소망은 이 나라에 있습니다.
② 사도 바울도 분명하게 전하여 주었습니다. (고후5:1-) '하늘에 있는 영원한 집' 이라고 표현했습니다. 땅에 있는 장막 집은 무너지게 되고 소멸되겠지만 천국에 소망을 두는 우리의 천국은 영원합니다. 사도바울은 신비적 체험을 간증하였는데 삼층천까지 다녀온 사람의 체험을 말했습니다.(고후12:2-4) 이것이 곧 '그리스도의 왕국'($\beta\alpha\sigma\iota\lambda\varepsilon\iota\alpha\ \tau o\tilde{u}\ X\rho\iota\sigma\tau\grave{o}\varsigma$) 이요 천국입니다.
③ 사도요한이 직접 천국에 대한 계시를 보고 기록한 것이 요한계시록입니다. (계21:2)거룩한 성 새 예루살렘으로 말했습니다.(I saw the Holy city, the new Jerusalem) 황금보석및 12진주로 말했는데 세상에서 제일 좋은 것으로 표현되었을 뿐이지 그 이상이요 상징적입니다. 그러므로 천국을 믿고 준비하는 지혜로운 인생이 되시기 바랍니다.

2. 천국은 세상에서는 비교할 것이 없는 최대 최고의 가치로 보아야 할 나라입니다.

세상 나라는 상대적 가치요 변하는 가치이지만 천국의 가치는 흥정으로 될 수 없고 양보가 불가능한 절대적 가치로 이루어졌습니다.

1) 세상의 모든 일들은 모두 상대적 가치로 가득합니다.
마치 시장에서 물건을 비교하며 흥정하듯이 상대적입니다.
① 천국은 세상 그 무엇과도 비교할 수 없는 최고 최대의 가치입니다. 이 세상은 잠간 나그네로 거쳐 가는 과객입니다. 70-80이요, 모세처럼 120년을 살아도 잠간입니다.(시90:9-12) 사망의 음침한 골짜기요(시23:4), 눈물 골짜기며(시84:6), 130년의 험한 세월이며(창47:9) 언제 끝날지 예측불허의 나그네입니다.(벧전2:11), 절대적 가치가 될 수가 없는 세상입니다.
② 그러나 천국은 절대적 가치의 나라입니다. 영원한 나라인데 슬픔, 근심, 눈물, 죽음이 없는 좋은 나라입니다. 천국을 준비하는 인생이 축복이요 지혜로운 인생입니다.

2) 천국은 그 어떤 것과 바꿀 수 없는 가치입니다.
오히려 소유를 다 팔아서 사야하는 것이 천국입니다.
① 그래서 예수님 때문에 모든 것을 버리고 양보하고 천국을 사야 됩니다. 이것이 밭에 감추인 보화의 비유입니다.
② 절대 최고의 것을 세상 것과 바꾼 사람도 있습니다. 이 사람은 성경에도 어리석다고 말했습니다. 장자권을 팔아버린 에서입니다.(창25:33-34, 히12:16-17)이것은 러시아(Russia)사람이 알라스카(Alaska)를 750만 불에 판 것보다 더 어리석은 일입니다. 우리는그렇게 어리석지 말아야 합니다.

3. 이 천국은 내가 가야되는 영원한 나라요 안식처입니다.

문제는 이 나라가 아무리 좋아도 내가 가야되는 것입니다. 못 들어가면 나와는 상관이 없게 됩니다.

1) 성경에서 그 예표를 보시기 바랍니다.

① 모세를 통해서 힌트를 얻게 되는데 모세는 천국을 위해서 세상의 모든 것을 버렸습니다.(히11:24) 천국때문입니다.
② 사도바울을 보시기 바랍니다. 핍박자가 완전히 전도자로 바뀌어서 세상 것을 모두 분토같이 버렸습니다.(빌3:7) 예수만 믿고 천국의 주인공이 되기 위해서입니다.

2) 정말로 천국에 대한 확신이 있습니까? 막연합니까?

① 막연히 아는 천국이 아니라 내가 가는 확실한 천국이어야 합니다. 천국이 확실하면 죽으면서도 얼굴이 천사의 얼굴같이 됩니다.(행6:15)
② 천국이 확실하다면 세상에서 예수님 때문에 당하는 것을 기쁘게 받습니다. 흔들리지 않고 더욱 견고합니다.(고전15:58) 그리고 그곳에 보물을 쌓아놓게 됩니다.(마6:19) 그렇게 되이시기를 축원합니다.

결론 : 내가 믿는 천국을 바라보십시오.

축복

다윗이 받은 축복의 고백

(시144:12-15)

사람이 한 세상을 살아가면서 축복을 받고 살고 싶음은 모두가 동일합니다. 반대로 저주 속에 살고 싶은 사람 역시 한 사람도 없을 것입니다.

성경에는 축복을 약속하셨고 실제적으로 그 축복을 누리며 살았던 사람들에 대해서 많이 소개해 주고 있습니다. 하나님께서는 창조 때부터 축복 받고 살 것을 말씀하셨고(창1:28), 많은 사람들 중에서 아브라함은 축복의 인물 중에 언제나 우위를 차지하고 있습니다.(창12:1-4, 13:14-) 또한 그 아들 이삭의 축복받은 모습들이며(창26:12) 손자인 야곱이 받은 축복 또한 좋은 예표가 됩니다.(창31:1-) 그래서 '믿음이 있는 사람은 믿음이 있는 아브라함과 함께 복을 받느니라' 고 하셨습니다.(갈3:9)(So those who have faith are blessed along with Abraham, the man of faith)

시편에는 다윗의 신앙 간증이 많이 수록되었는데 다윗의 일대기를 대변하는 듯 그의 신앙과 생애의 전체적인 것들이 나타나있습니다. 어린 시절부터 시작해서 장군으로, 왕으로서의 모든 생애가 기록되었는데 다윗은 나이 많아 늙도록 부귀하였고 존귀한 생애였다고 전했습니다.(대상29:27-28) 그 가운데 본문을 통해서 다윗이 받은 복을 보면서 교회 성도들의 생애가 복되기를 기도하며 은혜를 나누겠습니다.

1. 다윗이 받은 복은 하나님 백성이 된 복을 받았습니다.

세상에는 복의 종류도 많은데 그 가운데 어떤 복이 귀하며 어떤 복이 큰 것이냐 하는 논란들이 있을 수 있겠지만 복 중에 복은 예수 믿고 하나님 백성이 된 복을 따르거나 바꿀 수 있는 복은 없습니다.

(15절) '이러한 백성은 복이 있나니 여호와를 자기 하나님으로 삼은 백성은 복이 있도다' 라고 하였습니다.

1) 다윗은 무엇과 바꿀 수 없는 하나님 백성이 된 복을 받았다고 간증하고 있습니다.

다른 복도 크겠지만 하나님의 자녀가 된 복이 큰 복입니다.

① 시골 양치기에서 시작해서 이스라엘의 군왕이 되었습니다. 다윗이 가는 곳마다 하나님이 함께 하시므로 축복을 받았고 다윗을 이긴 사람은 없었습니다. (대상18:6,13) '다윗이 어디를 가든지 여호와께서 이기게 하시니라' 고 하셨습니다.(The LORD gave David victoryeverywhere he went) 그렇게 큰 복을 누렸지만 장군의 이름이나 왕의 이름도 다윗이 받은 축복은 하나님 백성이 된 복과는 비교할 수가 없게 됩니다.

② 지금 시대도 마찬가지입니다. 우리가 하나님께 받아 누리는 축복들이 수없이 많이 있겠지만 내가 하나님 백성이 된 축복은 그 무엇과도 비교할 수 없습니다. 그래서 스포츠나 연예계의 시상식에서 상을 타고서 '하나님 아버지께 감사합니다' 라는 소감을 들을 때가 있는데 참으로 올바른 신앙 위에 선 사람들입니다. 우리는 어떤 일을 하든지 하나님의 영광을 위해서 살아야 하기 때문입니다.(고전10:31-33)

2) 하나님 백성이 된 사람은 생활이 달라지게 됩니다.

하나님 백성이 되었기 때문입니다.

① 매사에 무슨 일을 만나든지 그 문제를 하나님께 의뢰하게 됩니다. (2절) '여호와는 나의 인자시요 나의 요새시요 나의 산성이시요 나를 지키시는 자시요 나를 건지시는 자시요 나의 방패시요 나의 피난처시요' 라고 간증하고 있습니다. 전적인 하나님의 은혜임을 증거하는데 이런 간증은 성경 여러 곳에서 배우게 됩니다.(시18:1-4)

② 다윗이 이런 축복을 받은 이유는 그는 기도의 사람이었기 때문이라고 믿습니다. 세상에 대하여 약하기 때문에 늘 기도할 수 밖에 없습니다. 이것이 세상에 대한 성도의 입장입니다. 올해에도 교회 가족들은 기도하시기를 바랍니다.

2. 다윗이 받은 복은 세상에서 보이는 물질적 복도 받았습니다.

전자에 언급한 영적인 축복도 큰 것이지만 이 세상에 사는 동안에는 물질적 축복도 사람들에게는 크게 보일수 있습니다. 12-14절까지에서 그 축복을 보여 주고 있습니다.

1) 세상에서의 영화로운 복과 자녀들이 잘 되는 복을 받았습니다.

부모들의 공통된 소망은 자녀들이 잘되는 일입니다.

① 아들들이 복을 받았습니다. 그래서 다윗의 아들 중에 솔로몬왕이 태어나게 되었습니다. (12절) '우리 아들들은 어리다가 장성한 나무같으며' 했습니다. '우리 딸들은 궁전의 식양대로 다듬은 모퉁이돌과 같으며' 라고 했으니 자녀들이 잘됨을 간증합니다.

② 교회 성도들의 자녀들이 모두가 잘되기를 바랍니다. 자녀가 잘되어야 부모가 늦게까지 영화를 누리게 됩니다. 자녀들은 부모에게 잘 할 때에 축복이 본인에게로 오게 되는데 성경에서 보시기 바랍니다.(엡6:2, 삼상 17:17) 심부름도 잘했던 다윗의 청소년기를 나타내 줍니다. 요셉도 심부름으로 순종했던 경우입니다.(창37:12)

2) 보이는 가시적인 축복 중에 물질적 축복도 큰 것이었습니다.

다윗은 물질적 축복도 크게 받은 사람이 되었습니다.

① 곳간에 백곡이 가득한 축복입니다. 아브라함의 아들 이삭이 받은 축복이기도 합니다.(창26:12) 2010년에 성도들에게 형통의 복이 임하시기를 바랍니다.

② 양떼는 들에서 천천만만으로 번성케 되었습니다. 야곱이 받은 축복을 연상케 하는 부분입니다.(창30장) 주일성수 잘 하게 되면 야곱의 업으로 키우신다고 했습니다.(창58:13-14)

③ 소들이 무겁게 실어 나르는 축복이 왔습니다. 빈 수레가 아니라 가득 찬 우마차 행렬을 보고 있습니다. 미국이나 캐나다의 부호들은(Kipson 이나 Gipson) 언제나 신앙으로 간증한 사람들입니다.

3. 다윗이 받은 축복은 그의 일생이 평안한 복을 받았습니다.

젊을 때보다 노후에 더욱 평안했습니다.

1) 젊을 때보다 노후에 더욱 평안해야 합니다.
① 노후에 더욱 평안했습니다. (14절)나아가 막는 일이나 슬피 부르짖는 소리가 없습니다.
② 노후에는 가장 행복한 평안이 왔습니다. (대상29:28)늙도록 부하고 존귀한 축복을 받게 되었습니다.

2) 2010년에도 교회 성도들에게 평안이 필요합니다.
① 세상은 여러 가지로 어지럽지만 예수 안에서 평안이 약속되었습니다.(요 14:27)
② 예수 이름을 믿는 성도들에게 이 평안이 가득하게 되시기를 축원합니다.

결론 : 우리는 복을 받을 자입니다.

축복

올라가라 그리고 얻으라
(신1:19-33)

이 세상을 살면서 하나님께서는 하나님 백성들에게 축복을 약속하셨고 축복을 받고 사는 것은 하나님 자녀들의 특권이요 권리입니다.

그래서 신구약성경에 축복의 약속으로 가득합니다. 그런데 그 축복이 내게 이루어지기 까지는 가나안에 들어가기 전까지의 광야의 시련과 연단도 있다는 것입니다. 엘림의 축복이 있기 전에(출15:27) 마라의 쓴물의 현장도 겪게 되었습니다.(출15:22) 마라의 쓴물의 고통과 광야에서의 많은 연단 끝에 가나안에 입성하게 되었고, 아브라함과 이삭과 야곱에게 약속한 축복의 현장이 되었습니다. 본문은 모세가 죽기 전에 가나안 땅을 바라보면서 모압 평지에서 설교한 내용인바 '축복의 땅에 올라가 얻으라' 는 것입니다. 이른바 모세의 고별설교를 통해서 은혜를 나누게 됩니다.

1. 올라가서 얻는 것은 하나님의 일종의 명령과도 같은 말씀입니다.

가나안에 올라가서 얻는 이 일은 어느 개인이나 일부 사람들의 희망이 아니라 하나님의 명령인 것입니다.

1) 대대적인 하나님의 약속인 동시에 하나님의 광대하신 뜻입니다.

개인의 일이 아니라는 사실입니다.

① 일찍이 아브라함에게 약속하셨습니다. (창12:1) 이 약속이 대대로 유효해서 때가 이르매 가나안을 향해서 진군하게 됩니다. 창15:12 사건으로 인해서 요셉을 선두로 애굽에 내려가게 되지만 430년 만에 애굽에서 나와서 가나안을 얻게 되었습니다. 요셉의 유언대로 요셉의 해골을 메고 와서 가나안에 안착시키게 됩니다. (출13:19, 수24:32)

② 가나안을 얻고 취하라는 것은 하나님의 명령입니다. 그래서 이스라엘은 애굽에 있었지만 가나안을 얻는 일은 대대적으로 해야 할 숙원사업과 같

은 것이었습니다. 개인과 가정과 국가나 회사에도 숙원사업이 있듯이 하나님의 숙원사업은 가나안에 이스라엘이 정착하는 일이었습니다. 하나님의 최고 관심사는 성도들이 무사히 천국을 향해 입성하는 일입니다.

2) 이것은 약속을 기초로 한 명령입니다.

기초(Foundation)가 약속(Promise)입니다. (19절) '우리 하나님 여호와께서 약속하신 대로' 하였고, (21절) 여호와께서 너희에게 이르신 대로 '올라가 얻으라'고 하셨습니다.

① 이스라엘 백성들은 무슨 일이 있든지 가나안에 치고 올라가서 얻어야 합니다. 전쟁이 발상하면 전쟁을 치르더라도 올라가야 합니다. 여기에 다른 이견이 있을 수가 없는 일입니다. 모세 이후에 요단강 저편에 앉아있던 여호수아에게도 일어나라(수1:4)고 하였습니다. 결과적으로 그들은 가나안에 모두 들어가지는 못했습니다.(고전 10:1-11; 히3:16-4:3)

② 이것은 신약시대 모든 이들에 거울이라(고전10:6,11) 하였습니다. 사도 바울은 과거 역사를 말하면서 '이것은 우리의 거울이라' 하였고, '두렵고 떨림으로 구원을 이루라' 고(빌2:12) 하였습니다. 하나님은 지금도 손해 보는 현장에서도 우리를 위해서 모든 것을 투자하시고 계십니다. 이것을 심리학자 스카트 프라우스(Scott Plaus)는 '매몰비용 효과' 라 하였습니다. 우리는 하나님의 계획이 손해 보지 않게 해야 합니다.

2. 이스라엘백성으로서는 하나님을 믿어야 합니다.

여기까지 인도하시는 구름기둥과 불기둥의 역사들을 보지 않았습니까?

1) 하나님과 이스라엘의 관계는 신뢰(Trust)와 믿음(Faith)의 관계입니다.

① 하나님께서는 언제나 이스라엘 백성에게 약속을 어기신 것이 하나도 없습니다. 이스라엘 편에서 하나님의 약속은 어기었고 불신앙에 빠지게 되었습니다. 아브라함은 언제나 하나님 말씀을 좇아갔다고 하였습니다.(창12:3)

② 하나님만 신뢰하고 믿어야 합니다. 한번 약속하신 것은 반드시 이루시며 거짓말을 못하시는 하나님이시기 때문입니다. (히6:18) 아브라함 역시

하나님만 믿었습니다. (히11:8) 하나님께 대한 우리의 믿음과 신뢰는 어느 정도입니까?

2) 믿고 신뢰하게 될 때에 약속이 축복과 천국으로 이루어집니다.
약속을 믿고 의지해야 합니다.
① 약속을 믿고 나가면 이루어지게 됩니다. (갈3:9) '그러므로 믿음이 있는 사람은 믿음이 있는 아브라함과 같이 복을 받느니라' 하였습니다.(So those who have faith are blessed along with Abraham, the man of faith)
② 믿고 신뢰하게 될 때에 기적도 나타내게 됩니다. 신구약 성경에 어디서든지 믿음이 작동하는 곳에 기적이 나타나게 되었습니다.(왕하5:11; 마15:22-28)이런 기적과 기적이 나타나는 현장들이 되시기 바랍니다.

3. 이스라엘 백성들로써는 하나님께 순종뿐입니다.
이 세상에 살아가는 성도가 택할 것은 오직 순종입니다.

1) 말씀에 순종해서 올라가서 얻어야 할 것뿐입니다.
① 성경은 어디서나 순종하게 될 때에 복을 받는 일입니다. 아브라함을 보시기 바랍니다.(창12:1-4, 21:14, 22:1) 이것이 믿음의 조상이 받은 복의 원리였습니다.
② 순종해서 역사가 나타난 현장을 보시기 바랍니다. (요2:1-11) 가나안 혼인잔치 사건입니다. (눅5:1-7) 시몬 베드로의 경우를 보시기 바랍니다.

2) 불순종은 불신앙의 산물이기 때문에 좋은 결과가 없습니다.
① 사울왕이 그 대표적인 예가 됩니다.(삼상15:22) 이사야의 예언을 보시기를 바랍니다.(사1:19)
② 우리는 믿고 신뢰하며 순종하여 천국의 주인공이 되고 이 땅에서도 복의 복을 이어가는 성도가 되어야 합니다. 가나안의 주인공인 여호수아와 갈렙이 되시기를 주의 이름으로 축원합니다.

결론 : 하나님은 축복의 하나님이십니다.

축복

내 영혼이 잘되면
(요삼 1-4)

모든 사람들의 심리는 어떤 일이든지 매사가 잘되는 일입니다. 잘되지 않고 풀리지 않는 것은 꿈에도 원치 않는 일입니다. 잠시 동안 살다가 가는 나그네 인생길에도 잘되는 것이 소원인데 영원한 세계의 문제가 잘되는 일은 더 더욱 소원입니다. 왜냐하면 세상은 잠간이지만 천국은 영원하기 때문입니다. 그렇다면 세상에서도 잘되고 천국에까지 잘된다면 더 이상 바랄 것이 없는 일일 것이 분명합니다. 성경에는 이 세상 살 동안에도 축복 받는 것에 대해서 많이 말씀하였습니다.

본문에는 사도요한이 사랑하는 가이오에게 축복을 전하는 내용인 바 교회 성도들에게 이런 축복이 이어지게 되기를 바랍니다. 예수그리스도 안에서 축복 받는 사람이 되기 위해서는 어떤 신앙인이 되어야 하는지를 본문에서 밝혀주고 있습니다.

1. 영혼이 잘되는 사람은 하나님과 관계가 좋은 사람입니다.

세상 모든 일이 관계가 좋아야 하듯이 하나님과의 관계는 더욱 중요합니다.

1) 사람은 관계가 중요합니다.

하나님과의 관계는 어떤 것보다 중요시 여겨야 합니다.
① 가이오는 하나님과의 관계에서 하나님 말씀을 행하는 삶으로서 관계가 좋았습니다. 이 관계가 좋을 때에 약속된 축복이 있습니다.(신28:1-14) 더욱이 말세 때의 성도는 행하는 것이 있어야 합니다.(계1:3) 왜냐하면 행하게 될 때에 산 신앙이기 때문입니다.(약2:19-26)
② 사람과 사람과의 관계 역시 행함의 여부에 따라서 관계가 달라지게 됩니다. 그래서 예수님도 황금율(Golden Rule)을 말씀하셨습니다.(마7:12) 대접을 받고자 하면 대접해야 하는 원리입니다. "이것이 율법이요 선지

자니라" 하셨습니다. (for this sums up the Law and the prophets)

2) 하나님의 교회에서도 관계성입니다.
고대사회나 현대사회에서나 어디든지 사람이 모이는 곳인데 교회 역시 그래서 관계가 중요하다는 것입니다.
① 가이오는 교회 안에서 칭찬 듣는 사람이었습니다. '저희가 교회 안에서 네 사랑을 증거하였느니라' 입니다. 교회 안에서 서로가 칭찬하며 칭찬들을 만한 신앙인이 되어야 합니다. 이것이 관계성입니다.
② 이것이 교회 안에는 두 가지 종류의 사람이 있습니다. 하나는 문제만 일으키는 디오드레베와 같은 사람입니다. 또 하나는 칭찬듣는 데메드리오가 있습니다. 어떤 사람이 되어야 하겠습니까? (11절) '사랑하는 자여 악한 것을 본받지 말라' 했습니다.(Dear friend, do not imitate what is evil but what is good) 섞여 사는 무리(민41:1)와 후메네오와 알렉산더를 조심해야 합니다. (딤전1:20) 영혼이 잘되기 위해서입니다.

2. 영혼이 잘되는 사람은 말씀 안에서 행하는 사람입니다.
누가 영혼이 잘되는 사람입니까?

1) 진리 안에서 행하는 사람입니다.
진리가 무엇입니까? 곧 말씀이시요(요1:4), 예수님이 진리이십니다.(요14:6)
① 예수 안에서 살아가기를 힘써야 하겠습니다. 이 진리 안에 행하고 살아가는 사람이 영혼이 잘되는 사람입니다. 성도가 말씀과 멀어지면 곤란합니다.
② 이 진리는 곧 도(道)라고 하였습니다. 아는 것이 문제가 아니고 실천에 옮기는 일이 중요합니다. (약1:22)도를 행하는 자가 되고 듣기만 하여 자신을 속이는 자가 되지 말라고 하였습니다.

2) 행함의 신앙이 요한에게까지 들려왔습니다.
가이오의 살아 있는 신앙입니다.

① 내 신앙의 소문이 남에게 잘 알려져야 합니다. 내 기도, 봉사, 사랑 등 신앙적인 모습들이 타인에게 좋게 알려져야 합니다. 가이오의 소문이 요한에게까지 잘 들려지게 되었습니다.
② 하나님께서는 행한 대로 갚으시겠다고 하셨습니다. 행한 대로 갚으시고(마16:27) 심는 대로 거두게 하시며(갈6:7-9) 심은 땅만큼 비례로 거두게 하십니다. (고후9:6-7) 따라서 말씀대로 행하는 신앙이 중요합니다.

3. 영혼이 잘되는 사람은 축복이 약속되어 있습니다.

축복은 비단 세상적인 것만이 축복이 아닙니다.

1) 천국의 상급이 분명히 약속되었습니다.

천국의 상급은 대단히 화려합니다.(계21:12)
① 천국의 상급을 믿는 성도라면 누구나 바라는 축복입니다. 교회생활, 신앙생활 잘한 자에게 약속하셨습니다. 그러므로 이 신앙으로 전진해야 합니다.(고전15:58)
② 세상은 잠시이지만 천국은 영원합니다. 성경에 약속되어 있거니와 기도하다가 천국에 다녀온 분들의 간증에 천국은 대단히 화려합니다. 우리는 이 천국을 목적으로 해야 합니다.

2) 세상에서의 축복도 약속되었습니다.

'잘되고'라고 하였습니다.(very well)
① 세계 모든 민족 위에 뛰어난 축복의 말씀의 약속입니다. 세계화 시대에 이렇게까지 확실히 약속해 주셨는데 장소와 업종이 관계없이 축복이 확실하게 약속되었습니다. 이 약속은 영원히 변질되지 않습니다.
② 영혼이 잘되고 범사가 잘되고 강건의 축복입니다. 이것은 소위 기복적 신앙이 아니라 우리의 신앙이요 성경의 약속입니다. 교회 성도들이 이 축복을 빼앗기지 말기를 바랍니다. 영혼이 잘되시기를 주의 이름으로 축원합니다.

결론 : 우리는 잘되는 사람들입니다.

축복

베드로가 체험한 은혜와 축복

(눅5:1-11)

우리는 이 땅을 살아가면서 모두가 하나님의 은혜와 축복 속에서 살아갑니다. 본인이 의식을 하든지 의식이 없든지 간에 호흡을 통해서 산소가 우리 몸 속에 흡입되듯이 하나님의 축복과 은혜 속에서 살아가는 것이 인생입니다. 그래서 찬송가 404장에서 레만(F. M. Lehman)은 '그 크신 하나님의 사랑 말로 다 형용 못하네'라고 찬송했습니다. 시편 81:10에는 "나는 너를 애굽 땅에서 인도하여 낸 여호와 네 하나님이니 네 입을 넓게 열라 내가 채우리라" 하셨습니다. 2010년에도 성도들의 삶 속에 계산할 수 없는 하나님의 축복이 언제나 넘쳐나기를 기도하면서 본문에서 은혜를 받게 됩니다.

본문은 베드로가 어느 날 밤이 다하도록 고기를 잡았지만 허탕을 치고 힘없이 그물을 씻을 때에 예수님이 오셔서 깊은 데로 가서 그물을 내리라는 말씀을 듣고 말씀을 의지하여 그물을 내리게 될 때에 그물이 찢어질 정도로 고기가 잡혀서 두 배에 가득하게 채운 사건입니다. 이 사건은 세상 사람들이 말하듯이 운(運)이 아닙니다. 하나님의 손길인바 본문에서 은혜를 받게 됩니다.

1. 베드로가 체험한 이 은혜와 축복은 '하나님의 각별한 사랑'에서 비롯된 것입니다.

세상에는 수많은 사람들이 살아가게 되고 갈릴리 호수에도 수많은 어부들이 있었지만 이와 같은 체험은 모두에게 온 것은 아닙니다.

1) 실패의 쓴잔이 왔다고 해서 모두가 재기하는 현실은 아닙니다.

베드로는 하나님의 특별한 사랑을 받는 사건의 현장에 있었습니다.

① 불경기와 경제난 속에서도 하나님의 은혜로 사는 사람들이 있습니다. 전쟁 시에는 전쟁영웅이 있듯이 심한 경제난 속에서도 하나님의 은혜로 재기하는 은혜의 사람들이 많음을 보게 됩니다. (5절)시몬이 대답하여 가로되 '우리들'이라고 하였는데 복수형으로서 당시에 고기 잡은사람들 모두가 허탕을 경험했음을 말합니다. 그런 가운데 베드로만큼은 '내가 그물을 내리리이다' 라고 대답했습니다. '내가' (I will not down the nets), '내가' (I will) 즉 자력적인 고백입니다. 믿음은 본인의고백이 중요합니다.

② 우리는 기적과 은혜를 체험할 때에 '자력적 의지' (自力的 意志)를 가져야 합니다. 옆에서 누가 뭐라고 하든 말든 심지어 정신 나갔다고 해도 기적을 체험한 사람은 자력적 믿음을 가진 사람들입니다. 지적 요소, 정적 요소, 의지적 요소가 모두 중요하지만 의지적 요소가 중요한 것은 행하지 않는 믿음은 죽었기 때문입니다.(약2:26) 알고 느끼는 것만이 아니라 행하는(will) 믿음으로 기적과 축복을 체험하는 2010년이 되어야 하겠습니다. 행하는데(will) 인색하지 마시기 바랍니다.

2) 베드로는 은혜와 축복을 받았고 체험하게 되었습니다.

주님 말씀을 따라서 행하는(will) 사람이었습니다.

① 하나는 보이는 가시적인 기적으로서 물고기를 심히 많이 잡아서 두 배에 가득 채우는 기적이 나타나게되었습니다. (6절) '그리한 즉 고기를 에운 것이 심히 많아 그물이 찢어지는지라 이에 다른 배에 있는 동무들을 손짓하여 와서 도와달라 하니 저희가 와서 두 배에 채우매 잠기게 되었더라' 했습니다. 마치 이삭의 축복을 보는 듯한 현상입니다.(창26:12-) 2010년 사업장에 이런 현장이 되시기 바랍니다.

② 베드로가 이 사건으로 인해서 변화된 용어가 있습니다. (8절) '시몬 베드로가 이를 보고 예수의 무릎 아래 엎드려 가로되 주여 나를 떠나소서 나는 죄인이로소이다' (I am a sinful man)라고 고백하였습니다. 육적인 물질적 풍요도 복이라고 하겠지만 자기 자신이 죄인임을 깨닫고 고백하는 영적인 복은 계산할 수 없는 신령한 복입니다.(엡1:3-) 이 복을 받기를 축복합니다.

2. 베드로가 체험한 이 은혜와 축복은 베드로의 생애의 중요한 전환점이 되었습니다.

사람은 누구나가 생애에서 전환점이 있습니다. 어거스틴, 바울, 김익두목사 등 거성들이 모두가 나름대로의 전환점이 있었습니다.

1) 예수님을 구세주로 믿고 시인하며 고백하는 전환점입니다.

세상에서 이 고백만큼 중요한 고백은 없습니다. 예수 이름을 믿고 시인함이 곧 구원이기 때문입니다.(요1:12, 롬10:10)

① 제일 중요한 축복과 변화는 예수님을 시인하고 구주로 영접했다는 것입니다. 처음(5절)에는 '선생'으로 부르게 되지만 후에는 (8절) '주여' (LORD)로 용어가 바뀌게 되었습니다. 헬라어에서는 선생이 에피스타타($επιστάτα$)가 변해서 주님으로 큐리에($κύριε$)로 바뀌었습니다.

② 예수님을 시인하고 고백한 이 사건은 큰 변화요 전환점입니다. 세상을 살면서 전환점이 있습니다. 학교 입학, 친구 만남, 연인 만남, 결혼 등이 있지만 예수님을 만나서 구원 받는 일은 세상에서만 아니라 영원에 이르는 변화요 전환점입니다.

2) 2010년에 예수님을 만나고 새롭게 되는 전환점이 되십시오.

제일 중요한 일이 인생에서 예수님 만나는 일입니다.

① 예수님을 만나는 것이 인생 전환점의 중심이 되게 해야 합니다. 영국의 세균학자로서 페니실린을 발견해서 노벨 의학상을 받은 바 있는 알렉산더 플레밍(Dr. AlexanderFleming) 박사는 고백했습니다. '나의 가장 큰 발견은 내가 죄인인 것과 오직 예수 그리스도만이 나의 위대한 구세주라는 사실이다' 라고 했습니다.

② 예수님은 인생의 중심에서 고백되었습니다. 예수님이 고백된 사실이 없다면 세상 모든 것을 얻었다 해도 그것은 밤이 맞도록 고기를 잡지 못한 것이나 다름없는 허탕입니다. 예수님이 영접되고 생애가 복되기를 바랍니다.

3. 베드로가 체험한 이 은혜와 축복은 예수님을 발견한 후 하는 일(work)이 바뀌었습니다.

고기 잡는 어부가 아니라 사람 낚는 어부가 되었습니다.(from now in you will catch man) 인생사역(人生使役)이 바뀐 것입니다.

1) 복음을 전해서 영혼을 건지는 영적인 어부로 바뀌었습니다.

① 한평생 힘쓰던 세상적인 직업이 바뀌었습니다. 예수님을 만난 후에 바뀐 사건입니다. 우리는 예수님으로 인해서 세상적 관심이나 초점이 바뀌어야 합니다.

② 베드로는 예수님을 만나서 인생에 해야 할 일을 바꾸었습니다. 주님을 위한 생애로 바뀌었습니다. 지금까지는 본인을 위한 생애였던 베드로였습니다. 마약과 방탕하던 사람들도 바뀌게 됩니다.

2) 저주와 가난과 어려움 속에 있던 사람들도 예수님을 만나면 바뀌게 됩니다.

① 베드로는 그때 뿐 아니라 2000년이 지난 지금까지 유명한 인물이 되었습니다. 세월이 가도 변치않는 영적 견본입니다.

② 오늘도 많은 사람들이 예수 없이 밤이 맞도록 수고를 합니다. 물어보아야 합니다. '아무개야 네 인생 속에 예수님이 계신가' 라고 질문해 보십시오. 예수 없이 무엇을 얻었느냐고 질문하십시오. 예수 안에서 분명한 대답이 있게 되시기를 예수 안에서 축복합니다.

결론 : 이 세대에 베드로가 아닌 나의 대답이 중요합니다.

축복

거룩한 백성이 되리라

(출19:1-6)

이 세상 지구촌에는 UN이 정식으로 정한 국가가 220개국이요, 칠십억이 넘는 인구가 살아가고 있습니다. 옛날과 달리 국경과 종족과 피부색에 관계없이 글로벌시대에 세계인들이 살아가고 있습니다.

다니엘서의 예언처럼(단 2:43) 철과 진흙이 섞여 사는 마지막 시대요, 발가락 시대라 할 수 있을 것입니다. 글로벌이라는 빛 좋은 이름은 내세우지만 사실상은 섞일 수 없는 철과 진흙의 발가락 시대인 바 더욱 영적으로 분석해 본다면 어두운 세속 사회 속에서 섞여 사는 세상이라 할 것입니다.

본문은 이스라엘 백성들이 애굽에서 나와서 광야 40년을 걸어가는 동안에 주셨던 말씀인데 율법을 주시면서 세상 여러 나라 백성들과 구별되게 하기 위해서 주셨다고 했습니다. 그리고 먹는 문제까지도 모두 구별해 놓으셨습니다.(레 11장) 그리고 거룩하게 구별하라고 말씀하셨습니다.(레 11:44; 벧전 1:16) 성막을 주시면서 이방 백성과 구별된 생활을 강조하신 하나님은 교회를 중심한 신약시대의 성도들에게도 말씀하시는데 본문에서 은혜를 받게 됩니다.

1. 광야생활이지만 하나님께서 철저한 보호 속에 인도하여 내셨습니다.

광야는 살기가 어려운 곳이요 사람이 살만한 곳이 못됩니다. 그런데 하나님이 인도해 내셨습니다.

1) 하나님께서 어떻게 인도하여 내셨는지 보시기 바랍니다.

(4절) '애굽 사람에게 어떻게 행하였음과 내가 어떻게 독수리 날개로 업어 내게로 인도하였음을 너희가 보았느니라' 했습니다.

① 애굽 땅에 10가지 재앙을 내리셨습니다. 430년간 괴롭히던 애굽 사람들을 10가지 재앙으로 굴복시키셨고 따라오던 저들 군인을 홍해에 몰살 시키셨고 광야 길이지만 구름과 불기둥으로 이끌어 내셨습니다. 처음도 끝도 모두 하나님의 손길입니다.

② 마치 독수리 새끼를 업어서 이끌어 내듯 하셨습니다. '내가 어떻게 독수리 날개로 너희를 업어 내게로 인도하였음을 너희가 보았느니라' 하셨습니다(출19:4).(and how I carried you on eagles' wings and brought you to my self) 애굽 땅에는 온갖 재앙이지만 이스라엘이 거하는 고센 땅은 내리지 아니하였습니다.(출 10:23 ; 9:6, 26, 8-22) 모두가 하나님의 인도하심과 보호 때문입니다.

2) **하나님은 그의 백성들을 독수리 새끼를 그 어미가 훈련하듯이 훈련시키십니다(신 32:10-11).**

① 훈련은 보호와 안위가 약속된 일입니다. 사람이 군사훈련을 받고 경찰이 훈련을 받는 모든 일들은 국가의 안위와 생명과 재산을 보호하기 위한 일들이 듯이 하나님께서는 택한 백성을 보호하시는 차원에서 훈련을 시키셨습니다(신 32:10-12). 그리고 눈동자 같이 보호해 주셨습니다(시 17:8).

② 개인도 국가도 훈련은 미래를 밝게 합니다. 훈련 받을 때에는 힘들고 어렵습니다. 목마름, 땀 흘림, 배고픔, 답답함, 이방의 유혹들이 있을지라도 훈련 후에는 미래가 있기 때문에 고난당하는 것이 유익입니다(시 119:71). 성도가 세상에서 훈련받는 것은 거룩한 백성의 특권입니다.

2. 이스라엘을 하나님의 것이라고 하셨습니다.

소유격을 말씀할 때, 하나님의 것이라는 말씀입니다. (5절) '세계가 다 내게 속하였나니 너희가 내 말을 듣고 내 언약을 지키면 너희가 열국 중에서 내 소유가 되겠고' 했습니다.

1) 하나님을 믿는 자는 하나님의 소유입니다.

성경이 밝혀 주는 진리입니다.
① 너는 내 것이라(사 43:1)하였습니다(you are mine). 모두 하나님의 백성인바 양과 같이 제 길로 갔어도(사53:6) 지렁이같이 나약해도(사 41:14) 하나님의 백성입니다.
② 왜 우리가 하나님 백성입니까? (창 1:27-28) '하나님의 형상' 대로 지으셨기 때문입니다. (요 1:12) '예수를 믿고 영접했기' 때문입니다. (시 139:13-14) '나를 지으셨기' 때문입니다. (사 63:16) '우리 아버지이시기' 때문입니다. (롬 8:14-15) '하나님의 영으로 인도받고 양자' 되었기 때문입니다.

2) 하나님의 것이기 때문에 기억해야 합니다.

내 주인이 하나님이심을 분명히 해야 합니다.
① 세상사 내 마음대로 살아간다면 곤란합니다. 내 주인이 하나님이시기 때문에 하나님의 뜻에 따라서 살아가야 합니다. 내 모든 것뿐 아니라 생명도 하나님의 것입니다. 그래서 자살하는 것은 크나큰 범죄 행위입니다.
② 주인이 하나님이시기 때문에 모든 것을 맡겨야 합니다. 주인이 모두 책임져 주시기 때문입니다. 생명연장, 건강, 재산, 하나님의 것이기 때문입니다. 431장을 지은 슈몰크(B. Schmolck)목사님은 집에 불이 나서 모두 잿더미가 된 상태 가운데에서 이 찬송을 부르게 되었습니다.

3. 축복된 나라 제사장 나라로 삼으시겠다고 약속 하였습니다.

(6절) '너희가 내게 대하여 제사장 나라가 되며 거룩한 백성이 되리라' 하셨습니다.

1) 제사장의 위치는 축복입니다. 제사장직은 분명히 축복의 지위요 위치입니다.

① 하나님의 소유인 백성을 이끌어 가는 위치입니다. 예수님은 대제사장으로 이 땅에 오셨고 유대인에게서 구원이 난다고 하였습니다.(요 4:22)

② 영적으로 유대인 된 모든 믿는 성도에게 제사장이라고 축복해주셨습니다.(벧전 2:9)

2) 역사적으로 축복받은 나라들을 보시기 바랍니다.

서양 국가들이요 성경을 먼저 받은 나라들입니다.
① 그들은 일찍부터 성경을 받았고 축복을 받았습니다. 그리고 세계역사를 이끌어 가는 선진 국가들이 되었습니다.
② 대한민국이 성경을 믿으므로 축복받고 살고 있는 나라입니다. 전쟁과 침략을 받음과 가난과 문제투성이의 나라가 1등 국가가 된 것은 예수님 때문이요, 성경 때문입니다. 이러한 나라로 살기로 축복합니다.

결론 : 예수 잘 믿는 길은 축복의 길입니다.

충성
그의 몸 된 교회를 위하여
(골1:24-29)

마치 무엇인가에 쫓기듯이 바쁘고, 정신없이 살아가는 것이 현대인의 삶의 모습입니다. 사막에 나타나는 신기루 현상과 같은 일들을 잡으려고 정치, 경제, 사회의 각 분야 마다에서 살아갑니다. 그런데 성경 전도서에는 이 모든 것이 바람을 잡으려는 헛된 일이라고 정의를 내리게 되었고(전1:2), 결국에는 하나님께서 모든 일에 대해서 심판하신다고 하였습니다(전12:13-14).

초대교회에서 온 몸을 던져서 선교하였던 사도바울은 예수를 알고 난 이후에 모든 것을 배설물로 버리게 되었고(빌3:7-8), 본문에서 보여주듯이 몸 된 교회를 위하여 그리스도의 남은 고난을 자기 육체에 채우노라고 고백하였습니다. 그 바울사도는 살아도 주를 위해 살고, 죽어도 주를 위해서라고 이미 선포한 바가 있으며(롬14:8) 에베소서에서는 '주께 기쁘시게 할 것이 무엇인지 시험해보라' (엡5:10)고 전했습니다(and find out what pleases the Lord). 바울의 이와 같은 생애를 건 신앙고백을 통해서 은혜를 나누게 됩니다.

1. 육체의 모든 생애로 헌신해야 합니다.

사도바울은 예수를 안 다음부터는 육체의 모든 생애로 몸 된 교회를 위해서 헌신하였습니다.

1) 어느 한 부분만 드리는 부분제(part-time)가 아니라 전체를 다 드리는(full-time) 헌신이었습니다.

(24절) '그리스도의 남은 고난을 그의 몸 된 교회를 위하여 내 육체에 채우노라' 하였습니다. 복음 전하다 발생하는 모든 고난을 육체에 채우면서 살았습니다.
① 주님의 몸 된 교회를 위하여 받게 되는 고난을 달게 받는 것입니다. 입으로만 사랑하고 입으로만 섬기는 논리가 아니라 육체에 고난이 따르더라도 그 고난을 달게 여기면서 헌신하고 봉사하는 생활입니다. 교회 안에는 여러 가지 종류의 사람들이 있습니다. 방관하거나 구경꾼이 있는가하

면 몸으로 달려들어서 헌신하는 사람입니다.
② 교회가 부흥하고 헌신하는 것은 이와 같은 충성에서 비롯됩니다. 바울이 몸으로 모든 고난을 겪고 나가게 될 때에 복음이 전파되었고 교회는 믿는 자가 날마다 더하게 되었습니다. 한국교회든, 해외 다른 나라의 교회든지 간에 부흥하고 성장하는 교회들의 배후에는 헌신자들이 있음을 특징적으로 보게 됩니다.

2) 교회를 사랑해서 몸으로 뛰는 것은 무엇이 부족해서가 아니라 주님을 사랑하기 때문입니다.

① 바울의 경우를 보시기 바랍니다. 바울이 세상적 배경이나 어떤 실력이 부족해서가 아니라 주님의 교회를 사랑하고 주님을 사랑하는 사랑에서 헌신이 비롯된 것임을 말해줍니다. 주님을 사랑합니까? 물어보면 '예'라고 대답하지만 실제 생활에서는 사랑의 증표가 나타나지 않는다면 그 사랑의 대답은 문제가 있습니다. 바울은 목 베임 당하였고, 베드로는 거꾸로 십자가형을 당하였고, 도마는 쇠창살에 찔려 죽임을 당하였습니다.
② 우리는 생각을 바꾸고 방향을 수정해야 합니다. 세상에서 부족함이 없는 사람들이 교회에서 식사당번하며 주차장 관리를 하며 무엇이 아쉬운 듯이 약한 신자를 위해서 굽실거리는 것입니까? '하나님의 교회를 위해서'라는 전제가 아니면 어려운 일입니다. '그리스도의 남은 고난을 내 육체에 채우노라' 하였습니다.

2. 교회의 일군이 된 것은 하나님의 뜻 안에서 주신 것입니다.

교회 안에서의 직분이 사람에게서 주어지는 것이 아닙니다.

1) 교회의 일군이 된 것은 하나님께서 주신 것입니다.

(25절) '내가 교회의 일군이 된 것은'이라고 하였습니다.
① 하나님의 뜻을 이루시려고 내게 직분을 주신 것입니다. '경륜을 따라' 라는 뜻은 하나님의 뜻과 섭리에 따라서 주신 것임을 밝히는 것입니다. 따라서 교회에서는 내 의견, 내 주장을 펼치는 곳이 아니라 하나님의 뜻을 따라서 신앙생활을 하는 곳입니다.

② 무슨 일을 하든지 '하나님 앞에서' 라는 전제가 있습니다. 모든 운동경기에는 심판이 있듯이 나를 심판하실 분은 하나님이십니다. 심판의 눈에 나면 실격을 당합니다. 우리는 하나님 앞에서 일해야 합니다.

2) 교회는 주인이 하나님이시기 때문에 하나님의 교회입니다.
내 뜻이나 주장을 펼치는 곳이 아니라는 사실입니다.
① 무슨 일이 있든지 먼저 하나님의 뜻을 생각해야 합니다. 이것이 좋은 신앙이요, 좋은 교회입니다. 교회 안에서는 내 의견이 있어도 상대방 의견이 좋으면 따라가는 곳이 주님의 교회가 되어야 합니다.
② 예수님 자신이 그러하셨습니다. (마26:39-)내 원대로 마옵시고 아버지의 원대로 하옵소서. (행16:7) 바울 역시 자기 계획대로가 아니라 성령께서 이끄시는 대로 선교하였습니다. 이것이 주님의 교회입니다. 그래서 국내 목회 25년, 30년 목회를 접고 선교지로 떠난 목사님도 보았습니다.

3. 교회 일은 최선을 다하되 지혜를 모아야 합니다.
(29절) '이를 위하여 나도 내 속에서 능력으로 역사하시는 이의 역사를 따라 힘을 다하여 수고하노라' 고 하 였습니다.

1) 내가 할 수 있는 최선을 다해야 합니다.
① (딤후2:1-)운동선수, 군인, 농부가 최선을 다하듯이 해야 합니다.
② 교회생활은 최선을 다하는 모습이 필요합니다. 예배, 헌금, 기도, 봉사, 전도, 선교 모두가 최선을 다해야 합니다.

2) 여기에는 지혜가 필요합니다.
그래서 지혜를 구하라고 권면했습니다(약1:5-6).
① 바울도 지혜로 일했다고 하였습니다(28절). 이 지혜는 세상적 지혜가 아니라 하나님의 지혜(God's secret wisdom)라고 하였습니다(고전2:6-7).
② 하나님의 교회 생활에는 반드시 지혜로움이 요구됩니다. 같은 일이라도 지혜가 부족할 때에 문제가 생기게 됩니다. 교회 일군들은 특별한 지혜로 일하게 되시기를 주의 이름으로 축원합니다.

결론 : 몸 된 교회를 위해서입니다.

충성
우리 집이 교회가 되게 한 사람들
(고전 16:15-20)

세계 도처에 흐르고 있는 거대한 강물도 거슬러 올라가 보면 깊은 산 계곡에서 작은 물줄기가 시작되어 거대한 강이 되고 생명들의 젖줄이 됩니다.

거대한 제국을 이루었던 로마도 거슬러 올라 가보면 B, C 700년 전에 로물러(Romuler)라는 사람에 의해서 시작되었다고 전합니다. 성경은:(욥8:7) '네 시작은 미약하였으나 네 나중은 심히 창대하리라 청컨대 너는 옛 시대 사람에게 물으며 열조의 터득한 일을 배울찌어다' 하였습니다.(Your beginnings will seem humble, so prosperous will your future be) 지나간 이천여 년 간 세계 속에 역사하였고 지금도 세계를 향하여 구원의 복음을 전하는 거대한 세계적 교회로 역사하고 있는데 이는 성경에서 예언한 바와 같습니다(겔 47:1-12). 예수 그리스도는 보잘것없는 말구유에서 태어나셨으나 십자가 복음으로써 온 세상을 덮었고 계속 진행 중에 있습니다.

고린도 교회는 A, D 50여 년에 바울에 의해서 설립되었는데 지금도 고린도에 가보면 바울 기념교회가 있고 역대 목회자들이 있는데 초대 목회자가 바울로 되어있습니다. 사도행전 18장에 보면 고린도교회가 시작하는 상황 설명이 나옵니다. 롬 16:3절 나오는 아굴라와 브리스가의 집에서 교회가 시작되었음을 보여주는데 작은 집에서부터 거대한 교회로 세워지게 되었는바 여기에서 은혜를 받게 됩니다.

1. 가정집에서 교회가 시작 되게 한 사람입니다.
신약교회는 어느 교회든지 간에 처음에는 작은 곳에서 시작되었습니다.

1) 내 집에서 교회가 시작된 사람들을 보시기 바랍니다.
구약에는 대표적으로 노아의 집이나 방주가 교회였고 아브라함은 좋은 예로써 그 물줄기가 구약과 신약의 온 땅을 기름지게 했습니다.

① 스데바나의 집은 신약교회의 좋은 예가 됩니다. (15절) '형제들아 스데바나의 집은 곧 아가야의 첫 열매요 또 성도 섬기기로 작정한 줄을 너희가 아는 지라' 하였고, 18절까지 계속 이어지는 설명을 보시기 바랍니다. 사도바울로써는 이들을 잊지 못할 명단에서 소개하였습니다.
② 아굴라와 브리스가 부부 가정입니다. 이들에 관해서는 사도행전 18장에 소개 하였거니와 오늘 소개하는 본문 19절에서 이렇게 소개 했습니다. '아굴라와 브리스가와 및 그 집에 있는 교회가 주 안에서 너희에게 간절히 문안하고' 하였습니다. "그 집에 교회가 있는 집"입니다. 폴랜드(Poland)가 카톨릭 국가로써 기독교회를 세우기가 힘든 곳인데 김헌종 선교사가 육군대령 무관으로서 근무하면서 교회를 개척할 때에 참사관 집사님 집에서 예배를 시작했는데 지금은 교회가 우뚝 세워져 있음을 봅니다.

2) 신약 여러 곳에서 교회가 시작된 집들을 소개합니다.

이 집에서 복음이 전파되고 이방으로 전하러 가는 전초기지의 역할 했던 곳들 입니다.
① 신약교회가 시작한곳도 다락방이였습니다. 예수님이 자주 모이시는데 사용되었고 최후의 만찬과 최초의 기도장소요 성령이 임한 마가의 다락방입니다.(행 1:14-15, 2:1,12:12)
② 가이사랴에 있는 고넬료의 집입니다. (행 10:1-) 가이사랴의 고넬료는 온 집으로 더불어서 하나님을 예배하였고, 기도하였고, 구제하였고, 베드로를 초청해서 말씀을 들었던 모범적인 가정교회였습니다. 이곳이 이방 선교지의 시발점이기도 했습니다.(행 11장)
③ 옥중에서 낳은 오네시모와 그 주인된 빌레몬이 주축이 되어서 골로새 교회가 세워지게 되었습니다. 오네시모는 사랑받고 신실한 그리스도인이 되었습니다.(골 4:9)
④ 빌립보교회는 이방교회의 좋은 예에 속합니다(행 16:40). 먼저 만난 루디아와 옥중에서 만난 옥사장이 돌아와서 교회가 세워지는데 주님이 바울과 실라를 그곳에 보낸 이유였습니다.
⑤ 한국교회의 출발에서도 보면 지금은 대형교회이지만 처음에는 가정에서부터 시작된 교회들이 많습니다. 가정에서 출발한 교회들의 모습입니다.

2. 가정을 교회로 출발시킨 사람들의 신앙적 특징을 봅니다.

교회가 되게 한 가정들의 모습을 눈여겨 보시기 바랍니다.

1) 이들은 모두가 영적으로 무엇인가 충실한 사람들이였습니다.

영적으로 무엇인가 충실한 사람이 되시기 바랍니다.
① 스데바나의 경우를 보겠습니다. (15절) 섬기는 일에 충실한 사람이었습니다.(마 20:28; 롬 12:7참조)
② 타인의 부족을 채워주는 신앙이었습니다.(17절) '저희가 너희의 부족한 것을 보충하였음이니라' 하였습니다.
③ 시원한 신앙의 소유자였습니다. (18절)' 저희가 나와 너희의 마음을 시원케 하였으니' 했습니다. 교회에는 시원한 사람이 필요하고 답답한 사람만 있으면 곤란합니다.
④ 온 가정이 더불어서 하나님을 경외한 집입니다. (행 10:2) 주의 교회 일은 온 가족의 협력이 필요합니다.
⑤ 복음위해서 인정받은 사람들입니다. (롬 16:4) 목이라도 내놓고 일하며 섬기던 사람입니다.
⑥ 주의 약속을 믿는 사람입니다. (행 1:14) 믿고 기도할 때에 120문도에게 성령이 임하시게 되었습니다.
⑦ 물질로써 헌신 했습니다. (골로새교회의 빌레몬) 빌레몬은 부유한 자로써 골로새교회가 세워질 때에 공헌한 사람입니다.

2) 이들은 세상적인 일보다 교회위해서 주님이 사용하신 사람들이 되었습니다.

평생에 어떤 일에 인생을 투자하고 사십니까?
① 내 인생이 복음 위해서 사용되는 인생이 되십시오. 이보다 가치 있는 일은 없을 것입니다.
② 내 집을 통해서 교회가 더 견고히 세워지게 하십시오. 이것은 이 세상과 천국에까지 빛나는 일입니다.

3. 내 집에서부터 교회가 세워지고 부흥케 해야 합니다.

여러 가정을 보았습니다만 우리 집은 교회에서 어떤 위치인가요?

1) 우리 집이 교회의 부흥에 투자되고 헌신된 집이 되게 하십시오.

혹시라도 반대로 가룟유다와 후메내오와 알렉산더가 되면 곤란하고(딤전 1:19) 디오드레베도 곤란합니다.(요3서 9절)

① 내 집을 통해서 교회가 부흥되고 세워지게 하십시오. 이 땅에서만 아니라 천국에 까지 축복이 됩니다.
② 내 집에서 교회가 세워지게 된 예를 보십시오. 구역에서 기관에서 부서에서 내 집에서부터 출발점이 되게 하시는데 구역예배는 특히 좋은 예가 됩니다. 구역예배에 충실하십시오.

2) 내 집이 교회가 되게 해서 축복받은 사람들을 보십시오.

하나님은 축복해 주십니다.

① 마가의 축복은 그 집에서 시작되었습니다. 베드로의 통역관으로써 마가복음을 기록한 사람이 되었습니다.
② 폴란드의 참사관을 지낸 집사님은 승진했습니다. 오벧에돔을 보는 듯합니다(삼하 6:11).
③ 아버지가 밭을 바쳐서 흙벽돌 찍어 예배처소로 사용했던 분은 아들이 목사가 되어서 인천지역에서 큰 교회를 이룩한 간증도 있습니다. 교회 성도들이 하나같이 이렇게 축복받게 되시기를 주의 이름으로 축원합니다.

결론 : 내 집에 교회가 세워지게 하십시오.

충성

재림 때 칭찬인가, 책망인가?
(마24:45-51)

성경에서 세상은 두 가지 종류의 사람으로 분류해서 말씀하였습니다. 곡식으로 말하면 알곡과 쭉정이요(마3:12), 짐승으로 비유한다면 양과 염소요(마25:31-), 혼인집으로 말하면 준비된 슬기로운 다섯 처녀와 준비치 않은 미련한 다섯 처녀요(마25:1), 그물 속에 잡힌 어족으로 말하면 쓸 만한 고기인가, 아니면 버릴 수밖에 없는 쓰레기인가?(마13:47-48) 또, 곡식 등으로 말하면 곡식인가 아니면 가라지에 속한 존재인가요(마13:25-30), 일군으로 말하면 주인이 주신 달란트(Talent)를 잘 활용해서 유익을 남긴 사람인가, 아니면 꽁꽁 묶어서 방치해 놓은 어리석은 사람인가?(마25:14-21)를 비유적으로 말씀하신 것은 인생 역시 하나님 앞에 설 때가 반드시 오게 되는데 이른바 천국에 입성할 사람인가? 아니면 영원한 지옥에 들어갈 사람인가를 판가름하게 됩니다.(눅16:19-31)

이제 모든 돌아가는 일들을 보아서 주께서 말씀하신 재림의 때가 다가오는데 우리는 어떤 사람이 되어야 하겠는가?(벧후3:11) 말씀을 통해서 우리의 현실을 다시한번 조명해 봅니다.

1. 주께서 재림하실 때에 충성된 자 편에 서있어야 합니다.

충성된 사람과 불충한 자를 가르는 일이 시작될 것입니다.

1) 어떤 종류의 사람이 충성된 자라고 하셨습니까?

성경이 말하는 충성된 사람의 현장을 보겠습니다.

① 큰일도 충성하지만 작은 일에도 충성된 사람이 되어야 합니다. 대개의 사람들은 큰 것은 바라지만 작은 일에는 무관심할 때가 많이 있습니다. 교회 일 역시 마찬가지로 나타나게 되는데 달란트 비유(Talent)에서 예수님은 분명히 지적해 주셨습니다.(마25:21) "지극히 작은 것에 충성된 자는 큰 것에도 충성되고 지극히 작은 것에 불의한 자는 큰 것에도 불의하니라"(눅16:10) 하셨습니다. 사람들이 '제일' '큰' '대형' 등 이런 단어는 좋아하지만 작은 것은 별로로 여기는 심리입니다. 그러나 성경의 개념은 반대로 생각해야 합니다.

② 내가 할 수 있는 능력을 최선을 다해서 발휘해야 합니다. 내가 가지고 있는 능력을 100% 발휘했다면 잘한 것입니다. 그러나 내가 할 수 있는 능력을 60-70%만 발휘했다면 그것은 최선을 다한 것이 아니기 때문에 책망을 받습니다. 주인 되신 하나님께서 내게 주신 모든 것을 동원하여서 열매가 풍성해지기 위해서 힘써야 합니다.

2) 충성된 종은 지혜가 있어야 하겠습니다.

무엇보다 영적인 일이 교회의 사역이기 때문에 지혜가 요구됩니다.
① 그래서 솔로몬은 기도 제목이 '지혜' 였습니다. 일천번제를 드리고 하나님께서 "내가 네게 무엇을 줄꼬 너는 구하라"고 하실 때에 솔로몬은 지혜를 구하게 되었습니다.(대하1:10) 지혜로운 마음을 요구하였습니다.(왕상3:9 heart to govern your people and to distinguish) 지혜와 지식을 구하였습니다.(give me wisdom and knowledge) 그래서 솔로몬은 지혜의 왕이 되었습니다.
② 모세가 여호수아에게 안수할 때에 지혜의 신이 임하여 모세의 후계자로써의 여호수아가 되었습니다.(신34:9) 모세의 후계자로써 가나안 땅을 정복해 나가는 지혜로운 정복자요 후계자가 되었습니다.
③ 야고보서에는 주의 일군들이 지혜를 구하라고 하였습니다. "너희 중에 누구든지 지혜가 부족하거든 후히 주시고 꾸짖지 아니하시는 하나님께 구하라 그리하면 주시리라"(약1:5)하셨습니다.(it will be given to him)
④ 예수님도 지혜를 강조하셨습니다.(마10:16) 내가 너희를 보냄이 양을 이리 가운데 보냄과 같다하시면서 뱀과 같이 지혜로움과 비둘기 같은 순결을 강조하셨습니다. 성경은 지혜를 강조하였습니다.(창3:1, 시58:5, 잠3:15, 18) 본문에도 지혜로운 종을 강조하였습니다.

2. 주께서 재림하실 때에 악한 종의 편에 있지 말아야 합니다.

성경에는 충성된 종도 등장하지만 악한 종도 등장합니다.

1) 악한 종에 대해서 생각해 보겠습니다.

악한 종은 어떤 종류의 사람인가를 설명해 주셨습니다.
① 먼저 마음에 주인이 더디 오리라고 생각한다고 하였습니다. 주께서 언제

오실지는 알 수 없는 것이 사실이지만(마24:36), 그러나 성도는 깨어서 경성해야 합니다. '그러므로 깨어 있으라' (마24:42) 하셨습니다.(Therefore keep watch) 바울도 '오직 깨어 근신할찌라' (살전5:6) 라고 전하였습니다. 베드로 사도 역시 강조하였습니다.(벧후3:10-11)
② 동무들을 때리고 술친구들로 더불어 먹고 마시게 되었습니다. 천국이 목적이 아니라 세상 연락에 빠져있는 인생을 말씀했습니다. 이런 악한 종은 바람에 나는 겨와 같습니다.(시1:6)

2) 이런 악한 종은 정신 상태가 그릇되었습니다.
① 성도는 정신 무장이 중요합니다. 군인이 정신 무장이 중요하듯이 성도의 정신 무장이 중요합니다.
② 성도는 신앙 정신이 살아있어야 합니다. 충성된 사람을 찾고 계시는 하나님의 눈이 떠어야 합니다.(시101:6, 잠25:13) 다윗이 그러하였습니다.(행13:22)

3. 충성된 사람과 책망 받을 사람은 주께서 재림하실 때에 판가름 나게 됩니다.
평상시에는 분간이 잘 가지 않습니다.

1) 생각지 않을 때에 주께서 재림하신다고 말씀하셨습니다.(마24:36)
① 생각지 않을 때입니다. 그래서 도적같이 오신다고 하셨습니다.(마24:43, 막13:33, 살전5:4) 그러므로 깨어 있어야 합니다.
② 있는 상태 그대로 주님을 맞이해야 합니다. 그래서 언제나 준비된 심령으로 살아야 합니다. 문이 닫히고 나면 열리지 않습니다.(마25:11-12)

2) 재림 때에 큰 시상식도 준비되어 있습니다.(계22:12)
① 충성된 자에게 주시는 상급입니다. 교회 성도들 모두가 시상식 대열에 참여해야 합니다. 책망 받고 울며 이를 가는 사람이 없어야 합니다.
② 하나님의 심판은 공평하게 이루어지게 됩니다. 주님의 재림 때에 어떤 사람이 되어야 하겠습니까? 그때에 웃는 사람이 되시기를 축원합니다.

결론 : 재림의 때가 다가옵니다.

충성
인생의 겨울이 오기 전에 할 일
(딤후4:19-21)

세상을 살다보면 미리 준비해야 할 일들이 많이 생기게 됩니다. 학생들은 시험을 대비해야 하고 산모들은 출산 준비를 미리 해야 하는 일들 등 수없이 많습니다. 우리나라는 사계절로 이루어지기 때문에 계절이 분명한게 특징인데 가을 추수가 끝이 나면 겨울 준비에 들어가게 됩니다. 지금은 옛 추억으로만 아련하게 남아있지만 겨울이 오기 전에 지붕들을 새로운 짚단으로 이영을 엮어서 새롭게 단장하는 일이나 겨울 전에 겨울 양식으로 김장을 해서 땅에 파묻는 일도 가을에 하는 풍경이었습니다.

바울은 디모데에게 편지를 하는데 결과적으로 보면 바울과 디모데가 마지막으로 주고받은 편지였는데 그때는 겨울 직전의 문턱이었고 본문에서 겨울 전에 오라고 하면서 몇 가지 부탁까지 하게 되었습니다. 이 편지를 받은 디모데가 준비해서 배를 타려고 항구에 왔을 때는 마지막 배가 떠난 뒤였습니다. 다음 봄까지 기다릴 수밖에 없었습니다. 겨울 내내 안타깝게 기다린 디모데는 미리 준비하고 봄이 되어 첫 출항하는 배에 몸을 싣고 로마로 가게 되고 바울이 갇혀있는 옥에 가서 바울을 찾게 되지만 바울은 보이지 않았습니다. 마침 바울에게 밥을 주던 사람이 디모데를 보고 하는 이야기가 그렇지 않아도 바울이 참수 당하기 전에 디모데를 계속 찾았었는데 이제야 왔느냐고, 바울이 '내 아들 디모데가 올텐데' 했다는 것입니다. 그러나 디모데를 보지 못하고 지난 겨울에 참수 당하였다는 것입니다. 이 이야기는 성경에 없지만 미국의 신학자 중에 맥과이라는 사람이 말한 이야기입니다.

인생은 반드시 겨울이 오게 되는데 겨울이 오기 전에 마땅히 해야 할 일을 해야 하겠습니다. 본문에서 교훈을 얻게 됩니다.

1. 내가 할 수 있는 도움이 필요한 사람이 있거든 겨울 전에 도우라는 교훈을 얻게 됩니다.

인간은 나 홀로라는 독불장군식의 생애는 없습니다. 서로가 돕고 도움을 받으며 살아가게 됩니다. 바울은 추운 겨울이 오기 전에 디모데가 보고 싶었고 필요한 것들을 디모데가 올 때에 주문했었습니다.

1) 이런 애절한 바울에게 기대한 만큼 도움을 주지 못하고 본의 아니게 문제가 생겼습니다.

그 후에 디모데로서는 바울을 생각할 때마다 가슴이 아팠을 것은 당연한 사실이었을 것입니다.

① 매사가 기회가 있고 때가 있는데 그 기회와 때를 놓치지 말아야 합니다. 기회를 놓치고 후회하는 일들이 생각 외로 많이 있습니다. 시골에서 올라온 후에 섬기던 교회의 목사님이 은퇴 이후에 90세가 되어 가실 때에 찾아뵙고 용돈도 드리고 좋아하시는 평양냉면도 사드리고 할 때에 '김 목사야! 고맙다' 하시던 말씀이 지금도 귓전을 때리는데 지금은 천국에 계시기에 뵈올 수 없습니다. 기회를 사라고 했습니다.(엡5:16 making the most of every opportunity, because the days areevil) 매사에 기회가 있는데 은혜 받는 것도(고후6:1-2), 선한 일을 하는 것도(전11:1), 주의 일 하는 것도(전12:1) 때가 있습니다.

② 그런데 그 기회는 뱀장어 꼬리와 같아서 삽시간에 빠져나가게 됩니다. 상황적으로 보았을 때에 이제 할 수 없었지만 디모데는 천추의 한이 되었습니다. 바울이야 천국에서 영화를 누리겠지만 디모데는 살아가는 동안에는 한이 되었을 것이 분명한데 그러므로 남에게 하는 것이 자기에게 하는 것입니다.

2) 우리는 받을 줄만 알았지 베풀 줄을 모르는 것이 현실입니다.

받는 것도 좋지만 줄 줄 아는 것에 인색치 말아야 합니다.

① 예수님은 남에게 주라고 하셨습니다. 하나님은 이 세상에 예수님을 아낌없이 주셨습니다. 주는 자에게 더 풍성하게 채워주십니다.(눅6:38) 예수님께 드린 사람들의 이야기를 보십시오.(마14:17, 21:1-)

② 내가 심게 되면 내가 필요할 때에 얻게 됩니다. 따라서 내가 할 수 있을 때에 기회를 사서 주는 것이 복입니다. 예수님이 말씀하신 황금률(Golden Rule)을 보시기 바랍니다.(마7:12)

2. 상대방에게 겨울이 오기 전에 사랑한다고, 감사한다고 말을 하라는 교훈을 얻게 됩니다.

바울이 갇혀있던 감옥에 디모데가 찾아갔을 때에는 바울이 이미 이 세상 사람이 아니었을 때였습니다. '바울선생님! 사랑합니다. 감사합니다' 라고 외쳤지만 소용없습니다.

1) 인생의 겨울이 오기 전에 해야 할 일들입니다.
① 인생의 겨울이 오면 하고 싶어도 할 수 없을 때가 옵니다. 신학교 때에 조직신학에 눈을 뜨게 해주셨던 은사이신 고 최순직목사님이 북에서 내려오게 되었는데 북에 혼자 두고 온 어머니 생각에 수업시간이면 눈시울이 붉던 모습이 선합니다. '어머니' 하고 외쳐도 어머니는 대답이 없으시다는 것입니다.
② 동토의 겨울은 누구에게나 오게 됩니다. 겨울이 오기 전에 서로 감사하고 사랑한다고 해야 합니다. 더욱이 효라는 것은 돌아가시고 나면 할 수가 없는 일입니다.

2) 지금보다 늦기 전에 할 일을 해야 합니다.
지금도 늦었다고 생각한다면 더욱 해야 합니다.
① 늦게 되면 할 수가 없기 때문입니다. 영국의 유명한 문필가인 칼라일이 40년 간 함께 한 부인이 죽은 후에 부인이 남긴 일기장을 발견하는데 그 일기 속에 '당신은 오늘도 타이프 찍는 소리만 나는구려! 이 밤도 혼자 자야하겠군요' 라는 일기 앞에 대성통곡하는데 '미안해 여보 미안해!' 하지만 한번 간 부인은 들을 리가 없었다고 했습니다.

② 따라서 범사에 감사와 사랑하는 마음의 표현은 그리스도인들이 언제나 해야 할 일들입니다. 늦기 전에 해야 합니다. 저녁에 잠든 사이에 아침에 또 볼 수 있을지 모르는 일이며 아침에 집을 나간사람을 밤에 또 볼 수 있을 지는 아무도 모르는 일입니다.

3. 하나님께 받은 은혜와 축복을 겨울 전에 보답하라는 교훈이 됩니다.

인생의 겨울이 오기 전에 할 일일 것입니다.

1) 이미 우리는 많은 은혜와 축복을 받았습니다.

겨울 전에 감사해야 합니다.
① 받은바 은혜와 축복에 대해서 내가 보답할 차례입니다. 185장의 헤버갈 (F.R.Havergal)은 벽에 걸린 예수님이 십자가에 달린 모습을 보면서 찬송했습니다. '내 너를 위해 몸을 주건만…'
② 때가 늦으면 할 수가 없습니다. 기회를 놓치고 후회하고 가슴 아파하는 일이 많이 있습니다.

2) 주님은 오늘도 우리에게 말씀하십니다.

'아무개야! 네 손길이 필요하구나' 하십니다.
① 이사야처럼 대답해야 합니다.(사6:7) 주님의 요구에 내가 대답할 차례입니다.
② 디모데야 겨울 전에 어서 오라 했습니다. 상황이라고 하겠지만 디모데는 평생을 울었을 것입니다. 누구에게나 오는 인생의 겨울이 오기 전에 보답하시기를 축원합니다.

결론 : 인생의 겨울은 옵니다.

평안

주님을 보고 안심하라

(마9:1-8)

이 세상에는 언제 어디든지 위험한 일들이 도사리고 있습니다.

각종 자동차 사고, 물놀이 사고, 비행기 사고, 등을 비롯해서 인재와 천재가 일어나서 사람들이 위험에 노출되어 있는 상태로 살아갑니다. 또한 세계 각국에서 개발해 놓은 무서운 무기들이 언제 사용되어질지 모르는 위태로운 상황이 현재 세계의 흐름입니다.

본문은 예수님께서 중풍병자를 고치시는 자리에서 하신 말씀인데 '안심하라' 하시고 그의 질병을 치유해 주셨음을 보게 됩니다.

현대인들은 각종 질병, 사고, 전쟁, 기아 등 예측할 수 없는 불안정 된 세상 속에서 불안과 공포 속에 살아가는 것이 현실입니다.

예수님은 이와 같은 인생들에게 말씀하십니다. '안심하라'!고 하시는 바 본문에서 은혜를 나누게 됩니다.

1. 중풍병자에게 이르시되 안심하라 하십니다.

중풍병자는 요즈음 말로 의학적 표현은 뇌졸중으로서 누구에게나 가능성이 있는 무서운 병입니다. 특히 성경에는 많이 소개 되었습니다.

1) 뇌졸중이라는 이 중풍병은 성경에서 죄 때문에 오는 경우가 많았습니다.

예컨대 요한복음 5장에 나오는 38년 된 병자 역시 결국 죄 때문에 이런 병으로 38년씩이나 누워있었습니다.(요5:14).

① 베데스다 연못가에 수많은 병자들이 있었는데 38년 된 병자는 유독하게 예수님의 눈에 띄게 되었습니다. 그리고 예수님께서 치유해 주셨는데 후에 성전에서 그 사람을 만나신 예수님은 '그에게 이르시되 보라 네가 나았으니 더 심한 것이 생기지 않게 다시는 죄를 범치 말라' (요5:14)고 하셨음을 보아서 이 사람의 고약한 38년간의 질병은 죄 때문에 왔음을 보

여 줍니다. 죄는 인간에게 각종 질병과 고통을 당하게 하고 (창3:6) 결국 인간은 흙에서 왔으므로 흙으로 돌아가게 됩니다(창3:19).
② 본문에서 예수님은 치유하시기 전에 죄 문제부터 다루셨습니다. (2절) '이르시되 소자야 안심하라 네 죄 사함을 받았느니라' 하십니다.(Take heart, son; your sins save are forgiven) 죄 문제부터 다루시고 죄 용서하시며 질병을 치유해 주셨습니다. 예수님은 구원주로 오셨고 (마1:21), 우리 죄 때문에 죽으시고 부활하셨으며 (롬4:25), 십가가 위에서 모두 이루셨습니다(요19:30). 예수님 안에서는 정죄함이 없으며(롬8:1-2), 모든 죄에서부터 자유가 선포되었습니다(요8:32, 갈5:1). 그러므로 안심하라 입니다.

2) 예수님은 질병의 원인이 죄 때문에 왔음을 지적해 주신 것입니다.

죄 때문에 질병 뿐 아니라 모든 문제가 발생하였다면 죄 문제가 해결됨으로써 예수안에서는 안심이요 해방이 된 것입니다. 세상의 일은 물론이고 사후의 문제까지 안심하게 된 것입니다.
① 예수님을 모시고 평안해지면 질병에서도 자유요, 온갖 공포가 변해서 평안이 옵니다. 예수 안에 참 평안과 웃음이 찾아옵니다. '노먼커슨즈'는 말하기를 웃음은 체내의 조깅과 같다고 하였습니다. 미국 하버드의대가 밝힌 100세까지 사는 건강한 장수법에 의하면 긍정적사고이며 낙천적인 결과라고 조사 되었는데 예수님 안에서 우울증, 불안감 모두 몰아내고 예수님이 말씀하십니다. 아무개야! 안심하라! 하십니다. 하버드의대의 '허버트 빈스' 박사가 지적하기를 아침 일찍 교회에 나와서 기도하는 사람은 그렇지 않은 사람과 비교할 때 스트레스가 적고 병에 걸릴 확률이 적고 혈압이 안정되고 면역 기능이 강화된다고 하였습니다.
② 믿는 우리 성도들에게는 든든한 배경이 있습니다. 예수님이 십자가 위에서 모두 해결해 주셨기 때문에 모든 문제는 주님께 맡기고 (시137:5, 벧전5:7) 안심해야 합니다. 487장 찬송을 부른 스크라이븐(J. Scrievn)은 어머니가 심한 병에 걸려 어려울 때에 조용히 무릎을 꿇고 골방에서 부른 찬송이 '죄 짐맡은 우리구주' 였습니다. 주님은 오늘도 말씀하십니다. 안심하라!.

2. 현재 고통 중에 있어도 안심하라 하십니다.

현재 고통 중에 있어도 아직 끝난 것이 아닙니다. 과정일 뿐입니다.

1) 현재 당하는 고통 역시 주님이 모두 아십니다.

예수님이 가장 가까운 현장에서 지켜보고 계십니다.

① 예수님이 타신 배에도 풍랑이 찾아 왔습니다.(마8:23-27, 마14:22) 예수님이 타고계신 배에도 풍랑이 일어서 고통이 왔듯이 예수 믿는 생활에도 때로는 고통이 임할 수도 있지만 안심해야 합니다. 그 파도는 말씀 한마디에 곧 잠잠하게 됩니다.

② 예수님을 찾아갔던 여인은 혈루병에서 해방 되었습니다. 12년을 혈루병으로 앓던 여인이지만 예수님 곁에 찾아 갔고 그의 옷만 만져도 낫겠다는 믿음을 가지고 만지게 될 때에 낫게 되었습니다. (마9:22) '딸아 안심하라 네 믿음이 너를 구원하였으니 평안히 가라' 하셨습니다.

2) 내 인생이 주님 손에 붙들리기만 하면 문제는 쉽게 해결됩니다.

무서운 병에서부터 사소한 문제라도 주님께 맡겨야 합니다.

① 문제가 아무리 커도 주님 앞에는 큰 것이 아닙니다. (눅1:37) "대저 하나님의 모든 말씀은 능치 못하심이 없느니라"(For nothing is impossible with God)

② 주님은 지금도 내 편에서 일하고 계십니다. (요5:17) '아버지가 일하고 계시기 때문에 나도 일 한다' 고 하십니다. 그리고 나를 위해서 기도하고 계십니다.(롬8:26, 34)

3. 예수님을 구주로 믿는 사람은 모든 일을 안심해야 합니다.

이것은 다름 아닌 믿음(Faith)이기 때문입니다.

1) 분문을 비롯해서 예수님은 모든 기적의 현장에서 믿음을 강조하셨습니다.

(2절) '예수께서 저희의 믿음을 보시고' 라고 하셨습니다.

① 믿음이 중요한 요소였습니다. 믿음만이 해결책입니다.(막2:5, 요11:40)
② 본인의 믿음도 중요하지만 때때로 옆에서 돕는 자의 믿음 역시 중요합니다. 옆에서 부정적이라면 곤란해지게 됩니다. 워싱턴(Washington. D.C)에 있는 내과 전문의인 매슈스 박사는 처방전에 성경구절을 인쇄해서 처방을 해준다고 합니다. 신앙의 힘이 질병을 이기게 됩니다.

2) 현재 어려운 중에 계십니까? 주님 믿으시기 바랍니다.

① 내 안에 주님이 계시기 때문입니다. 하나님은 내 생각까지 통촉하십니다.(시139:2) 그래서 내 필요까지 아십니다.
② 예수 그리스도를 확실히 믿고 의지해야 합니다. 병원에서 수술환자가 의사를 믿고 몸을 맡기듯이 성도는 모든 일을 하나님께 맡길 때에 안심과 평안이 올 줄 믿고 안심하게 되시기를 주님의 이름으로 축원합니다.

결론 : 주님은 말씀하십니다. 안심하라!

평안

평안히 가라 하십니다

(눅8:43-48)

지금처럼 발전된 시대에 지식과 물질문명이 최고도로 자랑하는 때에도 사람들이 원하는 것은 '평안'(peace)이라는 단어입니다. 홍수 속에 목마름이요 군중 속에 고독이라는 말과 같이 사람들은 무엇인가 영적, 정신적으로 병들고 상처 나고 방황하는 일이 많습니다. 그래서 이사야 선지자나(사55:1) 수가성 여인과의 대화에서 예수님은 세상이 주는 물이 아니라 예수님께서 주시는 생수를 마실 것을 강조하셨습니다.(요 4:13-; 요8:37)

본문 기사는 12년을 혈루증으로 앓던 여인이 예수님께 와서 고침 받고 예수님이 파송 보내실 때 주시는 말씀입니다. 유출병은 부정한 병이었지만(레15장) 주님은 그를 치료하시고 평안을 약속해 주셨는데 예수님께 온자에게 약속하시는 축복인바 본문에서 은혜를 받게 됩니다.

1. 이 여자의 질병은 낫지 못할 병이었습니다.

소위 세상 학식으로는 불치의 병이었던 것인데 예수님께 와서 12년의 고생이 끝이 나는 순간을 체험하게 된 것입니다.

1) 세상에는 세상 의학적으로는 불치의 병이 있기 마련입니다.

이 여자의 경우가 이런 경우입니다.(43절) '아무에게도 고침을 받지 못한 여자'라고 하였습니다.

① 세상에는 불치의 질병들이 있습니다. 사람이 살아가면서 제일 슬픈 일이 있다면 배고픈 일이 될 것이고 또 한 가지는 병들었을 때의 일인바 그래서 주님은 하나님의 교회가 약한 자를 돌아보라고 강조해주신 적도 있습니다.(마 25:31-) 예수님께 오면 치료의 역사가 일어나게 됩니다.

② 사람의 능력은 한계가 있고 끝이 있습니다. 예수님은 말씀해 주셨습니다.(마 5:36) '네가 한 터럭도 희고 검게 할 수 없음이라' 하였습니다.(And do not swear by your head, for you cannot make even one hair white or black) 그러나 하나님은 우리의 머리털까지 모두 세시고 계십니다.(마 10:30) 그리고 그의 말씀은 능치 못하심이 없습니다.(눅1:37 For nothing is impossible with God) 예수님의 옷을 만지기만 하여도 낫게 되었습니다.

2) 이 여인은 12년간 모진 고초를 모두 겪게 되었습니다.
긴 병에 효자가 없는데 그가 당한 고초는 말로 다 할 수 없었습니다.
① 많은 의원에게 괴로움을 겪었습니다. 명의가 있을 때에 그냥 명의가 아니라 실험을 많이 해서 경험을 쌓게 될 때에 명의가 되는데 그 어간에 당하는 환자는 큰 고통을 겪게 됩니다. 그래서 전쟁 중에 의학이 발달하기도 합니다. 예컨대 독일이나 일본이 그랬습니다.
② 있던 재산 모두 날아가 버렸습니다. 고금을 막론하고 병이 많으면 재산도 비례적으로 날아갑니다. 이 여자는 낫기는커녕 있던 재산도 모두 소비해 버렸습니다.(43절) 마가에는(5:25-) "많은 의원에게 많은 괴로움을 받고 있던 것도 다 허비하였으되 아무 효험이 없고 도리어 더 중하였던 차에" 라고 하였습니다. 나폴레옹은 불가능이란 없다고 하였으나 불가능은 있습니다. 오직 주님이 주시는 능력으로만 할 수 가 있는 것입니다.(빌4:13)

2. 이 여자는 고통 중에서 예수님을 믿었습니다.
세상에서 의원도 믿을 수 없고 재산도 모두 소비하던 때에 믿을 수 있던 것은 오직 예수님뿐 이었습니다.

1) 믿을 분은 오직 예수 그리스도 뿐입니다.
(막5:28) '이는 내가 그의 옷에만 손을 대어도 구원을 얻으리라' 고 믿었습니다.
① 믿을 이는 오직 예수님 뿐 입니다. 병든 이 여자가 믿을 수 있는 대상은 의원도 물질도 아니라 예수님 뿐 이었습니다. 누가는 이렇게 전했습니다. (눅8:48) '딸아 네 믿음이 너를 구원하였느니라' 했습니다.Then he said to her, "Daughter, your faith has healed you, Go in peace")

② 중요한 것은 믿음이었습니다. '믿음이 있느냐' 입니다. 성경의 기적 역사는 언제나 믿음이 강조되었습니다. 우리에게 예수 안에서의 믿음이 있는지 우리 자신을 시험해 보아야 합니다.(고후13:5)

2) 모든 것을 포기한 사람에게도 믿음만 있으면 다시 회생됩니다.

세상에서 자포자기 하고서 예수님께 돌아온 사람들이 많이 있는데 그들은 다시 회생된 삶을 살아갑니다. 하나님은 소망의 하나님이 되시기 때문입니다(롬15:13).
① 이 여자는 이제 마지막으로 예수님께 왔을 것입니다. 마지막 희망을 예수님께 두고 왔던 것이 분명합니다. 여기에서 이 여자의 믿음의 의지가 나타나게 되었습니다.
② 예수님은 믿지 못하는 곳에는 능력을 행치 않으셨습니다. 믿지 않았기 때문입니다.(마13:53, 57) 그러나 믿고 나가는 곳에는 언제나 기적이 현장이 되게 하셨습니다.(눅7:1-10; 마20:29, 21:33; 막9:23; 롬10:10) 믿음이 중요합니다.

3. 예수님께서 평안히 가라 하셨습니다.

(44절) '손을 대니 혈루증이 즉시 그쳤더라' 하였습니다. '예수님의 능력' 입니다.

1) 예수님의 능력이 역사했습니다.

예수님의 능력이 이 여자의 고통을 해결해 주셨습니다.
① 예수님의 능력입니다. 주님은 지금도 이 여자의 고통을 돌보아 주시듯이 믿는 자의 고통을 해결해 주시기 위해서 말씀해 주십니다.(마11:28) '수고하고 무거운 짐 진 자들아 다 내게로 오라' 고 하셨습니다.
② 주님이 유효기간을 주실 때에 예수님께 나와야 합니다. 예수님에게 나오면 영적, 육적 병이 치유됩니다. 특히 현대인들의 질병인 마음의 상처와 병이 치유됩니다. 우울증, 정신질환도 치유 받습니다.

2) 예수님은 말씀하셨습니다. 평안히 가라(Go, in peace)
① 주님이 주시는 평안입니다.(48절) '딸아 네 믿음이 너를 구원하였으니 평안히 가라' 하십니다. 그러나 마귀는 힘들게 하고, 어렵게 하고, 죄를 짓게 하고, 결국 지옥으로 끌고 갑니다, 이것이 마귀의 술책이요 상습범입니다. 그러나 주님은 진리로서 자유케 하십니다.(요8:32; 갈5:1)
② 평안은 예수님이 주십니다. 이미 약속된 축복입니다. (요14:27) '평안을 너희에게 주노니 곧 나의 평안을 너희에게 주노라 내가 너희에게 주는 것은 세상이 주는 것 같지 아니하리라' 하였습니다. 예수님께 오면 평안이 있다고 전하게 되기를 주의 이름으로 축원합니다.

결론: 예수님은 평화의 왕이 되십니다.

만나요약설교 7

1판 1쇄 발행	2011. 08. 10.
1판 2쇄 발행	2015. 11. 10.
엮은이	김명규
펴낸이	박성숙
펴낸곳	도서출판 예루살렘
주소	(10252) 경기도 고양시 일산동구 고봉로 776-92
전화|팩스	031)976-8972, 976-8973 | 031)976-8974
이메일	jerusalem80@naver.com
출판등록	1980년 5월 24일(제 16-75호)

ISBN 978-89-7210-524-4 03230
책값 뒤표지에 있습니다.

ⓒ 이 출판물은 저작권법에 의해 보호를 받는 저작물이므로
무단 전재와 복제를 할 수 없습니다.

도서출판 예루살렘은 하나님을 사랑하며 하나님 말씀대로 순종하며 살기를 원하는
청소년, 성도, 목회자들을 문서로 섬기며 이를 위하여 기도하며 정성을 다하여
모든 사역과 책을 기획, 편집, 출판하고 있습니다.

오직 성령이 너희에게 임하시면 너희가 권능을 받고
예루살렘과 온 유대와 사마리아와 땅끝까지 이르러 내 증인이 되리라(행 1:8)